U0934926

高等工程教育实践与创新能力培养系列

新产品开发工程师的创造力培养

陈　鹏　编　著

電子工業出版社
Publishing House of Electronics Industry
北京・BEIJING

内容简介

本书从新产品研发工程师的创造力培养维度来系统探究工科大学生的创造力培养问题。在总结探索经验的基础上，本书详细介绍了新产品研发的基本概念、基本原则、基本过程、创造性思维、创造原理和创造技法等，还介绍了新产品研发的项目实践、新产品研发报告撰写与发明专利申请等内容。本书编写时，注重理论与实践的结合，突出创新性。

本书可作为应用型本科院校和高等职业院校、机械设计、工业设计等专业的教师、学生的有益读本，也值得从事新产品研发的工程技术人员参考和阅读。

未经许可，不得以任何方式复制或抄袭本书之部分或全部内容。
版权所有，侵权必究。

图书在版编目（CIP）数据

新产品开发工程师的创造力培养/陈鹏编著. --北京：电子工业出版社，2015.8
ISBN 978-7-121-26231-9

Ⅰ.①新… Ⅱ.①陈… Ⅲ.①产品开发－高等学校－教材 Ⅳ.①F273.2

中国版本图书馆 CIP 数据核字（2015）第 120461 号

策划编辑：朱怀永
责任编辑：朱怀永
特约编辑：底　波
印　　刷：北京季蜂印刷有限公司
装　　订：北京季蜂印刷有限公司
出版发行：电子工业出版社
　　　　　北京市海淀区万寿路 173 信箱　邮编　100036
开　　本：787×1092　1/16　　印张：13.5　　字数：340 千字
版　　次：2015 年 8 月第 1 版
印　　次：2015 年 8 月第 1 次印刷
印　　数：3000　　定价：29.80 元

凡所购买电子工业出版社图书有缺损问题，请向购买书店调换，若书店售缺，请与本社发行部联系，联系及邮购电话：（010）88254888。

质量投诉请发邮件至 zlts@phei.com.cn，盗版侵权举报请发邮件至 dbqq@phei.com.cn。

服务热线：（010）88258888。

前　言

伟大中国的民族复兴，需要一大批新产品研发工程师！

中国工程院创新人才项目组在2009年发布的《走向创新——创新型工程科技人才培养研究》中指出高等工程教育中的工程性与创新性缺位问题，主要体现在以下几个方面：(1) 人才培养模式单一，缺乏多样性和适应性；(2) 工程教育中工程性缺失和实践环节薄弱问题长期未能解决；(3) 评价体系导向重论文，轻设计，缺实践；(4) 对学生的创新教育与创业训练重视和投入不足；(5) 产学政合作不到位，企业不重视参与人才培养过程。工程性与创新性的缺位，使得我国的高等工程教育难以满足国家发展对创新型工程科技人才的迫切需要。工程科技领域的领军人物、具有创造力的工程师的稀缺，是制约我国实现工程科技创新以及今后全面领先于世界工程科技的最关键因素。新产品研发能力是制造业企业的核心竞争力，而新产品研发工程师的培养则是高等教育的重中之中。

如何解决高等工程教育工程性与创新性缺位的难题？如何培养新产品研发工程师？如何培养新产品研发工程师的创造力？本书作者结合其十余年的工程教育实践，系统探索上述问题的现实解决之道。

进行工程教育改革，我们必须明确工程教育的真谛，工程教育的真谛在于唤醒、激励和引导未来工程师的生命价值的达成。为此，我们必须以学生为本，以学生的个性发展为本，以学生的创造性人格养成为本，以学生的创造性思维培养为本。

本书正是立足以新产品研发工程师创造力培养为本的全新视觉，阐述高等教育中新产品研发工程师的创造力培养之道。本书分为七章。

导论主要论述了新产品研发、创造力、新产品研发工程师以及新产品研发工程师创造力培养等基本概念；第1章主要介绍了新产品研发的基本概念、基本原则、基本程序、创造性思维和创造性人格、创造原理以及创造技法等。第2章主要介绍了3D打印新产品研发的项目实践；第3章主要介绍机械新产品研发的项目实践；第4章主要论述了3D打印机新产品研发的项目实践；第5章主要论述了注塑模具新产品研发的项目实践；第6章主要介绍了粉末冶金模具新产品研发的项目实践；第7章主要论述了新产品的研发报告撰写和发明专利申请问题。

本书既是作者十多年工程创造教育改革过程中理论研究与实践探索相互融合的结晶，也是省级“创新人才培养实验区”和省级“卓越工程师教育计划”多年来人才培养模式的创新成果总结，同时也是近年来基于新产品研发项目培养一批创新研发型工程师的实践经验总结。本书的特点主要体现在以下方面：

前瞻性。作者在信息化与工业化深度融合、促进制造业转型升级的背景下，面向制造业信息化工程科技人才的培养，在CDIO工程教育模式的基础上，创造性地提出并创建DPDP-CDIO工程创新教育模式：即基于数字化产品开发过程（Digital Product Development Process），并与构思（Conceive）—设计（Design）—实施（Implement）—运行（Operate）

进行有机结合的工程创新教育模式。DPDP-CDIO 工程创新教育模式是本书的工程创造教育改革的基石。

专题性。本书研究的内容涵盖了新产品研发工程师培养的各个重要方面，如新产品研发的基本问题、工程师的培养理念与模式以及工程创新实践项目，涉及新产品研发的各个重要环节，如基本概念、基本原则、基本程序、创造原理、创造技法、项目案例、新产品的研发报告撰写和发明专利申请等，由此构成了对新产品研发工程师的创造力培养改革的完整而系统性的研究。

综合性。本书研究的内容注重机械工程、工业设计、材料工程、增材制造等多学科知识与工程技术的交叉渗透，打破传统专业门类对学生知识结构和能力体系的束缚，突破传统学科、专业培养体系的樊篱，力求基于新产品研发的全生命周期理论和新产品研发模式，培养具有高创造性的新产品研发工程师。

创造性。本书基于工程创造教育平台“机械产品三维数字化开发实验班”，建立培养机械类专业学生工程实践能力与产品创新开发能力的“数字化产品开发工程坊”，积极拓展机械工程实践教育的内涵，大胆探索把本科人才培养方案中规定的工程实践教育与学生自主工程实践活动相结合的实践教育新模式，将数字化新产品开发过程融入工程创造教育体系，使学生在工程创造教育中直接体验数字化新产品开发技术的工程创新应用。并结合数十项新产品研发的工程创造实践，重点培养学生的新产品创新研发能力。

借鉴性。本书所倡导的新产品研发工程师的培养模式，是作者十多年来在工程教育人才培养模式改革实践中，不断反思、总结、提炼和优化的结果。多年的工程教育改革实践表明：创新的人才培养模式不仅激发了学生的学习兴趣与创造热情，而且大幅度提高了学生的工程实践能力、数字化产品开发技术应用能力、产品创新设计与开发能力，并为满足制造业企业转型升级的需要，培养了一批产品创新设计与研发人才。

通过上述特点，作者期待本书不仅能够为参与包括新产品研发工程师培养在内的高校创新型工程科技人才培养的教育管理人员、广大教师和学生，企业从事新产品研发工作的管理人员、工程技术人员，以及高等工程教育研究者提供有价值的参考和借鉴，而且能为政府教育行政管理部门、行业机构、企业组织及其他利益相关者提供有价值的建议和参考。

本书力求严禁细致，然而，限于作者的水平以及新产品研发工作的复杂性、艰巨性和长期性，本书一定存在不少缺点和不足，期待能够得到兄弟院校的同仁、企业和社会各界专家学者的批评指正。

本书写作过程中，得到了我的学生卢江、陈志成、王印宝、刘义、万波、马洋、金庆粮、肖东海、鄢桥、黄凤强、严耀文、朱华启、梅珠明、李向昆、熊丽梅、兰远超、熊守浪、许超、刘文文、陈灵峰、陈乐、黄聪、龚国江、彭友前、袁蒙、梅永亮、姚志良、杜巧勇、李云兰、赵国建、王春喜、徐文超、刘文祥等的鼎力相助，在此一并表示衷心的感谢。

希望本书的出版不仅能够聚焦和引导人们在高等工程教育研究和实践的关注点，而且能够切实可行地为新产品研发工程师等优秀工程科技人才培养的改革和发展起到抛砖引玉的作用，为推动教育部“卓越工程师教育培养计划”的顺利有效实施尽绵薄之力。

目　录

导论　新产品研发工程师

0.1　新产品研发

新产品研发是以工业产品为主要对象，综合运用科技成果和社会、经济、文化、美学等知识，对产品的功能、结构、形态及包装等进行整合优化的集成创新活动。

新产品研发是一种创造性的活动，其目的是为物品、过程、服务以及它们在整个生命周期中构成的系统建立起多方面的品质。就批量生产的新产品而言，凭借训练、技术知识、经验及视觉感受而赋予材料、结构、构造、形态、色彩、表面加工以及装饰以新的品质和资格。

新产品研发是工业设计的核心，是企业产品创新设计与研发的关键环节，它创造性地实现了将原料的形态改变为更有价值的形态。产品研发工程计师通过对人生理、心理、生活习惯等一切关于人的自然属性和社会属性的认知，进行产品的功能、性能、形式、价格、使用环境的定位，结合材料、技术、结构、工艺、形态、色彩、表面处理、装饰、成本等因素，从社会的、经济的、技术的角度进行创新设计与研发，在企业生产管理中保证设计质量实现的前提下，使产品既是企业的产品、市场中的商品，又是老百姓的用品，达到顾客需求和企业效益的完美统一。

0.2　新产品研发工程师

工程师指具有从事工程系统操作、设计、管理、评估能力的人员。工程师的称谓，通常只用于在工程学其中一个范畴持有专业性学位或相等工作经验的人士。

我国工程师的类型一般可分为服务工程师、生产工程师、设计工程师和研发工程师四种类型。新产品研发工程师一般指设计工程师和研发工程师，即从事新产品设计与研发工作的设计工程师和研发工程师。

0.2.1　新产品研发工程师的分类

清华大学工程教育研究中心的林健认为工程师的分类与工科院校工程人才的培养密不可分，具体表现在以下几个方面。首先，工程师的分类应能客观地反映社会对工程人才层次和类型的需求。其次，对工程师类型的划分有利于各类工科院校明确自己的人才培养目标。再次，工程师的分类是制定卓越工程师培养标准的基础。最后，普遍认同的工程师分类能促进工业企业界与工科院校之间的进一步合作。

英国工程理事会将注册工程师分为工程技术员（Engineering Technicians，EngTech）、技术工程师（Incorporated Engineers，IEng）和特许工程师（Chartered Engineers，CEng）。美国的工程师分类只有实习工程师（Engineers Intern）和职业工程师（Professional Engineers）两个级别。我国工程师系列目前采用的专业技术职称体系是对工程师等级的划分而不是对工程师类型的划分。工程技术人才按照初、中、高三个级别，分为技术员、助理工程师、工程师、高级工程师和教授级高级工程师五层次。工业企业界更倾向于按照工程师的职能来命名工程师，例如销售工程师、市场工程师、外协（采购）工程师、金融工程师、过程工程师、项目工程师、支援工程师、产品工程师、生产工程师、制造工程师、设计工程师、开发工程师、试验工程师、咨询工程师、研究工程师、系统工程师等。

林健教授遵循生命周期原则、成长过程原则、学历层次原则、粗细适中原则四大原则，将我国工程师的类型分为服务工程师（Service Engineer）、生产工程师（Produce Engineer）、设计工程师（Design Engineer）和研发工程师（Research&Develop En-gineer）四种类型。

以上四类工程师的中，服务工程师主要从事工程项目建成后的运行、维护与管理，或产品的营销、维修与服务，或生产过程的维护，应具有一定的理论基础、较强的实践动手能力和完善的市场服务意识。

生产工程师主要从事工程项目的建造，产品的生产制造，或生产过程的运行，应具有良好的理论基础、较强的工程实践能力，尤其是应用创新能力和一定的人文素质。

设计工程师主要从事产品、工程项目或生产过程的设计与与开发，应具有较为宽广的知识面、扎实的理论基础、良好的技术创新能力、较强工程实践能力和良好的综合素质，具备设计开发出拥有自主知识产权的新产品、新生产过程或新工程项目的能力。

研发工程师主要从事复杂产品或大型工程项目的研究、开发和咨询以及工程科学的研究，他们应具有宽广的知识面、精深的专业理论基础、超卓的技术创新能力和植根于丰富工程经验的全面的综合素质，具备创造出具有国际竞争力的专利技术、专有技术、尖端产品或高技术含量的工程项目的能力。

0.2.2 新产品研发工程师的培养标准

1. 服务工程师

知识：具有从事工程服务所需的相关数学、自然科学以及一定的经济管理知识；掌握扎实的工程基础知识和本专业的基本理论；了解生产工艺和设备、产品结构与材料以及本专业的发展状况和趋势；了解专业领域技术标准，相关行业政策、法律和法规。

能力：检测和诊断产品故障的能力，分析和解决工程实际问题的基本能力，产品开发和设计的初步能力，良好的交流沟通和团队合作的能力，基本的组织协调能力，信息获取和终身学习能力，应对危机与突发事件的初步能力，跨文化环境下的交流、竞争与合作的初步能力。

素质：较好的工程职业道德、较强的社会责任感和较好的人文科学素养，良好的质量、环境、职业健康、安全和服务意识，较强的创新意识和一定的国际视野。

上文叙述中提及的“工程服务”指工程项目建成后的运行、维护与管理，或产品的营销、维修与服务工作；“数学”主要指高等数学和应用数学；“一定的经济管理知识”指市场营销、质量管理、财务管理、运营管理与经营管理等。

2. 生产工程师

知识：具有从事产品生产或工程建设所需的相关数学、自然科学以及一定的经济管理知识；掌握扎实的工程基础知识和本专业的基本理论知识；了解生产工艺、设备与制造系统以及本专业的发展状况和趋势；了解专业领域技术标准、相关行业的政策、法律和法规。

能力：分析和解决工程实际问题的能力，生产运作系统的设计、运行和维护能力，产品开发和设计的初步能力，技术改造与创新的初步能力，较强的交流沟通、环境适应和团队合作的能力，良好的工程项目组织管理能力，应对危机与突发事件的初步能力，信息获取和终身学习能力，跨文化环境下的交流、竞争与合作的初步能力。

素质：较好的工程职业道德、较强的社会责任感和良好的人文科学素养，良好的质量、环境、职业健康、安全和服务意识，较强的技术革新与创新意识和一定的国际视野。

以上表述中提及的“数学”主要指高等数学和应用数学；“一定的经济管理知识”指工程经济学、工程概预算、项目管理、质量管理、生产组织和运作管理等。

3. 设计工程师

知识：具有从事工程设计与开发所需的相关数学、自然科学、经济管理以及人文科学知识；掌握扎实的工程原理、工程技术和本专业的理论知识；了解新材料、新工艺、新设备、先进生产方式以及本专业的前沿发展状况和趋势；熟悉专业领域技术标准、相关行业的政策、法律和法规。

能力：创新性思维和系统性思维能力，独立地分析和解决工程问题的能力，产品或工程项目的设计和开发能力，工程项目集成的基本能力，工程技术创新与开发的基本能力，处理工程与社会和自然和谐的基本能力，良好的工程系统的组织管理能力，较强的交流沟通、环境适应和团队合作的能力，信息获取、知识更新和终身学习能力，应对危机与突发事件的基本能力和一定的领导意识，跨文化环境下的交流、竞争与合作的基本能力。

素质：具有良好的工程职业道德、强烈的社会责任感和丰富的人文科学素养，具有良好的市场、质量、职业健康和安全意识，注重环境保护、生态平衡和可持续发展，具有开拓创新意识和国际视野。

以上表述中提及的“数学”主要指应用数学和工程数学；“经济管理知识”指工程经济学、工程概预算、运筹学、系统工程、工程管理和企业管理等；“人文科学知识”包括历史、文化、哲学等方面。

4. 研发工程师

知识：具有从事大型工程研究和开发、工程科学研究所需的相关数学、自然科学、经济管理以及人文社会科学知识；系统地掌握工程原理，工程技术、工程科学和本专业的理论知识；熟悉新材料、新工艺、新设备、先进制造系统以及本专业的最新发展状况和趋势；熟悉专业领域技术标准，相关行业的政策、法律和法规。

能力：具有战略性思维、创新性思维和创造性思维的能力，独立地分析和解决复杂工程问题的能力，复杂产品或工程项目的开发和设计能力，复杂工程项目的集成能力，处理工程与社会和自然和谐的能力，工程项目的研究开发能力，工程技术创新开发能力，工程科学研究能力，知识更新、知识创造和终身学习能力，较强的交流沟通、环境适应和团队合作的能力，大型工程系统的组织管理能力，应对危机与突发事件的能力以及一定的领导能力，跨文化环境下的交流、竞争与合作能力。

素质：具有良好的工程职业道德、强烈的社会责任感、丰富的人文科学素养和坚定的追求卓越的态度，具有良好的市场、质量、职业健康和安全意识，注重环境保护、生态平衡、社会和谐和可持续发展；具有强烈的开拓创新意识和宽阔的国际视野。

以上表述中提及的“数学”主要指应用数学、工程数学和计算数学等；“经济管理知识”指工程经济学、工程概预算、运筹学、系统工程、工程管理、企业管理、投资学和金融学等；“人文科学知识”包括历史、文化、哲学、法学和领导学等方面。

0.3 创造力及创造力培养

创造力是人类思维的高级形态，是人类智力能力的最集中的表现。什么是创造力？这是一个有争议的问题。林崇德教授把创造性定义为：根据一定的目的，运用一切已知信息，产生出某种新颖、独特、有社会意义或个人价值的产品的智力品质。这里既指思维过程，又指思维产品，也是思维的个性特征。这里的“产品”，即以某种形式存在的思维成果，它既可以是一个新概念、新思想、新理论，也可以是一种新技术、新工艺、新作品。

新产品研发工程师从事新产品的设计与研发，其工作本身就是一种创造性活动，新产品研发工程师应该具备创造性思维和创造性人格。要培养新产品研发工程师的创造力，不仅要重视培养创造性思维，而且要特别关注创造性人格的塑造；不仅要重视新产品研发专业知识的系统性学习，而且要特别关注新产品研发的工程创新实践；不仅要重视满足新产品研发的创新环境的营造，而且要特别关注新产品研发过程中创造技法的工程应用实践。

新产品研发工程师的创造力培养要求不仅包括技术专业知识的学习，而且包括学生个体素质，如认知与学习热情，工程推理和问题求解能力，发现和验证新知识能力，系统性、批判性及创造性思维能力，职业道德等；团队合作能力，如团队工作能力、沟通互动能力、领导能力等；产品和系统建造能力，如结合社会、企业和业务需求来构思、设计、建造和运行系统。

第1章　新产品研发基础

1.1　新产品研发的基本概念

1. 新产品研发的定义

1970年，国际工业设计协会ICSID（International Council of Societies of Industrial Design）为工业设计做了一个完整的定义：工业设计，是一种根据产业状况以决定制作物品之适应特质的创造活动。适应物品特质，不单指物品的结构，而是兼顾使用者和生产者双方的观点，使抽象的概念系统化，完成统一而具体化的物品形象。

1980年，国际工业设计协会理事会（ICSID）给工业设计更新的定义：就批量生产的工业产品而言，凭借训练、技术知识、经验及视觉感受，而赋予材料、结构、构造、形态、色彩、表面加工、装饰以新的品质和规格，叫做工业设计。根据当时的具体情况，工业设计师应当在上述工业产品全部侧面或其中几个方面进行工作，而且，当需要工业设计师对包装、宣传、展示、市场开发等问题的解决付出自己的技术知识和经验以及视觉评价能力时，这也属于工业设计的范畴。

2006年，国际工业设计协会理事会给工业设计又作了如下的定义：设计是一种创造活动，其目的是确立产品多向度的品质、过程、服务及其整个生命周期系统，因此，设计是科技人性化创新的核心因素，也是文化与经济交流至关重要的因素。

工业设计是以工业产品为主要对象，综合运用科技成果和社会、经济、文化、美学等知识，对产品的功能、结构、形态及包装等进行整合优化的集成创新活动。作为面向工业生产的现代服务业，工业设计产业以功能设计、结构设计、形态及包装设计等为主要内容。与传统产业相比，工业设计产业具有知识技术密集、物质资源消耗少、成长潜力大、综合效益好等特征。作为典型的集成创新形式，与技术创新相比，工业设计具有投入小、周期短、回报高、风险小等优势。作为制造业价值链中最具增值潜力的重要环节，工业设计对于提升产品附加值、增强企业核心竞争力、促进产业结构升级等方面具有重要作用。

新产品研发是工业设计的重要内容之一。新产品研发是一个将人的某种目的或需要转换为一个具体的物理形式或工具的过程，是把一种计划、规划设想、问题解决的方法，通过具体的载体，以美好的形式表达出来的一种创造性活动过程。新产品研发反映着一个时代的经济、技术和文化。

新产品研发是工业设计的核心，是企业运用设计的关键环节，它实现了将原料的形态改变为更有价值的形态。新产品研发者通过对人的生理、心理、生活习惯等一切关于人的自然属性和社会属性的认知，进行产品的功能、性能、形式、价格、使用环境的定位，结合材料、技术、结构、工艺、形态、色彩、表面处理、装饰、成本等因素，从社会的、经济的、技术的角度进行创意设计，在企业生产管理中保证设计质量实现的前提下，使产品既是企业的产品、市场中的商品，又是老百姓的用品，达到顾客需求和企业效益的完美统一。

2. 新产品研发的分类

按产品研究开发过程，新产品可分为全新产品研发、换代型新产品研发、改进型新产品研发、模仿型新产品研发。

（1）全新型新产品研发

全新型新产品研发也称创新新产品。即指新技术、新材料及新工艺应用于生产过程而制造出的过去从未有过的产品研发，常常代表科学技术发展史的一个新的突破。这类产品一旦在市场打开局面，将会表现出强大的生命力，能够为企业带来较长期的利润。此类产品一般研制所需的时间长，要求技术条件高，企业成本投入比较多。

（2）换代型新产品研发

换代型新产品研发是指产品的性能有重大突破和改进的产品研发。开发换代新产品要比创造全新产品难度小得多，也能够较快地获得企业收益。

（3）改进型新产品研发

改进型新产品研发即在原有产品的基础上在材料、结构、性能、造型乃至包装一个或几个方面进行改进而制造出的适应新用途、满足新需求的产品研发。

（4）模仿型新产品研发

模仿新产品研发是指企业对自己尚未生产过的、市场上已有的产品进行仿造而推出的新产品，亦称企业新产品研发。

3. 新产品研发的工作范围

新产品研发的工作范围主要包括：

① 交通工具设计与研发（车辆、飞行器、船舶、游艇等）；

② 设备仪器设计与研发（工业设备、生产设备、医疗设备及仪器、工程仪器工具等）；

③ 生活用品设计与研发（文具、灯具、餐具、螺丝刀、钳子等）；

④ 家具设计与研发（桌子、椅子、床、书柜、沙发等）；

⑤ 电子产品设计与研发（数码类产品、电脑、电子手表、家用电器等）；

⑥ 家电产品设计与研发（微波炉、洗衣机、空调、冰箱、家用灯具等）；

⑦ 其他类产品设计与研发（玩具、人机接口等）。

1.2 新产品研发的基本原则

新产品研发是一种以新产品研究开发为目的创造性活动。随着时代的发展和科技的进步，新产品研发过程中所遵循的原则有以下几个。

（1）以人为本的原则

新产品研发的目的是满足人的自身需要，创造人们学习、工作和生活所需要的诸多产品。新产品研发的整个工作过程都是以人为中心的，新产品研发的根本和核心在于“人”。新产品研发过程中把人—机—环境系统作为研究的基本对象，运用生理学、心理学和其他有关学科知识，使人—机器—环境系统中的交互作用中各个组成部分（效率、安全、健康、舒适等）在工作、生活条件下达到最优化，从而为人创造出舒适和安全的工作、生活环境。

（2）以环境为本的原则

产品研发为人类创造了现代化的生活方式和生活环境的同时，也加速了资源、能源的消耗，并对地球的生态平衡造成了极大的破坏。新产品研发中的产品必须是环境意识设计。在产品整个生命周期内，着重考虑产品环境属性（可拆卸性、可回收性、可维护性、可重复利用性等）并将其作为设计目标，在满足环境目标要求的同时，保证产品应有的功能、使用寿命、质量等要求，不仅要减少物质和能源的消耗，减少有害物质的排放，而且要使产品及零部件能够方便地分类回收并再生循环或重新利用。

（3）创新性的原则

创新性原则是新产品研发的灵魂所在，新产品研发过程本身就是一种创新的过程。创新性是指充分发挥新产品研发者的创造力，冲破各种传统观念和惯例的束缚，利用人类已有的相关科技成果进行创新构思，设计研发出具有科学性、创造性、新颖性及实用成果性的新产品。在形态上、功能上、结构上、工艺上和材料使用上具有创新性的产品最能吸引消费者的眼球，激发人们的购买欲望，赢得市场的欢迎，并最终获得消费者的认可。

（4）功能性的原则

功能性的原则是新产品研发的基本原则，是新产品研发根本出发点和落脚点。随着时代的发展和人类需求的变化，产品的功能的内涵也变得更为丰富，新产品的功能包括物理功能、生理功能和心理功能三个方面。物理功能是指产品的使用功能，这是产品最基本的功能层面；生理功能是指产品要适合人的生理特点、行为习惯和生活规律，这是产品以人为本的功能层面；心理功能是指产品要满足人们的审美需求，同时体现一定的时代特征、社会风尚、民族特色、个性差异等社会文化属性，这是产品功能价值的最高层面。

（5）系统性的原则

新产品研发的过程是一种系统性工作行为，每个产品都可以看作一个待定的技术系统，设计产品就是用系统论的方法来求出功能结构系统，通过分析、综合与评价决策，使产品达到综合最优。

（6）经济性的原则

新产品是市场竞争的产物，它来源于市场经济，又服务于市场经济。经济性的原则是新产品研发的主要原则之一。新产品研发的经济性原则体现在两个方面：一方面，在满足产品的技术性能和造型要求的前提下，设计方案尽可能地使产品的成本最低；另一方面，要求设计者从用户的角度考虑问题，在满足用户使用需求的前提下，使成本实现最小化。新产品研发者要从产品的使用性能、制造成本、使用费用三个方面综合地进行价值分析，找出解决问题的最佳方案。

（7）美学的原则

伴随现代工业和商品经济的发展，人们对于产品的功能追求及造型追求呈现出多样化、艺术化的趋势，产品的更新换代也逐渐加快，所谓“日新月异”也是对大众审美情趣不断变换更替的一种节奏式的形容。新产品研发也必须尊重工业美学的规律，从功能美、技术美、材料美、形式美四个方面实现新产品研发的美学理念。

1.3 新产品研发的基本程序

1.3.1 新产品开发的一般程序

新产品开发是一项极其复杂的工作，从根据用户需要提出设想到正式生产产品投放市场为止，其中经历许多阶段，涉及面广、科学性强、持续时间长，因此必须按照一定的程序开展工作，这些程序之间互相促进、互相制约，才能使产品开发工作协调、顺利地进行。产品开发的程序是指从提出产品构思到正式投入生产的整个过程。由于行业的差别和产品生产技术的不同特点，特别是选择产品开发方式的不同，新产品开发所经历的阶段和具体内容并不完全一样。现以加工装配性质企业的自行研制产品开发方式为对象，来说明新产品开发需要经历的各个阶段。

1. 调查研究阶段

开发新产品的目的是为了满足社会和用户需要。用户的要求是新产品开发决策的主要依据。为此必须认真做好调查计划工作。这个阶段主要是提出新产品构思以及新产品的原理、结构、功能、材料和工艺方面的开发设想和总体方案。

2. 构思创意阶段

新产品开发是一种创新活动，产品创意是开发新产品的关键。在这一阶段，要根据社会调查掌握的市场需求情况以及企业本身条件，充分考虑用户的使用要求和竞争对手的动向，有针对性地提出开发新产品的设想和构思。产品创意对新产品能否开发成功有至关重要的意义和作用。企业新产品开发构思创意主要来自三个方面：

① 来自用户。企业着手开发新产品，首先要通过各种渠道掌握用户的需求，了解用户在使用老产品过程中有哪些改进意见和新的需求，并在此基础上形成新产品开发创意。

② 来自本企业职工。特别是销售人员和技术服务人员，经常接触用户，用户对老产品的改进意见与需求变化他们都比较清楚。

③ 来自专业科研人员。科研人员具有比较丰富的专业理论和技术知识，要鼓励他们发扬这方面的专长，为企业提供新产品开发的创意。

此外，企业还通过情报部门、工商管理部门、外贸等渠道，征集新产品开发创意。

新产品创意包括三个方面的内容：产品构思、构思筛选和产品概念的形成。

① 产品构思。产品构思是在市场调查和技术分析的基础上，提出新产品的构想或有

关产品改良的建议。

② 构思筛选。并非所有的产品构思都能发展成为新产品。有的产品构思可能很好，但与企业的发展目标不符合，也缺乏相应的资源条件；有的产品构思可能本身就不切实际，缺乏开发的可能性。因此，必须对产品构思进行筛选。

③ 产品概念的形成。经过筛选后的构思仅仅是设计人员或管理者头脑中的概念，离产品还有相当的距离，还需要形成能够为消费者接受的、具体的产品概念。产品概念的形成过程实际上就是构思创意与消费者需求相结合的过程。

3. 新产品设计阶段

产品设计是指从确定产品设计任务书起到确定产品结构为止的一系列技术工作的准备和管理，是产品开发的重要环节，是产品生产过程的开始，必须严格遵循“三段设计”程序。

（1）初步设计阶段

这一阶段一般是为下一步技术设计作准备。这一阶段的主要工作就是编制设计任务书，让上级对设计任务书提出体现产品合理设计方案的改进性和推荐性意见，经上级批准后，作为新产品技术设计的依据。它的主要任务在于正确地确定产品最佳总体设计方案、设计依据、产品用途及使用范围、基本参数及主要技术性能指标、产品工作原理及系统的标准化综合要求、关键技术解决办法及关键元器件，特殊材料资源分析，对新产品设计方案进行分析比较，运用价值工程，研究确定产品的合理性能（包括消除剩余功能）及通过不同结构原理和系统的比较分析，从中选出最佳方案等。

（2）技术设计阶段

技术设计阶段是新产品的定型阶段。它是在初步设计的基础上完成设计过程中必需的试验研究（新原理结构、材料元件工艺的功能或模具试验），并写出试验研究大纲和研究试验报告；做出产品设计计算书；画出产品总体尺寸图、产品主要零部件图，并校准；运用价值工程，对产品中造价高的、结构复杂的、体积笨重的、数量多的主要零部件的结构、材质精度等选择方案进行成本与功能关系的分析，并编制技术经济分析报告；绘出各种系统原理图；提出特殊元件、外购件、材料清单；对技术任务书的某些内容进行审查和修正；对产品进行可靠性、可维修性分析。

（3）工作图设计阶段

工作图设计的目的，是在技术设计的基础上完成供试制（生产）及随机出厂用的全部工作图样和设计文件。设计者必须严格遵守有关标准规程和指导性文件的规定，设计绘制各项产品工作图。

4. 新产品试制与评价鉴定阶段

新产品试制阶段又分为样品试制和小批试制阶段。

（1）样品试制阶段

它的目的是考核产品设计质量，考验产品结构、性能及主要工艺，验证和修正设计图纸，使产品设计基本定型，同时也要验证产品结构工艺性，审查主要工艺上存在的问题。

（2）小批试制阶段

这一阶段的工作重点在于工艺准备，主要目的是考验产品的工艺，验证它在正常生产条件下（即在生产车间条件下）能否保证所规定的技术条件、质量和良好的经济效果。

试制后，必须进行鉴定，对新产品从技术上、经济上作出全面评价，然后才能得出全面定型结论，投入正式生产。

5. 生产技术准备阶段

在这个阶段，应完成全部工作图的设计，确定各种零部件的技术要求。

6. 正式生产和销售阶段

在这个阶段，不仅需要做好生产计划、劳动组织、物资供应、设备管理等一系列工作，还要考虑如何把新产品引入市场，如研究产品的促销宣传方式、价格策略、销售渠道和提供服务等方面的问题。新产品的市场开发既是新产品开发过程的终点，又是下一代新产品再开发的起点。通过市场开发，可确切地了解开发的产品是否适应需要以及适应的程度；分析与产品开发有关的市场情报，可为开发产品决策、为改进下一批（代）产品、为提高开发研制水平提供依据，同时还可取得有关潜在市场大小的数据资料。

1.3.2 机械新产品开发的一般程序

1. 决策阶段

决策阶段是对市场需求、技术发展、生产能力、经济效益等进行可行性研究，包括必要地先行试验和（或）与产品有关要求的评审后，作出开发决策的工作阶段。决策阶段是新产品研究开发的初期工作，对新产品研究开发的成败起着重要作用，这一阶段包含下列程序。

（1）市场调查和预测

市场调查和预测内容包括：国外市场有无同类产品及相关产品；国内外同类产品及相关产品的性能指标、技术水平对比；同类产品及相关产品的市场占有率，价格及市场竞争能力等；顾客对同类产品及相关产品的使用意见和对新产品的要求；提出新产品市场预测报告。

（2）技术调查

技术调查内容包括：国内外技术方针策略；国内外现有的技术现状，产品水平和发展趋势；专利情况及有关最新科研成果采用情况；功能分析；经济效果初步分析；对同类产品质量信息的分析、归纳；同类企业与本企业的现有技术条件、生产管理、质量管理特点；新产品的设想，包括产品性能（如环境条件、使用条件、有关标准、法规、可靠性、外观等），安装布局应执行的标准或法规等；研制过程中的技术关键，根据需要提出攻关课题及检验大纲。

（3）先行试验

根据先行试验大纲进行先行试验，并写出先行试验报告。

(4) 可行性分析

进行产品设计、生产的可行性分析，并提出可行性分析报告，其内容包括：分析确定产品的总体方案；分析产品的主要技术参数（含功能参数）；提出攻关项目并分析其实现的可能性；技术可行性（包括先行试验情况，技术先进性，结构、零部件的继承性分析）；产品经济寿命期分析；分析和提出产品设计周期和生产周期；企业生产能力分析；经济效果分析。

对可行性分析报告等文件进行评审，提出评审报告及产品开发项目建议书。开发项目建议书内容包括：新产品开发项目（顾客需要、目标预期效果）；市场、顾客调查结果（市场动向、预测需要量）；技术调查结果（国内外同类产品技术分析）；新产品基本构思和特点（初步设想，包括外观要求）；开发方式（自行开发或需引进技术，确定先行研究的内容）；必要的投资概算；可行性分析；销售设想（时间、数量、价格、利润），即竞争性分析。

进行与产品有关要求的评审并提出技术协议书、技术报价书。

(5) 开发决策

企业法人批准并正式列入企业产品开发计划。上级指令和（或）自行开发的任务按计划任务书要求设计和开发。

2. 设计阶段

设计阶段是通过产品结构、材料、工艺的分析选择，设计计算及必要的试验，完成编（绘）制全部产品图样和设计文件的工作阶段。包括初步设计、技术设计、工作图设计。这个阶段以技术部门为住，制造部门配合进行。在设计过程中要充分考虑产品的标准化、系列化、通用化，要尽可能采用可靠性设计、优化设计、计算机辅助设计等先进理论和方法进行研究设计。

1) 初步设计

(1) 总体方案设计

总体方案设计时需要编制技术（设计）任务书，绘制总图（草图）、简图（草图），其的目的在于阐明产品设计理由，正确解决产品的选型问题，并确定产品的基本结构。

(2) 研究试验

根据提出的攻关项目及需要编制研究试验大纲，进行新材料、新结构、新原理试验。编写研究试验报告。

(3) 初步设计和开发评审

对初步设计进行评审并进行记录。

2) 技术设计

技术设计是产品的定型阶段。产品结构的合理性、工艺性、经济性都取决于技术设计阶段。

① 研究试验　根据需要提出研究试验大纲，进行主要零部件结构、材料、关键工艺试验。编写研究试验报告。

② 设计计算　根据需要，进行设计计算（如零部件的结构强度、应力、电磁等），并编写计算书。

③ 技术经济分析 根据需要，进行技术经济分析，并编写技术经济分析报告。

④ 修正总体方案 修正并绘制总图、简图，提出技术设计说明书。

⑤ 主要零部件设计 绘制主要零部件草图，进行早期故障分析，并编写早期故障分析报告。

⑥ 提出特殊外购件和特殊材料需求 编制特殊外购件清单和特殊材料清单。

⑦ 技术设计和开发评审 对技术设计进行评审并予记录，主要内容包括：设计计算的正确性；主要零部件结构的继承性、经济性、工艺性、合理性；特殊外购件、原材料采购供应的可能性，特殊零部件外协加工的可能性；设计的工艺性，装配的可行性，主要装配；质量问题分析及措施；产品标准化程度的落实措施。

3）工作图设计（设计和开发输出）

① 全部零部件设计及编制设计文件 提出全部产品工作图样、包装图样及设计文件，进行产品质量特性重要度分级，进行早期故障分析并采取措施，编写早期故障分析报告。

② 图样及设计文件审批 按规定程序对图样及设计文件进行会签、审批，对产品结构工艺性进行审查。如需要，进行工作图设计和开发评审并予记录。

③ 工艺规程及工装设计 工艺规程设计，编制工艺文件，进行必要的工装设计。

3. 试制阶段

试制阶段是通过产品的试制与试验，验证产品图样、设计文件、工艺文件、工装图样的正确性、产品的适用性和可靠性，并完成产品鉴定的工作阶段。试制包括样机（品）试制和小批试制。

（1）样品试制

① 工艺方案设计 编制样机试制工艺方案。

② 工艺定额设计 编制临时材料定额，编制临时工时定额。

③ 生产准备 原材料准备，外购、外协件的准备，工装准备，设备准备。

④ 样品试制 加工、装配、调试，编写样品试制总结报告。

⑤ 型式试验 进行产品型式试验并编写型式试验报告。

⑥ 顾客试用 试用并编写试用报告，收集顾客意见，作为产品改进依据。

⑦ 样品试制鉴定 提供全套鉴定文件，并按试制鉴定大纲进行样机试制鉴定，编制样机试制鉴定证书。

⑧ 设计改进、最终设计和开发评审并定型 按样机试制鉴定意见，研究并提出设计改进方案。对设计改进方案及设计文件进行最终设计和（或）开发评审并予记录。修改产品图样及设计文件并定型。

（2）小批试制

① 工艺方案设计 编制试制工艺方案，初步确定工序质量控制点。

② 工艺规程、工艺定额及工装设计 工艺规程设计，编制工艺文件；设计工装；编制材料定额；编制工时定额；编制工序质量控制点文件。

③ 生产设备 原材料、外协件、外购件、检测工具、仪器、设备的准备；工装制造；设置工序质量控制点。

④ 小批试制 验证工艺规程、工序能力及工装；加工、装配、调试，编写样机试制

总结报告；开展工序质量控制点活动。

⑤ 型式试验　产品型式试验并编写型式试验报告。

⑥ 小批试制鉴定　提供全套鉴定文件，并按试制鉴定大纲进行小批试制鉴定，编制小批试制鉴定证书，审查并通过产品企业标准。

⑦ 试销　试销服务，收集顾客意见，故障分析，编写质量信息反馈报告。

⑧ 完善设计并存档　按小批试制鉴定意见和反馈的质量信息，修改产品图样及设计文件和企业标准；全部产品图样及设计文件存档；完成产品企业标准的上报备案。

4. 定型生产阶段

定型生产阶段是工艺、工装定型，并进行生产制造的阶段。大批量生产的某些产品（如汽车、拖拉机等）的设计和开发工作，在定型生产前可增加“试生产阶段”。

（1）工艺文件鉴定

工艺文件（如工艺方案、工艺规程等）改进并确定，材料定额确定，工时定额确定，工序质量控制点文件完善并确定。

（2）工艺装备定型

模具、夹具、量具、检具、辅具、工具、工位器具的必要改进并定型。

（3）设备的配制与调试

主要生产设备的配制与调试。

（4）检测仪器的配制与标定

产品主要检测仪器的配制和标定。

（5）外协点的设置

主要外协点的选定与控制。

5. 持续改进阶段

持续改进阶段是通过了解并掌握加工、装配、储运及使用中的质量信息、用户要求，及时汇总、分析与处理，进行必要的试验，及时改进和改善，以实现产品质量的不断发展，提高产品适用性的工作阶段。

1.3.3　工业新产品开发的一般程序

1. 项目分析

（1）市场调研

市场调研是产品研发工程师设计工作开展过程中的必备步骤，此过程工程师必须了解产品的市场情况、产品的竞争者的状况、产品所处生命周期的阶段、使用者和销售商对产品的意见等信息。这些都是设计定位和设计创造的依据。

（2）产品分析

产品分析主要进行消费对象综合信息调查与分析、竞争产品综合信息调查与分析、产品历史资料调查与分析、新技术与专利信息调查与分析、细分市场吸引力评估以及产品开发设计定位。

（3）设计研究

市场分析：市场区域与结构、销售渠道、竞争对手研究，品牌分析，市场机会识别。自身分析：品牌诉求、技术特点、产品风格、市场位置等。趋势分析：流行趋势、风格潮流、材质与色彩、本地与全球化市场等。用户研究：用户偏好，需求、使用方式研究、跨文化比较和用户描述等。社会文化分析：技术与人群分析、环境分析等。材质与色彩：色彩趋势、材质趋势、创新工艺等。设计策略：设计定义、类型分析、材质与色彩定义、设计概念、路径勾勒等。

（4）用户体验

用户体验，即用户在使用一个产品或系统之前、使用期间和使用之后的全部感受，包括情感、信仰、喜好、认知印象、生理和心理反应、行为和成就等各个方面，即考虑产品使用者的心理感受。

2. 设计分析

（1）设计风格定位

设计风格定位是指在设计前期资讯搜寻、整理、分析的基础上，综合一个具体产品的使用功能、材料、工艺、结构、尺度和造型、风格而形成的设计目标或设计方向。

（2）产品结构功能分析

对所设计与研发产品的结构功能进行分析。

（3）人机界面分析

人机界面分析是指对产品的人机交互、操作逻辑、界面美观的整体分析与设计。

3. 概念设计

通过市场调研并进行头脑风暴绘制风格草图，及对产品的内部结构进行初步规划，从创新性、前瞻性、市场接受程度、加工可行性、价格成本等多层次多角度进行评估，从概念草图中选出可行的一个或数个方案进行深入设计。根据产品使用环境及消费者接受度，做深入的色彩研究，提供产品色彩及表面处理的工艺配套方案并对产品使用舒适度、安全和可靠性进行分析。

（1）草图创意

草图创意构思阶段的工作将决定产品设计70％的成本和产品设计的效果。所以，这一阶段是整个产品设计最为重要的阶段。通过思考形成创意，并加以快速的记录和表现。

（2）概念提出

根据草图创意方案，提出新产品的设计概念。

（3）设计分析

对新产品设计的可行性进行分析。

4. 设计输出

根据客户对草图评审意见，明确整体风格方向，对选出的方案进行完善、细化，得出产品最终的外型3D效果图，以准确表达产品上市时的虚拟真实效果。

（1）方案评审

设计师将草图方案集中起来，集体讨论并最终确定方案，这时的方案会比较细致，包括产品配色方案、材质工艺、使用界面方案甚至产品的构架。结构工程师也会介入，对方案的可行性提出一些建设性的意见，如结构实现性、脱模方面的问题、产品强度、内部结构与外型的匹配问题等。

（2）细化概念

对产品的设计概念进行细化，明确产品的具体设计思路。

（3）效果图表达

① 2D 效果图。2D 效果图主要表现产品的形态、结构（不是指内部结构）、材质、颜色等。且速度较快，容易进行调整，这一步完成后或许需要对方案再次斟酌，做最后的调整。

② 3D 效果图。3D 效果图是直接对产品的形态和结构进行展示的，它的最大优点是设计的直观性和真实性，在三维空间内多角度地展示产品的形态，可以更为精确直观地构思出产品的结构，从而更具体表达产品构思，提高产品设计质量。3D 图有精确的形态比例关系和精致的细节设计，可以直观地用于与客户的沟通交流。

5. 设计整合

（1）色彩计划

进行产品的色彩调查与分析、色彩定位以及色彩设计。

（2）加工工艺

产品结构零件的加工工艺方案的确定，即确定具体采用冲压、注塑、压铸、铸造、锻压、焊接中的那种成型工艺或加工工艺。

（3）材料配备

进行产品零部件的材料设计。

6. 结构工程设计

设计产品的内部结构和产品的安装结构以及装配关系，评估产品结构的合理性。产品线框结构图按设计尺寸，精确地完成产品的各个零件的电子文件和零件之间的装配关系，对结构设计中的问题进行修改和调整。再通过产品结构图、爆炸图分析零件之间的装配关系是否合理，是否存在干涉现象，分析各个部件的载荷强度。诸多不合理之处的统筹解决可以确定最终的结构文件。

（1）结构分析

产品功能、结构可行性分析，加工工艺及成本分析，内部结构设计，绘制产品加工制造图纸，编制零件清单、工艺说明文件、组装装配说明文件等。

（2）3D 结构设计

应用三维数字化设计软件建立产品的 3D 零件模型和 3D 装配模型。

（3）2D 文件出图

根据所设计产品的 3D 零件模型和 3D 装配模型，进行 2D 出图。

（4）电气设计

完成电气系统软、硬件设计，确定技术指标参数，绘制电控图纸。

（5）包装设计

根据产品的装箱、储存、搬运等操作条件要求，设计包装纸箱和EPS泡沫等包装部件，并绘制图纸。

（6）工艺设计

研究零部件生产、使用、维修的技术工艺性，确定产品生产工艺技术方案，提出工装开发明细。

（7）测试研究设计

明确产品执行的技术标准，明确产品安全、性能、可靠性测试的内容和方法。

（8）工艺材料说明

确定产品主要零部件采用的材料类型。

7. 样机制作

依据最终设计加工工艺图纸，采用CNC、激光快速成型、机械加工翻模等工艺制作样机，用于装配、检测及模具工艺可行性分析等。

（1）手板制作

通过数控加工、快速成型或真空浇注等工艺完成结构样机制作，然后进行样机调试，将全部电路和各个零件装入样机模型，检验结构设计的合理性，体验设计产品的使用感受，对出现的问题进行最后的调整，降低产品和模具开发的风险。样机可以参加展览会，及时了解销售商的要求和意见，对不足的地方继续完善，最后确定新产品的上市计划。

（2）结构评审

项目组组织相关部门对产品的技术设计进行评审。评审前项目组准备方案设计整改完成情况、技术设计评审要点说明等资料。评审要点包括：产品的外观、结构、性能、电气、包装、测试研究等设计，技术工艺可行性，实物标准化，工装模具投入，物料组织等情况。

（3）样品展示

对新产品的样品进行展示。

8. 模具制造

（1）模具设计开发

产品前期开发阶段完成各种评估和考量之后，就要准备开发模具，模具开发前最重要的一步就是模具的前期评审，通过模具评审能给我们提供模具开发的可行性评估，预测模具寿命，把握加工难点，预估成本和产品生产的稳定性。

（2）模具跟进

新产品模具开发技术交流、试模、模具调拨、制件封样、模具验收和模具移交等工作的组织和跟进。

9. 产品量产

试制：为了验证产品的结构、机械、电气等性能是否满足策划要求，以及验证新增工装模具开发质量，而进行数台样机的试制、测试验证及评价的过程。

试产： 指为了验证新产品生产的物料组织能力、生产工艺性、质量和工艺过程控制能力、操作指导书等是否满足批量生产要求，生产部门组织采购、质量、技术部门提供支持的小批量生产、测试及评审的过程。

投产鉴定： 指新产品经过试制、试产及其评审，且相关问题得到整改后，项目组组织相关部门对产品的外观、结构、性能、生产工艺性、物料组织、成本、标准化、技术文件完整性、质量过程控制能力以及是否进行批量生产等内容进行综合评价的过程以及本次研制工作的总结。

10. 市场信息反馈

(1) 营销跟踪

产品市场营销时同步跟踪并反馈新产品的用户使用情况。

(2) 产品升级服务

根据市场信息反馈情况，提供产品的升级服务。

(3) 新产品开发建议

根据市场反馈信息，对新一代产品的设计与开发提供建议。

1.3.4　企业新产品开发程序

1. 南京欧爱工业设计有限公司的指纹锁设计案例

(1) 明确设计内容

当企业跟客户确定设计合作后，企业市场人员与设计人员跟客户沟通，了解产品设计的内容及产品设计所应实现的目标。

(2) 确定产品主要内部模块

根据客户提供的原始产品，如图 1-1 所示，分析产品的功能实现原理、结构的变化幅度，确定产品的限制条件和设计重点。产品内部模块如图 1-2 所示。

图 1-1　原始产品

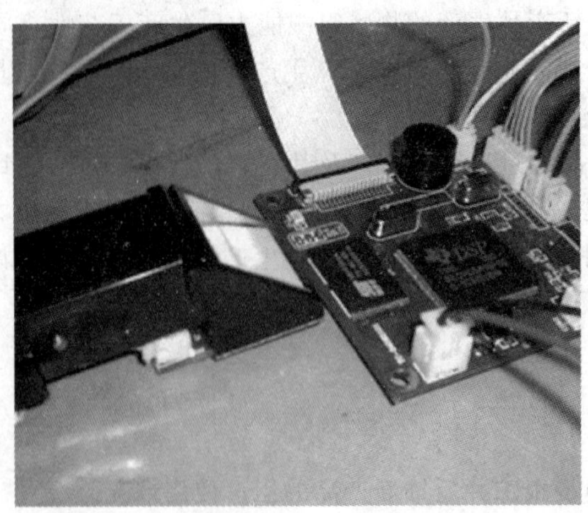

图 1-2　产品内部模块

（3）竞争对手产品市场调研

设计调研是设计师设计工作过程中的必备步骤，此过程使产品研发工程师必须了解产品的销售状况、所处生命周期的阶段、产品的竞争者的状况、使用者和销售商对产品的意见。这些都是设计定位和设计创造的依据。对于像指纹锁这类产品，设计难度主要集中于外观的悦目性和形态定位的准确性上。产品市场调研结果如图 1-3 所示。

图 1-3　产品市场调研结果

（4）与客户商定产品布局

在对产品的概念进行定位后，与客户确定产品的粗略结构排布，分析技术的可行性，成本预算和分析商业运作的可行性。产品创意草图如图 1-4 所示。

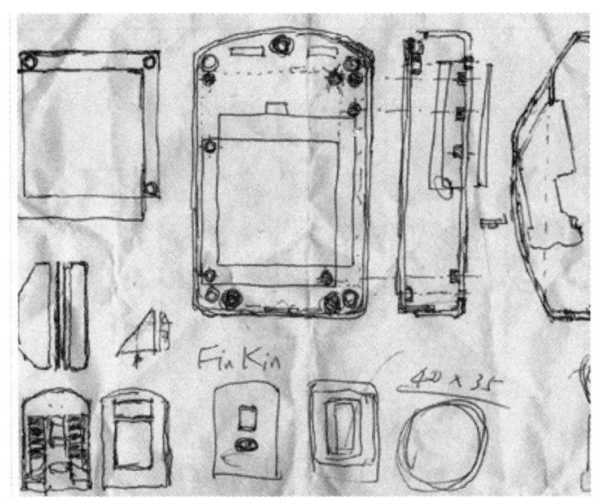

图 1-4　产品创意草图

（5）构思产品草图

构思草图阶段的工作将决定产品设计 70% 的成本和产品设计的效果。所以，这一阶段是整个产品设计最为重要的阶段。通过思考形成创意，并加以快速记录。这一设计初期阶段的想法常表现为一种即时闪现的灵感，缺少精确尺寸信息和几何信息。基于设计人员的构思，通过草图勾画方式记录、绘制各种形态或者标注设计信息，确定三至四个方向，如图 1-5 所示，再由工程师进行深入设计。

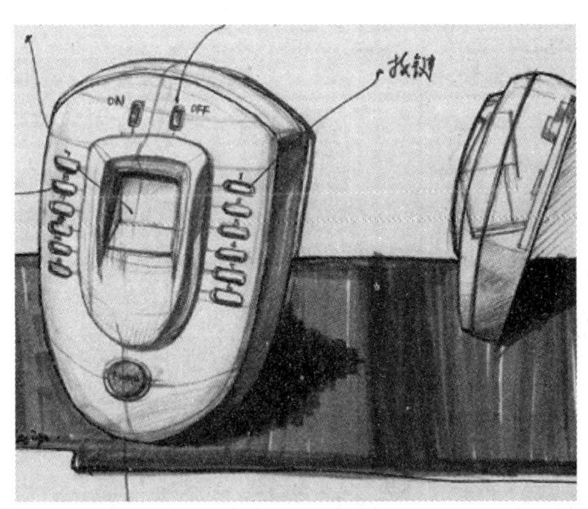

图 1-5　产品草图

（6）完成产品 2D 效果图

2D 效果图将草图中模糊的设计结果确定化、精确化。这个过程可以通过 CAD 软件来完成。通过这个环节生成精确的产品外观平面设计图，如图 1-6 所示。2D 效果图可以清晰地向客户展示产品的尺寸，表达产品的材质和光影关系，是设计草图后的更加直观和完善的表达。

（7）产品三维建模

三维建模即用 3D 的语言来描述产品形态和结构的过程，它的最大优点是设计的直观性和真实性，在三维空间内多角度地观察调整产品的形态，可以省去原来的部分的样机试

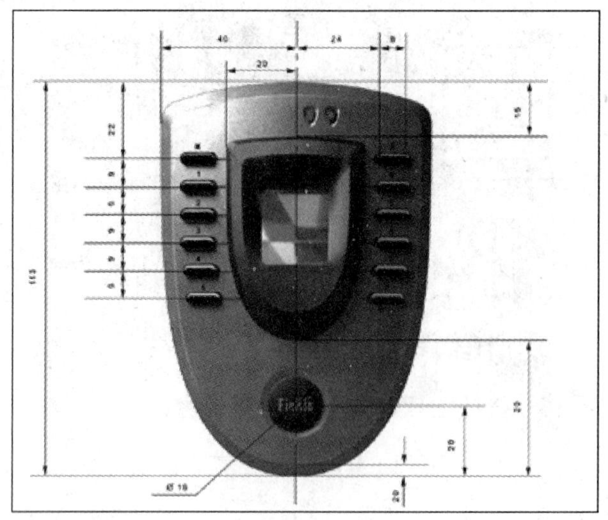

图 1-6　产品 2D 效果图

制过程，可以更为精确直观地构思出产品的结构，从而更具体表达产品构思，提高产品设计质量。3D 图有精确的形态比例关系和精致的细节设计，可以直观地用于与客户的沟通交流。产品最终的三维建模如图 1-7 所示。

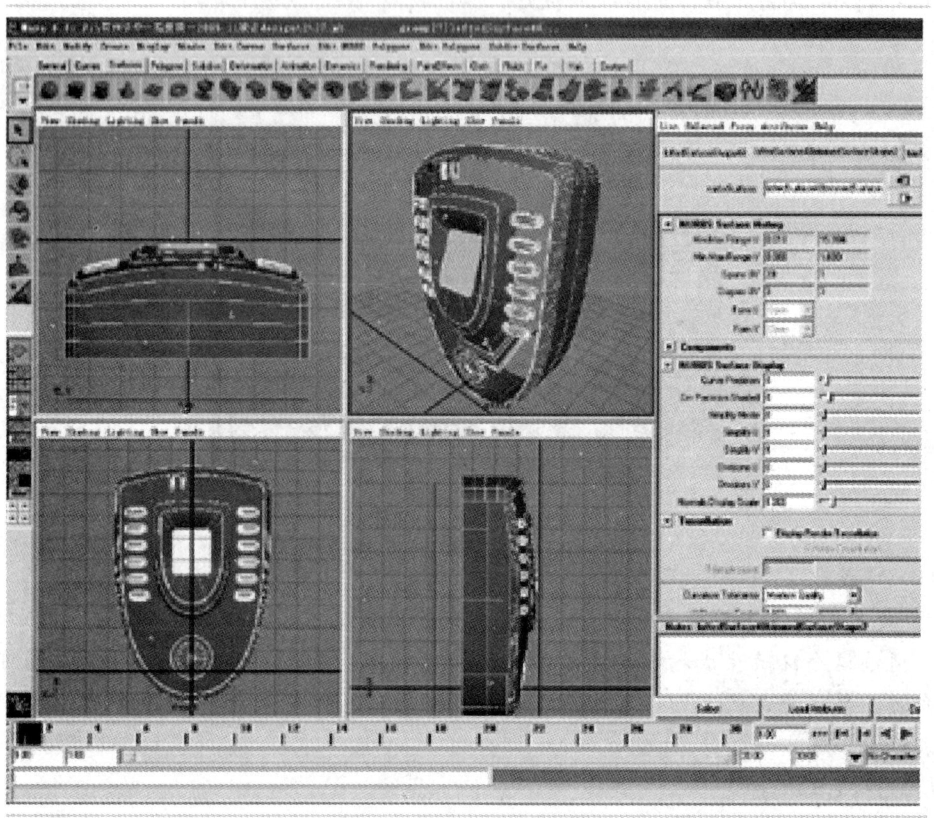

图 1-7　产品 3D 设计图

(8) 产品多角度效果图

产品多角度效果图如图 1-8 所示，人们可以更为直观地从多个视觉角度去感受产品的空间体量。利用产品多角度效果图可以全面的评估产品设计，减少设计的不确定性。

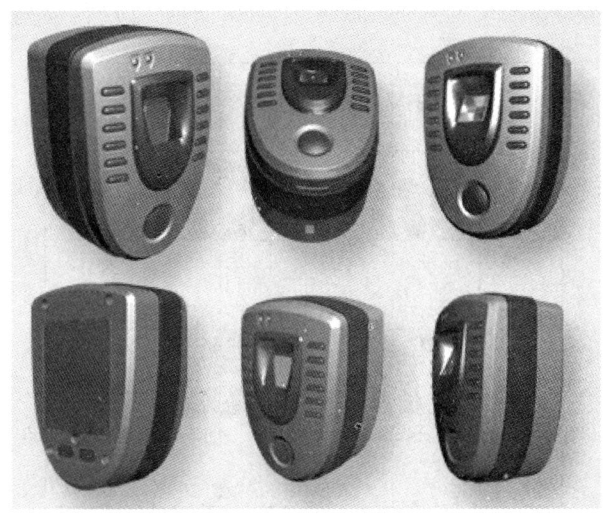

图 1-8　产品多角度效果图

(9) 产品色彩设计

产品色彩设计具有低成本高附加值的特点。消费电子类产品，具有市场细分的发展趋势。当产品进入细分市场时，产品在色彩选择上也会迎合目标消费者。在色彩和材质的选择上，不同的消费者必然有不同的喜好，通过色彩手段刺激消费者的购买欲，产品就会有更好的市场业绩。产品色彩设计方案如图 1-9 所示。

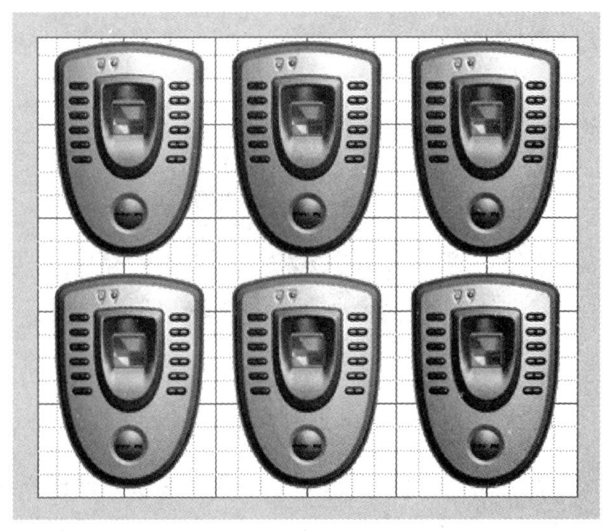

图 1-9　产品色彩设计方案

（10）产品标志设计

产品表面标志的设计和排放将成为面板的亮点，给人带来全新的生活体验。VI 在产品上的导入使产品风格更加统一，简洁明晰的 LOGO，提供亲切直观的识别感受，同时也成为精致的细节。产品标志设计方案如图 1-10 所示。

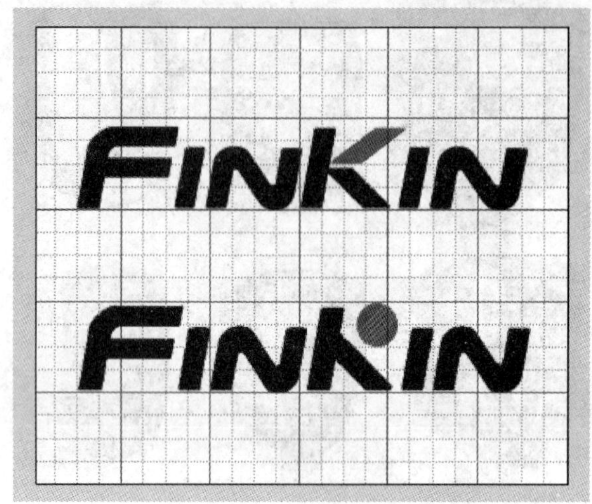

图 1-10　产品标志设计方案

（11）产品结构设计草图

设计产品的内部结构和产品的安装结构以及装配关系，评估产品结构的合理性。产品结构设计草图如图 1-11 所示。

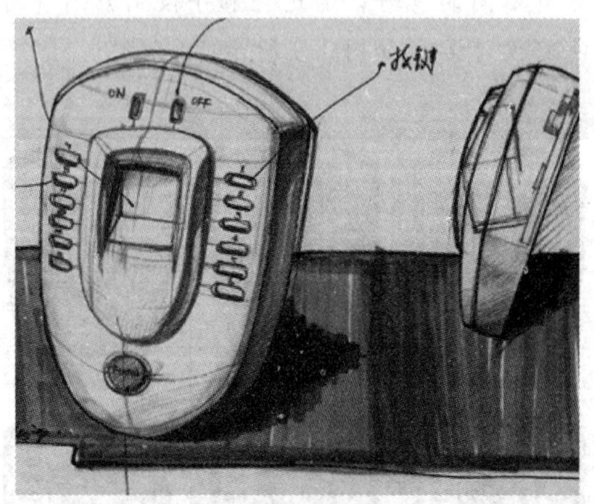

图 1-11　产品结构设计草图

（12）完成 1∶1 产品线筐结构图

将设计产品的内部结构和产品的安装结构以及装配关系，评估产品结构的合理性。按照设计尺寸，精确地完成产品的各个零件的电子文件和零件之间的装配关系。

（13）产品结构爆炸视图

根据如图 1-12 所示产品结构爆炸视图，分析零件之间的装配关系是否合理，是否存在干涉显现，分析各个部件的载荷强度。

图 1-12　产品结构爆炸视图

(14) 修改产品结构

对结构设计中的问题进行修改和调整，如图 1-13 所示，确定最终的产品结构。

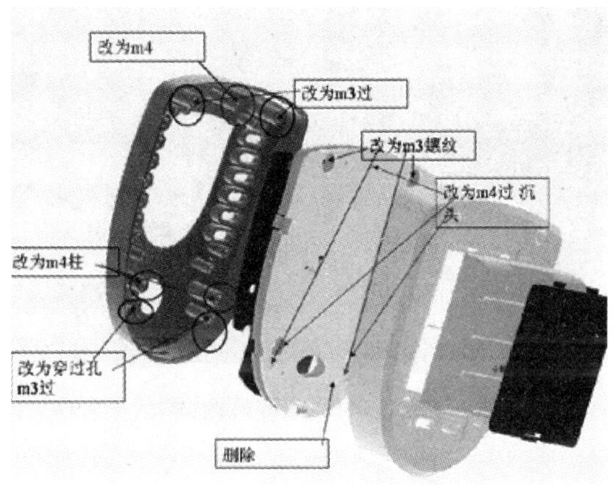

图 1-13　修改产品结构

(15) 模型样机制作

通过数控加工或激光快速成型完成结构样机制作，样机模型如图 1-14 所示。

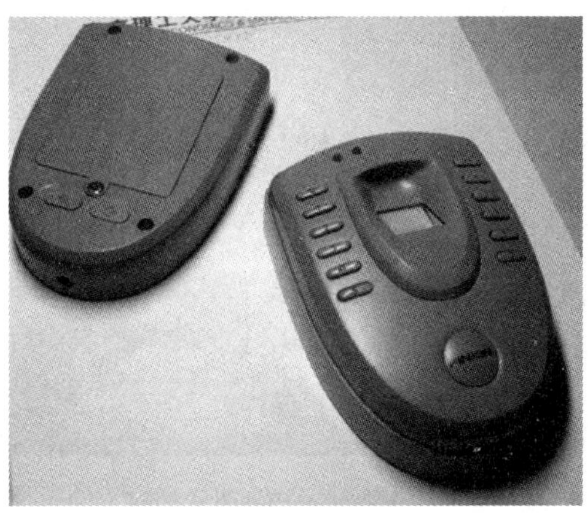

图 1-14　样机模型

(16) 样机调试

将全部电路和各个零件装入样机模型，如图 1-15 所示进行样机调试。检验结构设计的合理性，体验设计产品的使用感受，对出现的问题进行最后的调整，降低模具开发的风险。

图 1-15　产品样机调试

(17) 产品调试

如图 1-16 所示测试样机工作的可靠性，参加展览会，及时了解销售商的要求和意见，确定产品的上市计划。

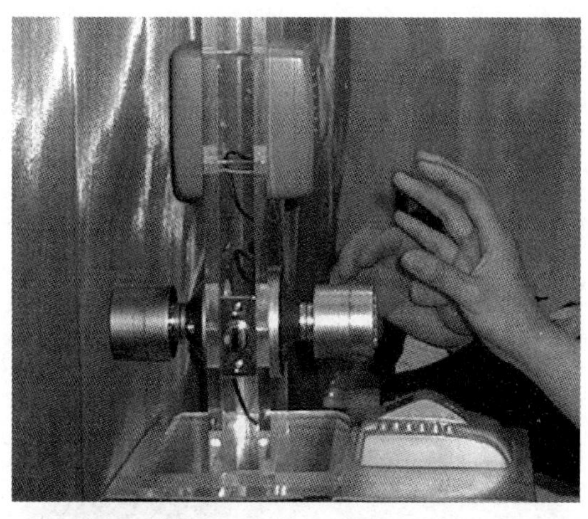

图 1-16　产品调试

(18) 模具开发和批量生产

完成产品设计，投入模具开发，实施大批量生产，最终的产品如图 1-17 所示。

图 1-17　产品安装使用

2. 美国通用电器公司产品开发工作程序

美国通用电器公司产品开发工作程序如图 1-18 所示。

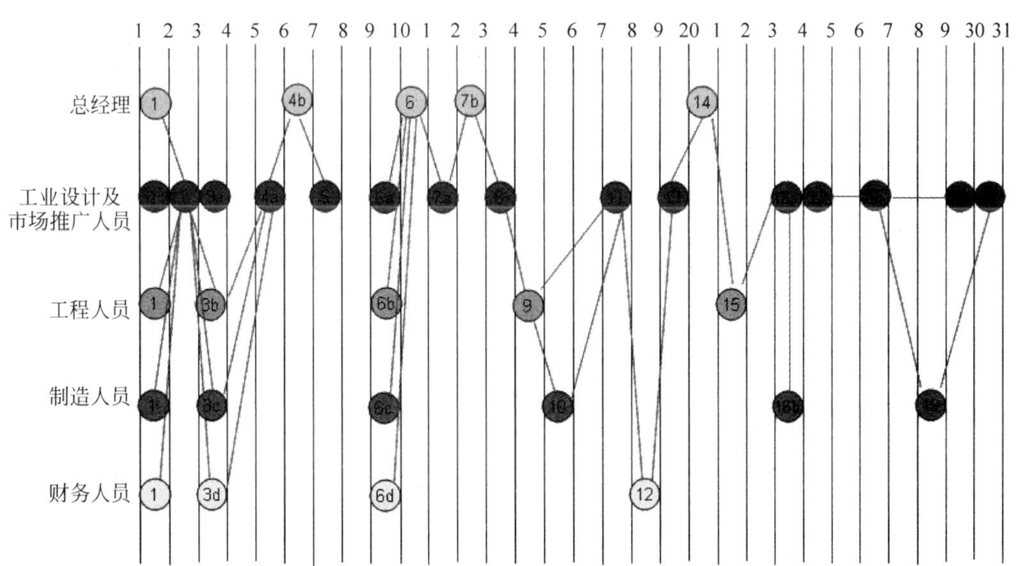

1—产品构想来源；2—构想初步筛选；3a—市场可行性分析；3b—技术可行性分析；3c—制造可行性分析；3d—投资分析；4a—归纳分析结果；4b—产品构想核定；5—产品有关资料收集与分析；6—资料归纳及研讨；7a—总合研讨结果提出产品开发建议；7b—产品开发建议核定；8—产品设计规范规定；9—产品设计与模型制作；10—产品策划；11—根据设计资料做销售推广策划；12—成本价格及销售值估计；13—产品商业可行性检讨；14—产品决定量产前之总检验；15—产品工程及样品模型制作；16a—样品模型检验及修正；16b—应用场合实验及销售服务研究；17—决定正式上市之前检验；18—顾客使用意见归纳及改进；19—大量生产；20—产品有关资料转交给销售部门；21—正式上市

图 1-18　美国通用电器公司产品开发工作程序

1.4 新产品研发的创造性思维和创造性人格

1.4.1 创造性思维

1. 创造性思维的概念

新产品研发需要创造，新产品研发离不开思维。创造性思维是指突破传统的思维习惯和逻辑规则，从独特的视角发现新问题，用新颖的思路解决该问题，以期获得创新性成果的思维活动。具体而言，创造性思维是以主体已掌握的知识和经验为基础，在强烈的创新意识的驱使下，对各种信息进行处理、分析和提炼，从与众不同的角度发现或提出问题，并综合运用各种思维形式，对头脑中的知识、信息进行新的加工组合，形成新的思想、新的观点、新的理论的思维过程。创造性思维是一种综合性的思维，是各种思维方式的创造性运用。

2. 创造性思维的特点

林崇德教授认为创造性思维属于智力因素，它有 5 个特点及其表现：

① 创造性活动表现出新颖性、独特性，且有意义。

② 思维和想象是创造性思维的两个重要成分。

③ 在创造性思维过程中，新形象和新假设的产生带有突然性，常常称为灵感。灵感属于“顿悟”，在一定意义上说它是有意注意的产物。

④ 在思维的意识的清晰性上，创造性是分析思维和直觉思维的统一。

⑤ 在创造性思维的形式上，它是发散思维与复合思维的统一。

3. 创造性思维的基本过程

创造性思维在解决问题的活动中，需要一定的过程。心理学家对这个过程也做过大量的研究。比较有代表性的是英国心理学家华莱士（G. Wallas）所提出的四阶段论和美国心理学家艾曼贝尔（T. Amabile）所提出的五阶段论。华莱士认为任何创造过程都包括准备阶段、酝酿阶段、明朗阶段和验证阶段四个阶段。而艾曼贝尔从信息论的角度出发，认为创造活动过程由提出问题或任务、准备、产生反应、验证反应、结果五个阶段组成，并且可以循环运转。

创新的“四阶段理论”是一种影响最大、传播最广，而且具有较大实用性的过程理论，由英国心理学家沃勒斯提出。该过程理论认为创新的发展分 4 个阶段：准备期、酝酿期、明朗期和验证期。

（1）准备期

准备期是准备和提出问题阶段。一切创新是从发现问题、提出问题开始的。问题的本质是现有状况与理想状况的差距。准备期还可分为下列 3 步，力求使问题概念化、形象化和具有可行性。

① 对知识和经验进行积累和整理；

② 搜集必要的事实和资料；

③ 了解自己提出问题的社会价值，能满足社会的何种需要及价值前景。

（2）酝酿期

酝酿期也称沉思和多方思维发散阶段。在酝酿期要对收集的资料、信息进行加工处理，探索解决问题的关键，因此常常需要耗费很长时间，花费巨大精力，是大脑高强度活动时期。这一时期，要从各个方面，如从事物的纵横、正反等去进行思维发散，让各种设想在头脑中反复组合、交叉、撞击、渗透，按照新的方式进行加工。加工时应主动地使用创造方法，不断选择，力求形成新的创意。

（3）明朗期

明朗期即顿悟或突破期，寻找到了解决办法。

明朗期很短促，很突然，呈猛烈爆发状态。久盼的创造性突破在瞬间实现，人们通常所说的“脱颖而出”、“豁然开朗”、“千里寻它千百度，蓦然回首，那人却在灯火阑珊处”等都是描述这种状态的。如果说“踏破铁鞋无觅处”描绘的是酝酿期的话，“得来全不费功夫”则是明朗期的形象刻画。在明朗期灵感思维往往起决定作用。

（4）验证期

验证期是评价阶段，是完善和充分论证阶段。突然获得突破，飞跃出现在瞬间，结果难免稚嫩、粗糙甚至存在若干缺陷。验证期是把明朗期获得的结果加以整理、完善和论证，并且进一步得到充实。创新思维所取得的突破，假如不经过这个阶段，创新成果就不可能真正取得。论证，一是理论上验证，二是放到实践中检验。

4. 创造性思维的构成

创造性思维是立体式、全方位的思维活动，是多种思维方法和思维模式相互作用、灵活运用和有机结合的产物。它既要有逻辑思维，也要有形象思维和直觉思维；既要有正向思维，也要有逆向思维和批判性思维；既要有复合思维，也要有发散思维，还要有超前思维和灵感思维。因此，创新性思维是一种综合的、复杂的、高级的思维活动。以下是创造性思维能力培养中的几种主要思维方式。

（1）逆向思维

逆向思维又称反向思维，是朝着与人们正常的、习惯的、合乎情理的思维相反的方向进行的思维，是有悖常理、与正常思维背道而驰的一种思维方式。逆向思维在新产品研发中的作用主要表现在改变常规的思维模式，用截然相反的新思路、新视野和新方式，发现、分析和解决问题，以求获得创新性的成果。

（2）批判性思维

批判性思维是用挑剔的眼光以试图否定事物的方式从批判事物的角度看待、思考、分析和研究问题的一种思维方式。批判性思维在新产品研发中的作用主要表现为建立在否定之上的产品的原理、功能、结构、技术或工艺的创新。

（3）超前思维

超前思维又称预见性思维，是对事物未来发展可能出现的趋势、状态和结果进行推理，进而对事物的未来发展做出预见，并调整对当前事物认识的一种思维方式。超前思维在新产品研发中的作用主要表现在其具有的远见卓识和推陈出新的特点上，即用发展的眼光和求新求变理念发现事物存在的问题、分析问题的根源并解决好问题，进而取得创新性的成果。

（4）发散思维

发散思维又称扩散思维，是从一个问题出发，充分发挥想象力，沿着各种不同的方向思考该问题，以寻求多种解决问题的思路、方法和答案的一种思维方式。发散思维能够使人们海阔天空地全方位思维、浮想联翩、触类旁通、产生灵感，探索出新颖独特的解决问题的思路和办法。例如，在产品结构的设计上，可以通过结构的发散思维，找到能够获得理想的性能且成本经济的最佳的产品结构；在新产品的开发上，可以通过组合的发散思维，将不同产品的相关要素组合起来，形成崭新的产品。

（5）灵感思维

灵感思维也称顿悟思维，是一种突然产生的、突发性的灵机一动、“计上心来”的思维方式。这里的灵感既指突如其来的对事物规律的认识，也指瞬间闪现的解决问题的创新性途径。灵感是创新性成果的来源之一，灵感思维是创新思维的精华。阿基米德原理和牛顿万有引力定律的提出是灵感思维的最典型的实例，这两个例子也进一步说明，没有长时间对问题的苦苦思索，没有对问题本质深入的把握，没有逻辑思维对问题的分析探究，就不可能出现非逻辑思维的飞跃形式，灵感就不会不期而至。

创新思维的培养，一方面要综合运用以上述几种思维方式对新事物进行不断分析、比较、综合和推理；另一方面要注重对事物的本质和规律的认识，抓住错综复杂事务中的主要矛盾，探求诸多要素之间的相互关系，只有这样才能卓有成效地产生创新性的成果。

5. 创造性思维的培养途径

创造性思维的培养途径主要有改革课程与教学内容、推行基于新产品研发项目的研究性学习方式、构建面向新产品研发的创新实践教育体系、建设满足新产品研发需要的开放式创新实践基地和营造校园创新文化氛围。

新产品研发工程师的创造性思维培养目标的达成，可以通过面向新产品全生命周期，应用数字化产品开发新技术，基于新产品研发项目的学习方式来实现。建立在新产品研发项目学习模式上的自主性学习、探究性学习和创造性学习，是新产品研发工程师创造性思维培养的现实途径。

（1）面向产品全生命周期

一个产品的生命周期包括以下各个环节：市场需求分析、设计开发、生产制造、销售、使用及淘汰废弃后的回收处理。产品全生命周期是一个长周期过程，包括从产品设计到报废回收的全过程。作为生命周期的开端，产品开发过程从产品的概念形成开始，到完成产品的样机测试工作直至交付生产为止。按照实现功能划分，包括概念设计、详细设计、工艺设计、生产准备、加工样机和样机试验等阶段，各阶段又包括不同的子阶段及活动。产品的全生命周期包括产品的孕育期（产品市场需求的形成、产品规划、设计）、生产期（材料选择制备、产品制造、装配）、储运销售期（存储、包装、运输、销售、安装调试）、服役期（产品运行、检修、待工）和转化再生期（产品报废、零部件再用、废件的再生制造、原材料回收再利用、废料降解处理等）的整个闭环周期。

面向产品生命周期的研发包括以下几个方面的内容：

① 产品研发面向生命周期全过程。新产品研发应考虑从原材料采集直至产品废弃后的处理处置全过程中的所有活动。

② 环境需求分析应在产品研发的初期阶段进行。在产品研发的初期阶段就应归纳出对其系统的环境要求，而不是依赖于末端处理，要综合考虑环境、功能、成本、美学等设计准则，在多目标之间进行权衡，做出合理的设计决策。

③ 实现多学科跨专业的协同研发。由于生命周期设计涉及生命周期的各个阶段、各种环境问题和环境效应，以及不同的研究对象，如减少废弃物排放、现有产品的再循环、新产品开发及再循环等，所以，产品的研发任务涉及广泛的知识领域。

新产品研发工程师的培养，以产品从研发到运行的生命周期为载体，通过系统的产品研发全过程培养学生专业技术知识、个人能力、职业能力和态度、团队工作和交流能力，培养在企业和社会环境下对产品系统进行构思、设计、实施、运行的能力等综合素质。

（2）应用数字化产品开发新技术

信息技术的广泛应用改变了全球市场竞争模式、促进了制造业模式的变革。制造业信息化是制造企业信息化的简称，其主要特征是设计数字化、制造装备数字化、生产过程数字化、管理数字化和企业数字化。在我国实施的制造业信息化科技工程中，数字化产品开发技术是企业设计、生产、管理的基础，是企业产品研发创新的基本工具，也是中国制造业转型升级的关键性工具。

数字化产品开发技术是基于计算机软硬件环境下将数字化设计、数字化制造、数字化管理技术广泛地应用于产品开发的全生命周期中的实用新技术。它已覆盖从概念设计、结构设计、电气设计、工程分析、装配设计、工艺设计、数控加工、虚拟制造到数据管理、产品维护等各个产品开发和生产的全部流程。数字化产品开发技术主要包括以设计为中心的数字化设计技术、以控制为中心的数字化制造技术以及以管理为中心的数字化管理技术。其内涵是支持企业的产品开发全过程，支持企业的产品创新设计，支持产品相关数据管理，支持企业产品开发流程与优化，支持 CAD、CAM 和 CAE 的无缝集成等。数字化产品开发技术深刻地改变了传统的产品设计、制造和生产组织模式，不仅缩短产品研发周期，而且提高企业产品研发质量、增强企业产品的核心竞争力。

数字化设计与制造技术是数字化产品开发技术的核心技术。数字化设计与制造技术是指在数字化技术和制造技术融合的背景下，并在虚拟现实、计算机网络、快速原型、数据库和多媒体等支撑技术的支持下，根据用户的需求，迅速收集资源信息，对产品信息、工艺信息和资源信息进行分析、规划和重组，实现对产品设计和功能的仿真以及原型制造，进而快速生产出达到用户要求性能的产品整个制造全过程。数字化设计与制造技术的关键技术有：计算机辅助设计（CAD）、计算机辅助制造（CAM）、计算机辅助工程（CAE）、计算机辅助工艺设计（CAPP）、产品数据库管理（PDM）、企业资源计划（ERP）、逆向工程（RE）和快速成型（RP）。

数字化产品开发技术从根本上改变了产品研制方法，贯穿了整个产品研制过程，向全三维技术发展，并与其他先进技术相互融合，已经形成完整的应用体系。因此，数字化产品开发技术是新产品研发工程师必须掌握的产品创新研发技术。基于数字化产品开发技术的学习，新产品研发工程师不仅需要精通企业广泛应用的数字化产品开发技术 CAD/CAM/CAE 软件，而且应该具备数字化产品开发技术在新产品创新设计与研发中综合应用能力。

(3) 基于新产品研发项目的学习

基于新产品研发项目的学习是学生新产品研发的具体主题，在精心设计新产品研发任务、活动的基础之上，进行较长时期的开放性探究，最终建构起知识充实和提高新产品研发能力的一种学习（教学）模式。基于新产品研发项目的学习就是学习过程围绕某个具体的新产品研发学习项目，充分选择和利用最优化的学习资源，在实践体验、内化吸收、探索创新中获得较为完整和具体的知识，形成专门的技能和得到充分发展的学习。

基于新产品研发项目的学习是一种强调主动探究和创新实践的学习（教学）模式，它以杜威的“从做中学”为理论基础。基于项目的学习作为一种新型的学习（教学）模式，具有以下特点：

① 有一个具体的新产品研发主题，学生围绕该主题展开实践探究，在活动中建构起新的知识体系，掌握一定的技能。

② 项目主题来源于现实生活，体现了多学科交叉的思想。在活动过程中需要运用多门学科的知识，单纯地依靠某一门学科知识则无法完成活动任务。

③ 强调活动的实践性。基于项目的学习不注重对学生进行纯学术性的书本知识的传授，而是让学生自己动手进行产品研发实践。学生在实践中体验、学习，在实践中提高获取信息、加工信息和处理信息的能力。

④ 活动过程中强调协作，相关学科教师、学生、有关部门机构组成一个学习共同体，为完成任务而共同努力，成员之间是一种密切合作的关系。

⑤ 在活动过程中，学生使用各种认知工具和信息资源来陈述他们的观点，支持他们的学习。

⑥ 强调在活动过程和活动结束之际产生一系列或一个新产品。

基于新产品研发项目的学习可使学生围绕具体的新产品研发项目，充分学习、选择和利用各种学习资源，在项目构思设计、实际体验、探索创新、内化吸收的过程中，以团队为组织形式自主地获得较为完整而具体的知识，形成技能并获得发展，能够提高学生提出并解决问题的创新能力及表达能力，培养学生的终身学习技能，使其形成自主合作的学习精神和工作态度。

以机械类新产品研发为例，围绕项目，以设计、加工制造、仿真及优化各阶段，贯穿在相应的课程中。立足于全生命周期，集设计构思、方案的形成、选型设计、加工制造、仿真优化为一体。通过这样的方式创造一个真实的情景，激发学生创造性地解决问题的欲望，通过实践到理论、理论到实践的过程领悟知识并把知识内化为能力，最终达到全面提高学生综合职业素质的目的。

1.4.2　创造性人格

1. 创造性人格的概念

所谓创造性人格，是指主体在后天学习活动中逐步养成，在创造活动中表现和发展起来，对促进人的成才和促进创造成果的产生起导向和决定作用的优良的理想、信念、意志、情感、情绪、道德等非智力素质的总和。

2. 创造性人格的特点

创造性人格，则属于非智力因素。

吉尔福特（1967）提出 8 条创造性人格：

① 有高度的自觉性和独立性；

② 有旺盛的求知欲；

③ 有强烈的好奇心，对事物的运动机制有深究的动机；

④ 知识面广，善于观察；

⑤ 工作中讲求条理性、准确性、严格性；

⑥ 有丰富的想象力，敏锐的直觉，喜好抽象思维，对智力活动与游戏有广泛的兴趣；

⑦ 富有幽默感，表现出卓越的文艺天赋；

⑧ 意志品质出众，能排除外界干扰，长时间地专注于某个感兴趣的问题上。

3. 培养创造性人格培养的原则

创造性人格的培养不是随意的，而应该遵循一定的原则，综合已有的大量的研究，创造性人格的培养应该遵循如下 5 条原则：

① 早期教育原则；

② 学校、家庭、社会协同教育原则；

③ 自我教育和终生教育结合的原则；

④ 主体性原则和社会性原则。

4. 培养创造性人格的途径

培养新产品研发工程师的创造性人格的具体措施如下。

① 培养新产品研发工程师的创造性人格因素：创新的强烈动机、浓厚的兴趣、炽热的情感、坚定的意志和进取的性格。

② 基于新产品数字化开发流程，国家、企业和学校共同搭建新产品研发与创新的实践平台。

③ 营造人人创造、时时创造和处处创造的社会、学校和家庭新产品研发与创新的文化氛围。

④ 开展自主选题、自主创新设计与研发的新产品研发工程实践活动。

1.5 新产品研发的创造技法

创新技法就是创造学家根据创新思维的发展规律而总结出来的一些原理、技巧和方法。新产品研发中常用的创造技法见表 1-1。

表 1-1 创新技法分类

序号	技法类型	技法名称
1	群体集智创新技法	智力激励法 综摄法
2	设问检核创新技法	奥斯本检核表法 和田十二法 5W2H 法
3	系统分析创新技法	形态分析法 物场分析法 价值分析法
4	系统综合创新技法	系统综合法 信息交合法 组合创新法
5	转向创新技法	变换方向法 逆向反转法
6	列举分解创新技法	特征列举法 希望点列举法 缺点列举法 专利信息利用法
7	联想类比创新技法	联想法 类比法 仿生法 移植法
8	最优选择创新技法	中山正和法

1.5.1 智力激励法

智力激励法又名头脑风暴法，是美国创造学家亚历克斯·奥斯本 1939 年提出的，是世界上最早付诸实施的创造技法，它适用范围广、易于普及。

1. 基本原理

智力激励法是通过特定的会议形式给与会者创造一种无拘无束、积极思考、互相激励的创造环境，使与会者产生联想反应和竞争意识，从而激发创造灵感并获得大量新颖设想的创造技法。

2. 遵循原则

智力激励法是一种典型的群体集智法，是通过召开智力激励会来实施的，在会议实施过程中应贯彻以下 4 条原则。

① 畅所欲言原则。

② 延迟批评原则。

③ 以量求质原则。

④ 综合改善原则。

3. 创新过程

（1）会议准备

首先选择会议主持人，然后确定会议主题，再确定参加会议人选，会议人数以 5～15 人为宜。人员的专业构成要合理，最后提前下达会议通知。

（2）热身活动

智力激励法安排与会者进行“热身”活动，目的是使与会者集中精力、活跃思维，尽快进入“角色”。热身活动所需的时间不长，可根据内容灵活确定。热身活动内容有多种形式，如看一段有关发明创造的视频，讲一个创造技法灵活运用的小故事，或者让与会者回答“脑筋急转弯”之类的题目。

（3）明确问题

这个阶段的目的是使会者对会议所要解决的问题有明确的、全面的了解，以便有的放矢地进行创造性思考。主要由主持人介绍会议所有解决的具体问题，介绍问题时应注意遵循简明扼要原则和启发性原则。

（4）自由畅谈

自由畅谈是智力激励会最重要的环节，是决定智力激励法成功与否的关键阶段。要点是想方设法营造一种高度激励的气氛，使与会者能突破各种思维障碍和心理约束，让思维自由驰骋，借助与会者之间的知识互补、信息刺激和情绪鼓励，提出大量有价值的设想。此阶段需要遵循畅所欲言原则、延迟批评原则和以量求质原则。

（5）加工整理

这个阶段组织人员对会议所提出的设想记录进行分类整理，并进行去粗取精的提炼工作，如果已经获得解决问题的满意答案，智力激励会就完成了预期的目的。倘若在加工整理中还有悬而未决的事情，则还可以如开下一轮的智力激励会。

1.5.2　综摄法

综摄法是由美国麻省理工学院威廉·戈登教授 1952 年提出的一种新颖、独特的创造技法，又称集思法、提喻法、分合法。

1. 基本原理

综摄法（Synectics）一词出自希腊语，原意是指把表面上看来不相关而实际上有联系的要素结合在一起。综摄法以已知的东西为媒介，将毫无关联、完全不同的知识要素结合起来，从而获得各种高质量的创造性设想，把这些创造性设想分门别类，整理归纳为一种条理分明、形成体系的全新的设想，进而从中摄取。

2. 基本原则

综摄法遵循两个基本原则。

(1) 异质同化

所谓异质同化，就是变陌生为熟悉的过程，是一种设法把自己初次接触到的事物或新的发现联系到自己早已熟悉的事物中去的思维方式。把陌生转换成熟悉，人们才能逐步了解陌生事物。许多在性质上虽然不同的现象，只要它们服从相似的规律，就往往可以运用联想类比法来解决。

(2) 同质异化

同质异化就是变熟悉为陌生的过程，它是通过新的见解找出自己非常熟悉的事物中的异质观点。变熟悉为陌生就是运用新的知识或从新的角度来观察、分析和处理问题，将熟悉的事物看成不熟悉的，这样就会从新的角度，以挑剔的目光，去转换甚至改变世人熟悉的观察、处理问题的方式。

综摄法是一种需要高度技巧的创造技法，其创造活动是异质同化和同质异化两项原则循环往复、交替使用的过程。该创造技法不仅应用于新产品的研制开发，而且可应用于管理。

3. 创新案例

创造发明案例自行车的发明

自行车是人类发明的最成功的一种人力机械之一，它是由许多简单机械部件组成的复杂机械。

人们对自行车的发明，往往是针对链传动、轮胎、脚踏等结构或机构而进行的，这些人们非常熟悉的结构或机构，运用新的知识或从新的角度来观察、分析和思考，如今又可以提出许多新的设想来，如3D打印自行车、太阳能自行车、水上自行车、冰上自行车和多人多向自行车等。

显然，自行车的发明历史就是异质同化和同质异化两项原则循环往复、交替使用的不断创新发明的过程。

1.5.3 奥斯本检核表法

亚历克斯·奥斯本1941年提出奥斯本检核表法，又称检核表法、对照表法、稽核表法、分项检查法。奥斯本检核表法是一种产生创意的方法。在众多的创造技法中，这种方法是一种效果比较理想的技法。由于它突出的效果，被誉为创造之母。人们运用这种方法，产生了很多杰出的创意，以及大量的发明创造。

1. 基本原理

奥斯本的检核表法是针对某种特定要求制定的检核表，主要用于新产品的研制开发。

奥斯本检核表法是指以该技法的发明者奥斯本命名、引导主体在创造过程中对照 9 个方面的问题进行思考，以便启迪思路、开拓思维想象的空间、促进人们产生新设想、新方案的方法。主要面对 9 个大问题：有无其他用途、能否借用、能否改变、能否扩大、能否缩小、能否代用、能否重新调整、能否颠倒、能否组合。

2. 创新思路

① 有无他用：现有的事物有无其他用途，或稍加改变后有无其他用途。

② 能否借用：能否从其他领域、产品、方案中引入新的元素、材料、造型、原理、工艺等。

③ 能否改变：现有事物的某些属性，如颜色、声音、式样、花色、工艺方法、象征意义等能否改变。

④ 能否扩大：能否增加现有事物的长度、厚度、强度、频率、速度、数量、价值等。

⑤ 能否缩小：现有事物的体积、长度、重量、厚度等能否缩小化、浓缩化、可拆分、简便化、省略化、短程化等。

⑥ 能否替代：现有事物能否用其他材料、元件、结构、力、设备、方法、符号、声音、香味等替代。

⑦ 能否调整：现有事物能否变换排列顺序、位置、时间、速度、计划、型号、元件等。

⑧ 能否颠倒：现有事物能否从里外、上下、左右、前后、横竖、主次、正负、因果等相反的角度颠倒过来使用。

⑨ 能否组合：能否进行原理组合、材料组合、部件组合、形状组合、功能组合等。

3. 创新过程

① 根据创新对象明确需要解决的问题；

② 根据需要解决的问题，参照表中列出的问题，运用丰富想象力，强制性地一个个核对讨论，写出新设想；

③ 对新设想进行筛选，将最有价值和创新性的设想筛选出来。

4. 创新案例

以手机为创新设计对象，运用“奥斯本检核表法”提出有关手机新产品研发概念。运用“奥斯本检核表法”求解手机产品的新概念，结果如表 1-2 所示。

表 1-2　奥斯本检核表法进行移动电话创新研发的过程

序号	检核问题	新设想名称	新设想概述
1	有无他用	智能刷卡手机	兼备智能手机与金融自助终端进行金融业务处理的高科技产品，既能实现手机功能，又能实现转账汇款、余额查询、信用卡还款等多项业务功能
2	能否借用	触屏手机	利用触摸屏技术，将该技术应用到手机屏幕上面，触屏手机可以用手指操纵，完美地替代键盘
3	能否改变	4G 手机	4G 无线传输技术的移动终端，能够传输高质量视频图像，图像传输质量与高清晰度电视不相上下的手机产品

（续表）

序号	检核问题	新设想名称	新设想概述
4	能否扩大	老人手机	具有超大按键、超大字体、超大音量、超长待机的适合老年人使用的手机产品
5	能否缩小	超薄手机	将普通手机机身厚度降至很薄的手机产品
6	能否替代	太阳能手机	替代传统手机的锂电池充电，可以利用光能来充电的手机产品
7	能否调整	智能手机	用户通过调整智能手机的应用软件，可以实现其不同的使用功能
8	能否颠倒	平板电脑手机	不但具备手机的所有功能，也具有电脑功能，成为名副其实的可打电话的平板电脑
9	能否组合	智能手机	集通话、短信、网络接入、影视娱乐为一体的综合性个人手持终端设备

1.5.4 和田十二法

1. 基本原理

“和田十二法”源自上海市闸北区和田路小学学生的发明创新活动。该小学从1979年起就着手学生新产品研发创造力的培养，全校学生共研发出科技作品3000件以上，有的研发作品已转化为商品。1985年我国学者许立言、张福奎结合和田路小学的创新活动，在奥斯本检核表法的基础上对其加以创造，提出了一种新的创造技法，称为“和田十二法”。具体包括以下12个方面。

① 加一加：在原有物体上添加什么东西会有新的发明出现？或者对原有物体能否加高、加厚、加多、组合等？

② 减一减：将原来物体减轻、减少、省略等会不会有新的物体出现？

③ 扩一扩：将原有物体放大、扩大、提高功效等是否可以导致新产品的问世？

④ 缩一缩：是否可以把原有物体压缩、缩小或微型化而产生新的东西？

⑤ 变一变：原有物体改变形状、颜色、气味、音响、次序等是否会有新的突破？

⑥ 改一改：能否修改原有物体的缺点、不便、不足之处，使其更新换代？

⑦ 联一联：把原有事物和另一事物联系起来，会有什么新的东西产生？

⑧ 学一学：能否通过学习模仿别的物体的原理、形状、结构、方法，以求创新？

⑨ 代一代：用别的材料、方法或物体代替原有物体，是否能产生新的发明？

⑩ 搬一搬：把原来的设想、技术、工艺、方法搬到其他地方，是否会有新的设想、技术、工艺和方法？

⑪ 反一反：将某一事物的正反、左右、横竖、前后、上下等加以颠倒，是否会有新的事物产生？

⑫ 定一定：对原有物体进行某种界限或排序，是否能提高工作效率或者导致创新？

2. 创新案例

以自行车为创新设计对象，运用“和田十二法”求解有关自行车新产品研发概念。

创造发明案例1　加一加：柳峰华、顾永军发明的跑步车

跑步机是一种科学、方便和有效的家庭及健身房常备的室内健身器材，可以提供人们进行跑步运动，但是在长时间跑步运动过程中，跑步机会对关节产生一定的冲击，从而对人体造成一定伤害。柳峰华、顾永军发明的跑步车，将椭圆机和普通自行车结合，既可以代步，又可以健身，并且不会对关节造成损伤，舒适度高且具有趣味性。

跑步车结构如图 1-19 所示，跑步车包括车架，车架的前部下方设有前轮，车架前部上方设有把立 12，把立 12 为折叠把立，把立 12 的顶部设有变速调节阀 14 以及阻尼调节阀 13；车架的中部的左右两侧均设有斜向后下方的导轨 1，导轨 1 内设置有踏杆 10，踏杆 10 的前端设有滑轮 15，滑轮 15 置于导轨 1 内，导轨 1 的内表面设有减噪带 2；车架后部下方设有后轮，车架后部上方设有皮带盘 6，皮带盘 6 的转轴左右两端连接有曲柄 8，曲柄 8 的自由端与踏杆 10 的后端连接，踏杆 10 的前半段上表面设置有踏板 11，曲柄 8 的自由端沿曲柄长度设置有三个调整孔 5，调整孔 5 通过连接件与踏杆 10 的后端连接；后轮的中心设有内变速器 9，内变速器 9 的一端向外依次设置有阻尼轮 3、阻尼带 4 以及阻尼外套 16，内变速器 9 的另一端设置有皮带轮 17，皮带轮 17 与皮带盘 6 通过同步带 7 连接。

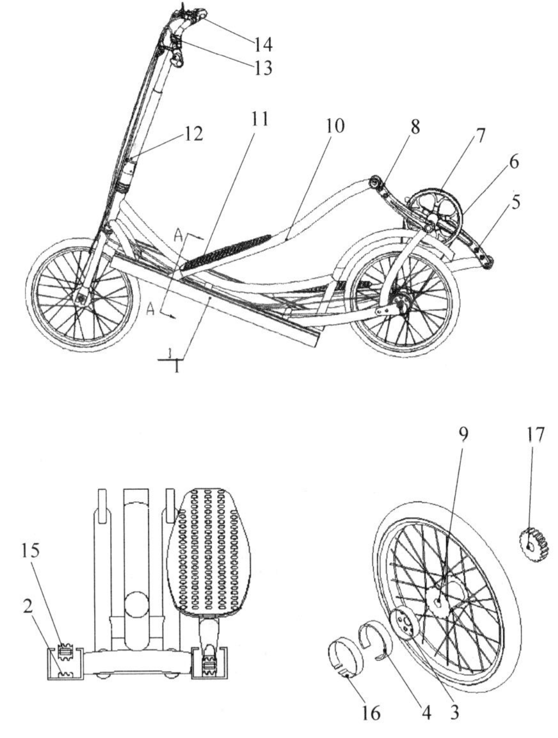

图 1-19　跑步车结构图

创造发明案例 2　减一减：季鹏凯发明的往复驱动无链自行车

季鹏凯发明了一种叫做“往复驱动无链自行车”。该车没有链条作为驱动，取而代之的是一种将踏板直接安装在后轮轴上，将踏板运动转换成圆周运动，只要往复驱动脚踏板自行车就会行进。

该自行车往复驱动机构如图 1-20 所示，包含花鼓和轴棍，其结构是：轴棍的中心垂直紧固一个对称开孔的圆厚板，圆厚板的圆周上对应开有装轴的轴孔，轴上装有行星锥齿轮，与两边轴棍上由滚珠与轴承支撑的双联中心齿轮的圆锥齿轮分别啮合。行星锥齿轮装在轴辊上的圆厚板两侧，依此由中心向两侧对称地各装有以下构件：有单向驱动机构，齿轮增速机构，摆动限位机构。该发明克服了传动部件外露的缺点，所有传动部件均处封闭体内，不会弄脏骑车人的衣服，不需定期清洁和上油，省略了维护工作；没有了传动链条，也不会发生掉链子的情况，使用很安全，结构很紧凑。

图 1-20　自行车往复驱动机构

创造发明案例 3　扩一扩：Eric Staller 设计发明的多人多向娱乐自行车

美国艺术家 Eric Staller 设计发明一款多人多向娱乐自行车 Conference Bike，如图 1-21 所示，六名骑行者可以围坐在一起，每张座椅都可以调整高度。六名骑行者可以面对面一边交流，一边骑行，该车中间还设有一张小圆桌，坐在车中间的一个人控制骑行方向和踩踏水压刹车。该车最多可以承载 1400 磅的重量，最大速度可以达到每小时 5 公里。

图 1-21　多人多向娱乐自行车

创造发明案例 4　缩一缩：克莱夫·辛克莱发明的微型折叠自行车

英国著名发明家克莱夫·辛克莱发明了一种微型折叠自行车，如图 1-22 所示。可以很方便地装在行李箱里，从而方便广大旅行者外出使用。辛克莱最初想法是，如果能够有一种比现在的自行车轻得多、占用空间小得多的自行车，那么将改变使用自行车的方式。该车有两个很小的充气轮，两轮的间距比高度小很多，车身长度因此要比普通自行车小许多，多数零件采用垫板制成。该自行车折叠后的体积小于 0.03m^3，它不但可以放在一个较大的行李箱中随身携带，而且很容易装在游艇和小船上，它也适合汽车车厢的狭窄空间。该车的质量很轻，不超过 5.5kg，但是它却可承重 112kg，其高度还可以调节。该车折叠和展开都比较便捷，完成整个过程只需 20s 左右的时间。

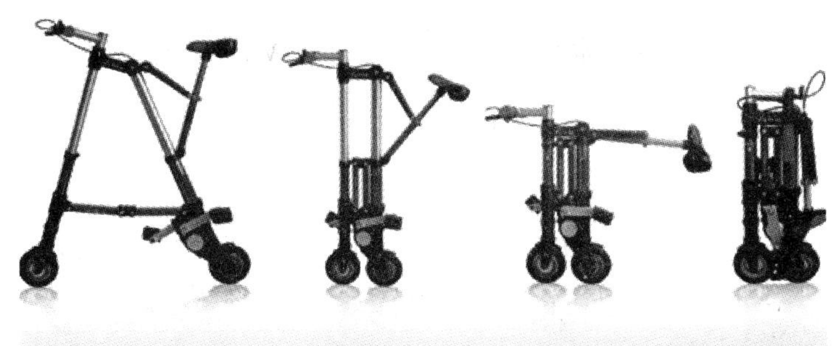

图 1-22　卫星折叠自行车

创造发明案例 5　变一变：不倒的 SHIFT 自行车

三位来自普度大学的工业设计师斯科特·希姆（Scott Shim）和马修·克罗斯曼（Matthew Grossman）及瑞恩·赖特伯蒂（Ryan Lightbody），发明了一种新型的 SHIFT 自行车，如图 1-23 所示，它能自动调节车轮以保持车身平衡。这款车由一个前轮和两个纤细的后轮组成，当车静止或者速度极慢时，两个后轮向外张开以保持车身平衡。当骑车人加速前进时，两个后轮则向内收缩变成一个轮子，与普通自行车无异。而当车子减速时，两个后轮又向外张开，恢复成三轮车模式。该自行车的关键在于一个有弹簧机制的皮带，可以把后轮往里面拉。设计师们希望它能帮助儿童独立发展骑车技能并摆脱摔跤的恐惧。

图 1-23　不倒的 SHIFT 自行车

1.5.5　5W2H 法

1. 基本原理

5W2H 法是第二世界大战中美国陆军兵器修理部首创。发明者用五个以 W 开头的英语单词和两个以 H 开头的英语单词进行设问，发现解决问题的线索，寻找发明思路，进行设计构思，从而创造出新产品或提出新方法的创造技法，称为5W2H法。

2. 应用程序

发明者在设计新产品时，常常提出：为什么（Why），做什么（What），何人做（Who），何时（When），何地（Where），如何（How），多少（How much），这就构成了5W2H法的总框架。

（1）为什么（Why）

为什么采用这个技术参数？为什么不能有响声？为什么停用？为什么要使用这种颜色？为什么要做成这个形状？为什么产品的制造要经过这么多环节？……

（2）做什么（What）

做什么事？解决什么问题？任务、目标、重点、条件、方法是什么？功能、要素、规范是什么？……

（3）何人（Who）

谁会生产？谁是顾客？谁被忽略了？谁是决策人？谁会受益？……

（4）何时（When）

何时要完成？何时安装？何时销售？何时是最佳营业时间？何时工作人员容易疲劳？何时产量最高？何时完成最为时宜？需要几天才算合理？……

（5）何地（Where）

何处生产最经济？从何处买？安装在什么地方最合适？何地有资源？……

（6）怎样（How）

怎样做最快？怎样做效率最高？怎样改进？怎样避免失败？怎样求发展？怎样增加销路？怎样使产品用起来方便？……

（7）多少（How much）

功能指标达到多少？销售多少？成本多少？输出功率多少？效率多高？尺寸多少？重量多少？……

3. 创新案例

创造发明案例6　“5W2H”法进行产品创新研发

针对需要解决的问题，提出七个疑问，从中启发创新构想以设计新产品。

① 为何设计该产品？采用何种总体布局？

② 产品需具有何种功能？产品解决哪些问题？产品如何满足人机工程学的要求？如何改善操作者的工作环境和安全性？

③ 产品的使用者是谁？产品谁来负责设计？产品潜在的消费者是谁？

④ 何时完成该设计？如何规划产品开发进度？

⑤ 产品用于何处？在何处生产该产品？

⑥ 如何设计？形状、材料、结构如何？如何提高产品的工作效率？如何使得产品的造型更加美观？

⑦ 单件生产，小批量生产，还是中等批量生产？

1.5.6 特性列举法

1. 基本原理

特性列举法，又称为属性列举法，是由美国布拉斯加大学教授 R・克劳福特提出的一种创新技法。克劳福特认为，每个事物都是从另外的事物中产生发展而来的。平常的创新都是对旧物改造的结果，所改造的主要方面是事物的特性。特性列举法就是首先对需创新、改进的对象进行深入细致的观察、分析，最大可能地列举该事物各种不同的特征或属性，然后确定应该改善的方向及实施方法。

此法的使用先要对创造发明的对象进行详细的属性分析，把决策系统分为若干个子系统（即把决策问题分解为局部小问题），并把它们的特性一一列举出来，再研究这些特性是否可以改变，以及改变后对决策产生的影响。此法的优点是能保证对问题的所有方面全面的研究。

2. 创新过程

通常解决问题时按照以下步骤进行实施。

（1）确定创造对象并加以分析

特性列举法属于对已有事物进行创新的技法，因此在确定应用对象后，应了解和分析事物现状，熟悉其基本结构、工作原理及使用场合等。

选择一个目标明确的课题，课题宜小不宜大，如果是一个比较大的课题，最好也分成若干小课题进行。一般说来，着手解决的问题越小越容易获得成功。

（2）列举出发明或革新对象特性并进行归类整理

一般从名词特性、形容词特性、动词特性三个方面方法对事物进行特性分析。名词特性——革新对象的全体、部分、材料、制造方法等；形容词特性——革新对象的性质、状态等；动词特性——革新对象的功能、作用等。当特性列举到一定程度时，应按内容重复的合并、互相矛盾的协调统一的观点进行整理。

（3）依据特性项目进行创造性思考

这是运用特性列举法最重要的一步，因为只有在 3 类特性中的某一方面提出新的创见或设想，才算达到用方法解决实际问题的目的。这一步要充分调动创造性观察和创造性思维的参与，针对特性的改进大胆思考。例如如何使得产品更美观？如何使得产品更加智能？如何使得产品更加环保？等等。结合智力激励法的使用，能产生众多的设想和好的创意。

1.5.7 缺点列举法

1. 基本原理

缺点列举法是针对具研究问题，通过会议的形式，从列举事物的缺点入手，找出现有事物的缺点和不足之处，然后再探讨解决问题的方法和措施，进而获得新的观点、新的方案或者新的成果的发明创造方法。缺点列举法应用范围广泛。它不仅可用于新产品开发，解决属于“物”一类的硬技术问题；也可用于企业管理以及其他类型的管理活动，解决属于“事”一类的软技术问题。

2. 创新过程

这种分析方法一般分为如下两个阶段。

① 列举缺点阶段，召开缺点列举会议，启发大家找出分析对象的缺点。

② 探讨改进政策方案阶段，会议主持者应启发大家思考存在上述缺点的原因，然后根据原因找到解决的办法。会议结束后，应按照“缺点”、“原因”、“解决办法”和“新方案”等项列成简明的表格，从中选择最佳政策方案。

3. 实施方案

用缺点列举法进行创造发明的具体做法是：召开一次缺点列举会，会议由5～10人参加，会前先由主管部门针对某项事务，选举一个需要改革的主体，在会上发动与会者围绕这一主题尽量列举各种缺点，越多越好，另请人将提出的缺点逐一编号，记在一张张小卡片上，然后从中挑选出主要的缺点，并围绕这些缺点制定出切实可行的改新方案。一次会议的时间大约在一两小时之内，会议讨论的主体宜小不宜大，即使是大的主题，也要分成若干小题，分次解决，这样，原有的缺点就不致被遗漏。

4. 创新案例

创造发明案例7　天樽空调的创新研发

天樽空调是海尔空调2013年10月份推出的一款创新空调，如图1-24所示。天樽空调的研发理念和功能设置均采用用户交互的方式进行，根据用户需求进行研发，基于673372名网友与海尔研发平台的交互，通过网友对传统空调的抱怨点，即市场上现行空调的缺点，包括空调病、风太冷、自然风、远程控制、PM2.5、智能化等问题，整合全球资源研发的创造性空调产品。针对用户所提出的缺点，天樽空调这一创造性产品的创新解决方案如下。

① 外观设计的颠覆：给家庭是带来更自然的空气。突破性的环形无叶出风口设计替代普通风叶，打破了空调传统造型，独树一帜的圆形外观，环形无叶出风口的风道能带动周围的空气一起流动，让风吹到人身上的时候感觉都是很柔和的。

② 操作方式的颠覆：解决遥控器操作的不便和局限。智能APP、微信、语音空调，全球遥控，颠覆了传统空调只用遥控器操作的工作方式，用户可以自主选择最方便的控制方式调节空调。

③ 送风方式的颠覆：解决“空调病”难题。天樽空调的独特“风洞”造型，正是为了提升空调冷（热）气与室内空气的混合效率而设计。创新镂空环形送风方式，改变了传统柜机在房间内混合空气的空气调节方式，冷热空气提前混合，出风更舒适，暖而不燥，凉而不冷，不得空调病。

④ 人体舒适控制系统：解决实现远程操控智能化问题。根据人体需求智能实现最佳

温度、湿度、风度、静音，一键智能设定，自动调节温度和送风模式，打造最佳舒适环境。

⑤ 智能除 PM2.5：解决实现室内空气自动净化问题。自动检测 PM2.5 浓度，超标时感应光环呈红色报警，同时智能提醒用户实时优化，实现空调主动为人服务。

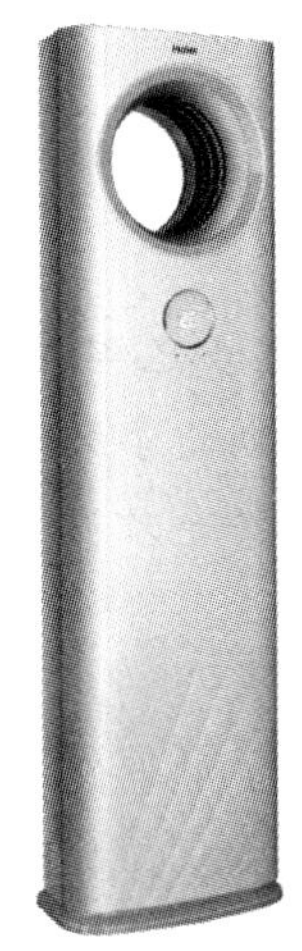

图 1-24　海尔天樽空调

1.5.8　希望点列举法

1. 基本原理

希望点列举法是由 Nebrasa 大学罗伯特·克劳福特（Robert Crawford）发明。希望点列举法是指通过列举希望新的事物具有的属性以寻找新的发明目标的一种创造方法。

缺点列举法是围绕现有物品的缺点提出各种改进设想，这种设想不会离开物品的原型，因此，它是一种被动型的创造发明方法。希望列举法是从发明者的意愿提出各种新的设想，它可以不受原有物品的束缚，因此，它是一种积极、主动型的创造发明方法。

2. 创新过程

希望点列举法的实施主要有三个步骤，即

① 激发和收集人们的希望；

② 仔细研究人们的希望，以形成“希望点”；

③ 以“希望点”为依据，创造新产品以满足人们的希望。

3. 实施方案

用希望点列举法进行创造发明的具体做法是：召开希望点列举会议，每次可有 5～10 人参加。会前由会议主持人选择一件需要革新的事情或者事物作为主题，随后发动会者围绕这一主题列举出各种改革的希望点；为了激发与会者产生更多的改革希望，可将各人提出的希望用小片写出，公布在小黑板上，并在与会者之间传阅，这样可以在与会者中产生连锁反应。会议一般举行 1～2 小时，产生 50～100 个希望点，即可结束。会后在将提出的各种希望进行整理，从中选出目前可能实现的若干项进行研究，制定出具体的革新方案。

4. 创新案例

创造发明案例 8 waterever 智能水杯的创新研发

1. 确定新产品研发主题

相关研究显示，当人体感到口渴的时候，身体至少已经流失了 2%的水。如果不喝水，喝水的欲望就会越低，身体会越来越缺水。而长期处于缺水状态是各种亚健康状态的隐形原因。口渴不是喝水的理由，拥有健康生活，需要一只足够“懂你”的智能水杯。

2. 提出产品革新的思路

本产品的革新思路是了解用户的饮水状态、提醒使用者健康饮水，使产品随身携带方便、外观优雅有质感、装的水健康好喝。

3. 列举出革新对象的特性

(1) 名词特性：杯身、杯盖；
(2) 形容词特性：智能、环保、时尚、贴心、方便；
(3) 动词特性：能随时随地查看饮水状况。

4. 通过提问，诱发出可供革新的创造性设想

如何使产品更加智能？智能水杯提醒根据你在 APP 里输入的个人资料，将基于自学习饮水算法为你量身定制饮水计划。科学算法，让你不再等到口渴才喝水。如何使产品更加贴心？无边际的 LED 点阵显示屏，温度即时显示，让你时时了解最佳饮水温度。如何使产品更加环保？水杯内胆采用共聚聚酯 Tritan 材料，不含 BPA 等有害物质。如何使产品更加时尚？在外观设计充分考虑了人机交互的体验，和团队对美感的追求。一体式杯盖，书卷卷轴般的杯身，水波纹底座，使古典美与科技感完美融合。如何使产品更加方便？水杯内置 400mA 锂电池，最长待机时间 18 天。无线充电标准底座，不但可以给水杯充电，也支持给其他无线充电设备充电。

最终设计制造出的 waterever 智能水杯产品如图 1-25 所示。

1.5.9 形态分析法

形态分析法是由美国加州理工学院的兹维基教授创立的。第二次世界大战时，德国首先研制成功带脉冲发动机的 F-1 型巡航导弹和 F-2 型火箭，并将其作为核心机密而采取了最严格保密措施。不甘落后的美国也集中了一批优秀科学家进行研制。在研制过程中，兹维基教授分析了火箭的各主要组成要素，以及各组成要素可能具有的各种形态，并运用数学中的排列组合原理，一周内得出了 576 种火箭构造方案，其中包括德国绝对保密的 F-1 型与 F-2 型方案。形态分析法也就此诞生。

图 1-25　waterever 智能水杯

1. 基本原理

形态分析法是一种系统搜索和程式化求解的创新技法。因素和形态是形态分析中的两个基本概念。所谓因素，是指构成某种事物的特性因子。如工业产品，可以用若干反映产品特定用途或功能作为基本因素。相应的实现各功能的技术手段，则称之为形态。例如，将“控制时间”作为某产品的一个基本因素，那么“手动控制”、“机械定时器控制”和“电脑控制”等技术手段，则为相应因素的表现形态。

形态分析是对创造对象进行因素分解和形态综合的过程。在这一过程中，发散思维和收敛思维起着重要的作用。在创造过程中，应用形态分析法的基本途径，是先将创造课题分解为若干相互独立的基本因素，找出实现每个因素要求的所有可能的技术手段（形态），然后加以系统综合而得到多种可行解，经筛选可获得最佳方案。

2. 创新过程

① 因素分析。因素分析就是确定系统（创造对象）的构成因素，它是应用形态分析法的首要环节，是确保获取创造性设想的基础。分析时，要使确定的因素满足三个基本要求：一是各因素在逻辑上彼此独立；二是在本质上是重要的；三是在数量上是全面的。

② 形态分析。形态分析就是按照创造对象各因素所要求的功能属性，列出多因素相对应的全部形态（技术手段）。这一步需要发散思维，尽可能列出满足功能要求的多种技术手段，无论是本专业领域的还是其他专业领域的都需考虑。

③ 方案综合。在因素分析和形态分析的基础上，可以采取形态学矩阵或综合表的形式进行方案综合。

④ 方案评选。由于方案综合会产生多种可行方案，所以要进行评选，以找出最优的可行方案。评选时先要制订较为科学的优选标准，一般用新颖性、先进性和实用性三条标准进行初评，再用技术经济指标进行综合评价，好中选优。

3. 创新案例

创造发明案例 9　注塑机新产品的研发

(1) 因素分析

按照注塑机的构成和功能，进行因素分析，列出独立的、重要的因素，主要有注射装置、加料、加热、合模、驱动、控制、冷却、调模、制前顶出、安全十个相对独立的基本要素。

(2) 形态分析

按照注塑机各因素所要求的功能属性，列出各因素对应的技术手段，注射装置可分为柱塞式、螺杆式两种；加料可分为容积加料、重量加料两种；加热可分为微波加热、电阻丝加热两种；合模装置可分为增压式、充液式、特殊液压式、双曲肘式、双曲肘式、组合式六种；驱动可分为电动机、液压泵、液压马达、组合式四种；控制可分为开式控制、反馈控制两种；冷却可分为水冷、风冷两种；调模可分为调节肘杆、调节动模板、调节后模板三种；制前顶出可分为机械顶出、液压顶出、气压吹出。安全可分为电气保护、电气与液压联合保护、电气机械联合保护三种。

(3) 方案综合

如表 1-3 所示，列举出各种基本要素的全部可能的形态，编制其形态学矩阵。由表 1-3 可得到（4×2×2×6×4×2×2×3×3×3=483844 个）原理方案，从中可以得到创新设计方案。

表 1-3　注塑机分功能解的形态学矩阵

独立要素	各要素的对应解法					
注射装置	柱塞式	螺杆式				
加料	容积加料	重量加料				
加热	微波加热	电阻丝加热				
合模装置	增压式	充液式	特殊液压式	单曲肘式	双曲肘式	组合式
驱动	电动机	液压泵	液压马达	组合式		
控制	开式控制	反馈控制				
冷却	水冷	风冷				
调模	调节肘杆	调节动模板	调节后模板			
制前顶出	机械顶出	液压顶出	气压吹出			
安全	电气保护	电气、液压联合保护	电气机械联合保护			

(4) 方案评选

根据产品的功能及特点，按照经济、适用、方便、安全、可靠、省力等技术指标进行分析、评价、比较、决策。从上述方案优选一个最佳设计方案。

1.5.10　信息交合法

信息交合法，又可以称为“要素标的发明法”，或称为“信息反应场法”、“魔球法”，是华夏研究院思维技能研究所所长许国泰教授于 1983 年首创的。

1. 基本原理

信息交合法是一种在信息交合中进行创新的思维技巧，该技法首创时采用二维坐标系的方式，即把物体的总体信息分解成若干个要素，然后把这种物体与人类各种实践活动相关的用途进行要素分解，把两种信息要素用坐标法连成信息标 X 轴与 Y 轴，两轴垂直相交，构成“信息反应场”，每个轴上各点的信息可以依次与另一轴上的信息交合，从而产生新的信息。现在随着创造技法的发展，信息交合法也可以通过多维坐标系来进行信息的组合。

2. 遵循原则

信息交合法作为一种科学实用的思考与发明方法，许国泰提出以下三条原则。

① 整体分解原则：先把对象及其相关条件整体加以分解，按序列得出要素。

② 信息交合原则：各轴的每个要素逐一与另一轴的各个标的相交合。

③ 结晶筛选原则：通过对方案的筛选，找出更好的方案。如果研究的是新产品开发问题，在筛选时应注意新产品的实用性、经济性、可制造性、市场可接受性等。

3. 创新过程

① 确定项目目标。确定项目目标是开发新产品，或者是提出新工艺、新方案。

② 确定父本信息和母本信息场。根据研究项目的具体目标，确定父本信息为材料、形状，母本信息为功能、结构。

③ 分列信息。将父本信息和母本信息分别分列出若干相关信息。

④ 信息交合。将父本信息的每一个子信息和母本信息的每一个子信息进行各种交合，产生大量的新信息，从而形成大量的组合方案。

⑤ 优选方案。从大量的组合方案中，优选一个较优的方案实施。

4. 典型案例

创造发明案例 10　曲别针的妙用

那是 1983 年 7 月，中国创造学第一届学术讨论会在南宁召开。会上除了国内诸多学者参加外，还请了日本专家村上幸雄与会。村上先生给大家作了精彩的演讲，演讲中，他突然拿出一把曲别针说：“请大家想一想，尽量放开思路来想，曲别针有多少种用途?”与会代表七嘴八舌议论开了：“曲别针可用来别东西——别相片、别稿纸、别床单、别衣物。”有人想的要奇特一点：“纽扣掉了，可用曲别针拉长，连接东西。”“可将曲别针磨尖，去钓鱼。”……，归纳起来，大家说出了 20 来种用途。在大家议论的时候，有代表问村上：“先生，那你能讲出多少种?”村上故作神秘地莞尔一笑，然后伸出三个指头。代表问：“30 种?”村上自豪他说：“不！300 种!”人们一下子愣住了，真的！村上先生拿出早已准备好的幻灯片，展示了曲别针的诸种用途。

在与会代表中就有许国泰，看着村上先生颇为自负的神态，他心理泛起浪潮：在硬件方面，或许我们暂还赶不上你们，但是，在软件上——在思维能力即聪慧上，咱们倒可以一试高低！与会期间，他向村上先生说：“对曲别针的用途，我能说出 3000 种、3 万种!”人们更惊诧了：“这不是吹牛吗?”许国泰登上讲台，在黑板上画出了图，然后，他指着图说，“村上先生讲的用途可用勾、挂、别、联4个字概括，要突破这种格局，就要借助一种新思维工具——信息标与信息反应场。”他首先把曲别针的若干信息加以排序，如材质、重量、体积、长度、截面、韧性、颜色、弹性、硬度、直边、弧等，这些信息组成了信息标 X 轴。然后，他又把与曲别针相关的人类实践加以排序，如数学、文字、物理化学、磁、电、音乐、美术等，并将它们也连成信息标 Y 轴。两轴相交并垂直延伸，就组成了“信息反应场”。现在，只要我们将两轴各点上的要素依次“相交合”，就会产生出人们意想不到的无数的新信息来。比如，将 Y 轴的数学点与 X 轴上的材质点相交，曲别针可弯成123456……+、－、×、÷等数字和符号，用来进行四则运算。同理，Y 轴上的文字点与 X 轴上材质、直边、弧等点相交，曲别针可做成英、俄、法等各国字母。再比如，Y 轴上的电与 X 轴上的长度相交，曲别针就可以变成导线、开关、铁绳等。看，这是一个多么阔大、多么神奇的思维空间。

1.5.11 组合法

1. 基本原理

组合创新是一种最普遍的创新形式，它在创新实践中应用较多。组合创新方法是指按照一定的技术原理，通过将两个或多个功能元素合并，从而形成一种具有新功能的新产品、新工艺、新材料的创新方法。虽然组合创新法所使用的技术元素是已有的，当时它所实现的功能是新的，如果组合适当，同样可以做出重大的发明。

2. 创新过程

组合创新法的运用步骤为：

① 根据现有事物，确定组合的目的。这是进行组合创新的前提。

② 确定组合要素。根据组合目的，确定与现有事物进行组合的要素。

③ 确定组合方式。在确定组合目的和组合要素后，还需要明确组合方式，即组合要素与现有事物怎样进行结合。

④ 组合方案设计。组合方案设计就是进行组合时的详细设计。

3. 常用组合方法

组合创新方法有多种形式，从组合的内容区分有功能组合、原理组合、结构组合、材料组合等，从组合的方法区分有同类组合、异类组合等，从组合的手段区分有技术组合、信息组合等，部分常用组合方法见表1-4。

表1-4 组合创新方法分类

序号	名称	概　述	应用实例
1	功能组合	将不同功能组合在统一的产品结构之中，使之成为多功能产品	除甲醛空调是在空调中集成除甲醛模块，利用空调循环送风通过空调中的除甲醛模块有效去除室内甲醛的创新产品

（续表）

序号	名称	概　　述	应用实例
2	材料组合	将不同原材料通过合理的工艺组合在一起，使之成为新型材料	复合材料是由两种或两种以上不同性质的材料，通过物理或化学的方法，在宏观（微观）上组成具有新性能的材料
3	同类组合	将同一种功能或结构在一种产品上进行重复组合的创造技法	双人或多人自行车就是通过两个或两个以上的自行车组合而成
4	异类组合	将不同功能或结构在一种产品上进行重复组合的创造技法	健身洗衣机既可以满足洗衣服的需要，也可以起到健身的作用
5	技术组合	将现有的不同技术、工艺、设备等加以组合，形成解决新问题的新技术手段的发明方法	超声波技术与其他技术组成，形成不同的超声波设备，如超声波焊接机、超声波测量仪、超声波洗涤器等

1.5.12　联想法

1. 基本原理

联想是从一概念想到其他概念，从一事物想到其他事物的一种心理活动或思维方式。联想思维由此及彼、由表及里，形象生动、无穷无尽。利用联想思维进行创造的方法，即为联想法。

每个正常人都具有联想本能。世间万物或现象间存在着千丝万缕的联系，有联系就会有联想。联想犹如心理中介，通过事物之间的关联、比较、联系，逐步引导思维趋向广度和深度，从而产生思维突变，获得创造性联想。联想是创造性思维的重要表现形式，许多创造发明均发端于人脑的联想。联想为我们提供了博大宽广的创造天地。

联想法的分类见表 1-5。

表 1-5　联想法的分类

序号	名称	概　　述
1	相似联想	由某一事物或现象想到与它相似的其他事物或现象，进而产生某种新设想
2	接近联想	根据事物之间在空间或时间上的彼此接近进行联想，进而产生某种新设想的思维方式
3	对比联想	由事物间完全对立或存在某些差异而引起的联想
4	强制联想	由完全无关或亲缘相当远的多个事物及见解之间，牵强附会地找出其联系的方法

创造发明案例 11　珀西·勒巴朗·斯本塞发明微波炉

微波炉最早的名称是“爆米花和热团加热器”，它的发明纯属偶然，源自一个武器研发项目。微波炉的发明者是美国自学成才的工程师珀西·勒巴朗·斯本塞，斯本塞于 1921 年生于美国亚特兰大城。1939 年，他参加了海军，半年后因伤而退役，进入美国潜艇信号公司工作，开始接触了各类电器，后又进入专门制造电子管的雷声公司。由于工作出色，1940 年，他由检验员晋升为新型电子管生产技术负责人。天才加勤奋，他先后完成了一系列重大发明，令许多老科学家刮目相看。

在一个偶然的机会，斯本塞萌生了发明微波炉的念头。1945 年，他观察到微波能使周围的物体发热。有一次，他走过一个微波发射器时，身体有热感，不久他发现装在口袋内的糖果被微波溶化。还有一次，他把一袋玉米粒放在波导喇叭口前，然后观察玉米粒的变化，他发现玉米粒与放在火堆前一样。第二天，他又将一个鸡蛋放在喇叭口前，结果鸡蛋受热突然爆炸，溅了他一身。这更坚定了他的微波能使物体发热的论点。雷声公司受斯本塞实验的启发，决定与他一同研制能用微波热量烹饪的炉子。几个星期后，一台简易的炉子制成了。

斯本塞用姜饼做试验，他先把姜饼切成片，然后放在炉内烹饪。在烹饪时他屡次变化磁控管的功率以选择最适宜的温度。经过若干次试验，食品的香味飘满了整个房间。1947 年，雷声公司推出了第一台家用微波炉。可是这种微波炉成本太高，寿命太短，从而影响了微波炉的推广。1965 年，乔治·福斯特对微波炉进行大胆改造，与斯本塞一起设计了一种耐用和价格低廉的微波炉。1967 年，微波炉新闻发布会兼展销会在芝加哥举行，获得了巨大成功。从此，微波炉逐渐走入了千家万户。由于用微波烹饪食物又快又方便，不仅味美，而且有特色，因此有人诙谐地称之为“妇女的解放者”。

1.5.13 类比法

1. 基本原理

比较分析两个对象之间某些相同或相似之处，从而认识事物或解决问题的方法，称为类比法。类比法以比较为基础，将陌生与熟悉、未知与已知相对比，这样，由此物及于彼物，由此类及于彼类，可以启发思路，提供线索，触类旁通。采用类比法的关键是本质的类似，并且不但要分析本质的类似，还要认识到它们之间的差别，避免生搬硬套，牵强附会。类比法需借助原有知识，但又不能受之束缚，应善于异中求同，同中求异。创造性的类比思维并不基于严密的推理，而是源于自由想象和超常的构思。类比对象间的差异越大，其创造设想才越富新颖性。

类比法的分类见表 1-6。

表 1-6 类比法的分类

序号	名称	概　述
1	拟人类比	将人设想为创造对象的某个因素，设身处地想象，从而得到有益的启示
2	直接类比	将创造对象直接与相类似的事物或现象作比较称为直接类比
3	象征类比	象征类比是借助事物形象和象征符号来比喻某种抽象的概念或思维感情
4	因果类比	两事物间有某些共同属性，根据一事物的因果关系推出另一事物的因果关系的思维方法

创造发明案例 12　铁兵发明快速折叠梯

铁兵根据魔板折叠原理类比发明出快速折叠梯，此款折叠梯是由铝合金及钢材制成的，操作极为简便且使用安全可靠，可以快速组装，在短短的 5 秒内完全展开并投入使用。相比于传统的梯子，它的主要特点是质量轻、折叠后体积小，折叠后的梯子只相当于一个手提箱的大小，携带和收藏极为方便。

该快速折叠梯结构如图 1-26 所示，具有由多个间隔设置的踏板和固定在踏板两端的支撑架组成的主体，支撑架为多个铰接板分别在横向和纵向利用铰接元件连接而成，其中横向连接的铰接板至少为两个，并能以铰接元件为轴横向翻折，而踏板的两端则分别与其中一个铰接板固定；纵向连接的铰接板至少为两个，且铰接板沿长度方向能以铰接元件为轴实现连续折叠。产品主体的下部安装有至少一个支架，该支架在梯子使用状态下向支撑架外侧伸出而形成对梯子的支撑。只需对铰接板经过几次翻折即可展开或收折，而且支架的设计合理巧妙，不仅提高梯子在使用中的安全性，而且保持了该梯子收折和展开方便，以及便于携带和收藏的特点。

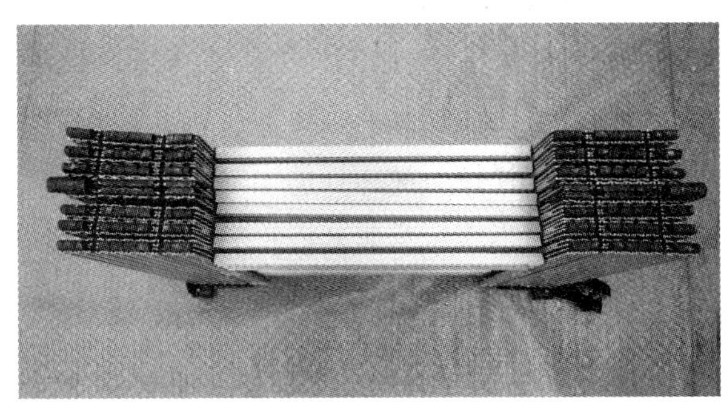

图 1-26　铁兵发明的快速折叠梯

1.5.14　仿生法

从自然界获得灵感，再将其应用于人造产品中的创造方法，称为仿生法。自然界有形形色色的生物，漫长的进化使其具有复杂的结构和奇妙的功能。人类不断地从自然界得到启示，并将其原理应用于生活中。运用仿生方法可创制新的机械，发明现代化识辨仪器，改进通信系统，设计新颖的工艺和研制人工器官等。如现代的飞机、极地越野汽车、雷达系统的电子蛙眼、航海的声纳系统、航空建造工程的蜂窝结构、人工肾及人工心脏等，都是仿生的结晶。仿生法的分类见表 1-7。

表 1-7　仿生法的分类

序号	名称	概　述	应用实例
1	原理仿生	模仿生物的生理原理而创造新事物的方法称为原理仿生法	模仿鸟类飞翔原理的各式飞行器，按蜘蛛爬行原理设计的军用越野车等
2	结构仿生	模仿生物结构取得创新成果的方法称结构仿生法	从锯齿状草叶到锯子
3	外形仿生	研究模仿生物外部形状的创造方法称外形仿生法	从猫、虎的爪子想到在奔跑中急停的钉子鞋，从鲍鱼想到的吸盘
4	信息仿生	通过研究、模拟生物的感觉（包括视觉、嗅觉、听觉、触觉等）、语言、智能等信息及其存储、提取、传输等方面的机理，构思和研制出新的信息系统的仿生方法	人们根据蛙眼的视觉原理，制成电子蛙眼，根据狗鼻子的灵敏嗅觉发明电子鼻
5	拟人仿生	通过模仿人体结构功能等进行创造的方法	焊接机器人、搬运机器人等

第2章　3D打印新产品研发的项目实践

2.1　工程制图教具的开发

根据机械制图机件常用表达方法的实际教学需要，创新研制一套3D打印工程制图教具，本创意模型旨在以综合性、多样性、趣味性的实际零件模型培养工科学生的工程图形表达能力、图形形象思维能力和工程图样绘制能力，启发学生的创造性思维。

首先，基于Pro/Engineer软件的Top-Down设计工具，在装配模式下设计机件的顶层骨架模型，根据制图课程学生应掌握不同表达方法的培养目标，由骨架模型拆分出多个机械零件模型，再将机械零件模型进行剖切。不同的机械零件可以组合成轴套类、盘类、支架类和阀体类等20多类机械零件模型。然后将各个模型的3D模型数据导入至3D打印机，分别制作各个机械零件的3D打印模型。再将小磁铁装配在3D打印模型里，根据教学需要组合成机械制图教学模型，来满足机械制图课程机件表达方法的教学需求。

机械类专业应用型本科生教学实践表明，通过使用自主设计与制作的3D打印创意模型辅助机械制图课程教学，不仅能有效地激发学生的自主学习兴趣和强烈的求知欲望，而且可以大大提高机件表达方法的学习效果。即根据机件的结构和形状特点，灵活选择合适的表达方法，可以将机件正确、完整、清晰地表达出来。

2.1.1　研制的背景及意义

工程制图教具主要用于工程制图教学示教、零件测绘和计算机绘图，市场上主要有立体示教模型和测绘模型，一般采用工程塑料、木材、钢材制作，主要特点是模型种类繁多，外形较为美观，价格普遍低廉。传统的工程制图教具尽管有众多轴套类、支架类、盘类、箱体类等单个零件，但是整套模型不仅成本高，而且往往难于涵盖各种类型的模型。在传统教学中由于对机件表达方法的理解不够透彻，导致学生难于完整、正确且清晰地表达工业产品，学生二维工程图形的表达能力和三维数字化建模能力明显不足。

因此，我们根据工程制图、计算机绘图、CAD/CAM等专业课程的学习需要，发明一种新颖的工程制图3D打印教具，主要用于工程制图、计算机绘图、CAD/CAM等专业课程的教学示教、零件测绘和计算机绘图，该教具具有种类多样、简单实用、成本低廉、剖切鲜明、外形美观、质量可靠等优点。

2. 1. 2　Top-Down 设计方法

1. Top-Down 设计概念

产品的设计一般经过需求分析、概念设计、详细设计和试制改进等不同阶段。这种先设计产品总装配体，再设计零部件的过程称为自顶向下（Top-Down）设计；而先设计零部件，然后将零部件装配成产品的设计方式，即自底向上（Bottom-Up）设计。产品的 Bottom-Up 与 Top-Down 设计过程如图 2-1 所示。Top-Down 设计的基本流程是，首先设计出产品初步方案及其装配结构草图，建立约束驱动的产品功能模型；通过对产品功能模型的分析，设计计算，确定产品设计参数，并据此建立产品的参数化结构模型；然后进行零部件的详细设计，建立详细的产品几何结构模型，通过几何约束求解建立产品的装配结构模型，对设计产品分析之后，进行设计修改，直至得到满足功能要求的最终产品。

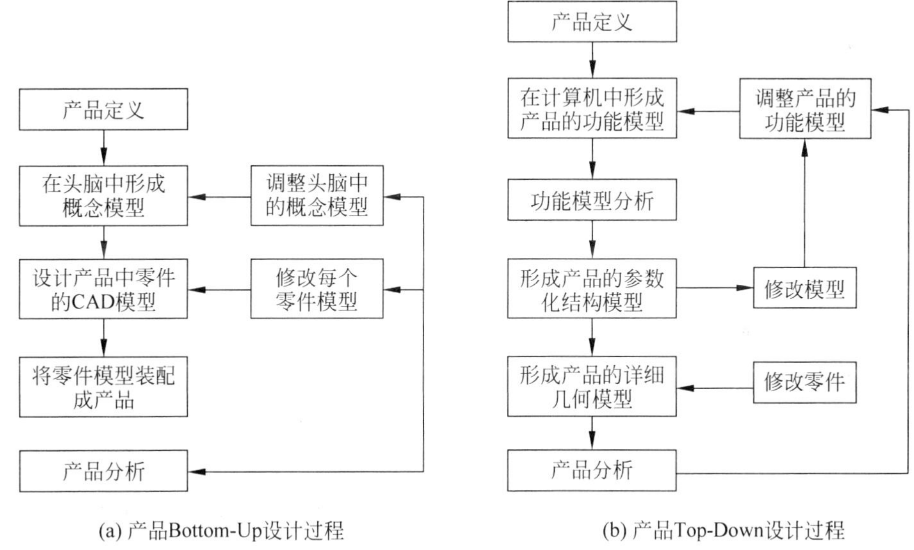

图 2-1　产品的设计过程

Top-Down 设计方法的优点：

① 符合产品开发的基本过程及设计人员的思维过程。Top-Down 设计可以面向产品开发的全生命周期，实现产品构思—设计—实施—运行全过程。Top-Down 设计过程从产品功能要求出发，把产品的关键信息放在功能模型中，在设计过程中将通过捕捉功能模型的关键信息传递到较低级别的产品结构中，符合设计人员的思维过程。

② 便于实现产品的协同与并行设计。Top-Down 设计从产品顶层系统的整体设计出发，并根据产品各子系统的主要功能、位置关系、设计参数和约束条件等设计信息，建立产品顶层系统的二维布局图和三维骨架图。通过把上述设计信息自顶而下地传递所给各子系统，来展开产品的整个设计过程，从而实现产品的协同与并行设计。

③ 为数字化设计与制造提供了条件。在产品顶层系统可以捕捉设计意图和建立设计约束，通过自顶向下地向产品子系统传递相关设计信息，可以便捷地进行子系统中零部件

的详细设计，并实现产品的参数化驱动与设计变更，从而实现面向数字化装配的设计和面向数字化制造的设计。

2.1.3 工程制图3D打印教具的设计方案

根据本产品的发明目的，应用Top-Down设计方法，确立工程制图3D打印教具的设计方案，具体设计方案如下：

① 基于三维数字化创新设计与制造技术，在装配模式下设计机件的顶层骨架三维数字化模型。

② 根据学生应掌握不同表达方法的需要，由顶层骨架三维数字化模型拆分出多个零件三维数字化模型，再将零件三维数字化模型进行剖切，得到29个单体的三维数字化模型，将不同单体的三维数字化模型组装成多个三维数字化装配模型，这些数字化装配模型即是齿轮类、轴套类、支座类、支架类和阀体类机械零件。

③ 将各个单体三维数字化模型的3D模型数据导入至3D打印机，分别制作各个单体三维数字化模型的3D打印模型。

④ 将小磁铁装配在3D打印模型设置好的容纳孔里，根据教学需要，组装成工程制图的教具，来满足工程制图课程中机件表达方法的教学需求。

2.1.4 基于Pro/Engineer的Top-Down设计

根据上述设计方案，应用三维数字化设计与制造软件Pro/Engineer，进行工程制图3D打印教具的Top-Down设计。

1. 创建产品的装配模型

应用Pro/Engineer的模板装配模块，建立产品的三维数字化装配模型，可以在该装配模型中直接反映出零部件的装配关系和父子关系、特征、位置、约束、图层和几何等信息。在Pro/Engineer软件中，使用公制模板新建鼠标装配体文件MOUSE. ASM，构建该产品的装配模型。

2. 创建产品的顶层骨架模型

顶层骨架模型本质上是产品的零件，它一般包含基本特征、约束条件、位置关系等顶层设计信息。顶层骨架模型的作用是捕捉并定义产品的设计意图和描述产品的结构，建立产品装配模型的三维空间布局，构成产品各个子装配体及零部件之间的拓扑关系及其主要运动功能，并将关键的设计信息自顶而下地传递至产品的各个子装配体或零部件中，从而实现从整体上对产品设计的管理及对设计变更的控制。

顶层骨架的设计需要满足以下需要，一是顶层骨架本身作为一个典型的机械零件，不仅形状和结构较为复杂，其工程图样的绘制可以涉及机件常用的表达方法，具有综合性和典型性。二是可以拆分成若干个零件，这些零件不仅可以单独作为典型的机械零件，而且经过适当的组合可以得到涵盖轴套类、盘类、支架类和阀体类等多个机械零件模型。三是需要考虑零件结构合理性、成型工艺性，即满足 3D 打印机制作工艺的需要。在 Pro/Engineer 软件装配模式下创建顶层骨架模型文件 GUJIA. SKEL。再在顶层骨架模型中，应用参数化特征建模工具，创建顶层骨架模型的三维数字化模型，其详细结构如图 2-2 所示。

图 2-2　顶层骨架模型的数字化模型

3. 创建单体的三维数字化模型

在装配模式中新建子装配体或零部件，通过发布几何工具共享顶层骨架模型中的产品设计意图和关键设计信息，应用复制几何工具实现子装配体或零部件与顶层骨架模型之间信息的有效传递，从而完成子装配体或零部件三维数字化模型的详细设计。

根据设计目的，在装配模式下对顶层骨架模型进行拆分，拆分出的单个的三维数字化模型如图 2-3 所示。主要有上底座、连接轴套、三通管、右法兰、下底座、三通管塞等零件共计 29 个。其中，上底座零件 1 至上底座零件 12 共 12 个零件是从上底座中剖切得到，主要是用于支架零件的装配。设计时考虑到不同零件之间的装配需求，在零件配合端面合理位置开设若干 $\phi3.5\times2.5$ 孔，然后在 $\phi3.5\times2.5$ 孔中采用 AB 胶安装 $\phi3\times2$ 小磁铁，通过磁铁的磁力吸附来实现不同单体之间的装配。

4. 创建零件的三维装配模型

图 2-3 所示的 29 个单体可以组装成 30 种工程制图教具的三维装配模型，主要包括齿轮类、轴套类、支座类、支架类和阀体类等工程制图教具的三维装配模型。

图 2-4（a）所示装配模型由图 2-3 中的上底座零件 1、上底座零件 2、上底座零件 3、上底座零件 4、斜齿轮零件 5、上底座零件 6、上底座零件 7、上底座零件 8、上底座零件 9、直齿轮零件 26、上底座零件 27、上底座零件 28、上底座零件 29 组装而成。图 2-4（b）所示装配模型由图 2-3 中的下底座零件 16、下底座零件 17、下底座零件 18 组装而成。图 2-4（c）所示装配模型由图 2-3 中的右法兰零件 13、右法兰零件 14 组装而成。图 2-4（d）所示装配模型由图 2-3 中的左法兰零件 21 与左法兰零件 22 组装而成。图 2-4（e）所示装配模型由图 2-3 中三通管零件 12 与三通管零件 20 的组装而成。图 2-4（f）所示装配模型由图 2-3 中的三通管零件 11 与三通管零件 23 组装而成。图 2-4（h）所示装配模型由图 2-3 中的连接轴套零件 10 与连接轴套零件 25 组装而成。图 2-4（i）所示装配模型由图 2-3 中的上底座零件 1、上底座零件 7、上底座零件 9 与上底座零件 27 组装而成。图 2-4（j）所

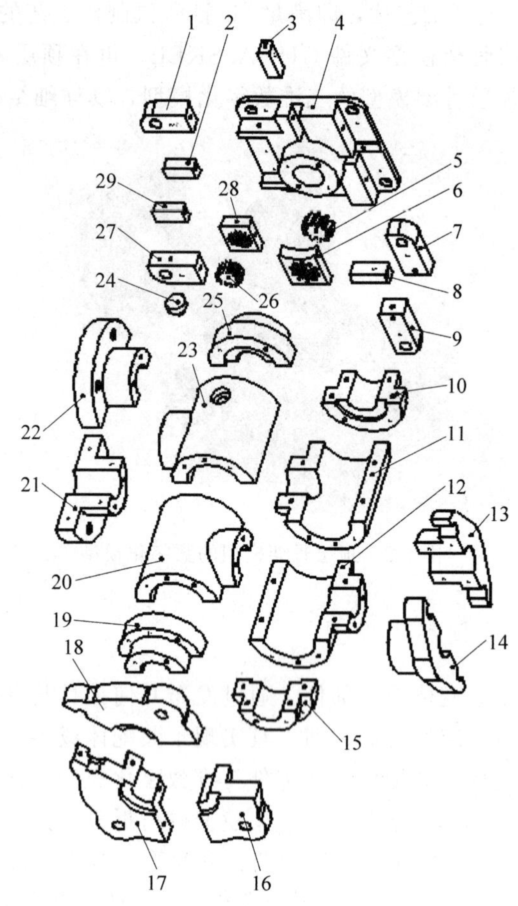

图 2-3　单体的三维数字化模型

1—上底座零件 a；2—上底座零件 b；3—上底座零件 c；4—上底座零件 d；5—斜齿轮零件；6—上底座零件 e；7—上底座零件 f；8—上底座零件 g；9—上底座零件 h；10—连接轴套零件 a；11—三通管零件 a；12—三通管零件 b；13—右法兰零件 a；14—右法兰零件 b；15—连接轴套零件 b；16—下底座零件 a；17—下底座零件 b；18—下底座零件 c；19—连接轴套零件 c；20—三通管零件 c；21—左法兰零件 a；22—左法兰零件 b；23—三通管零件 d；24—三通管塞零件；25—连接轴套零件 d；26—直齿轮零件；27—上底座零件 i；28—上底座零件 j；29—上底座零件 k

示装配模型由图 2-3 中的连接轴套零件 10 与连接轴套零件 25 组装而成。图 2-4（k）所示装配模型由图 2-3 中的连接轴套零件 15 与连接轴套零件 19 组装而成。

图 2-5（a）所示装配模型由图 2-4（a）所示支座零件与图 2-4（d）所示支座零件组装而成。图 2-5（b）所示装配模型由图 2-4（b）所示支座零件与图 2-4（c）所示支座零件组装而成。图 2-5（c）所示装配模型由图 2-4（b）所示支座零件与图 2-4（d）所示支座零件组装而成。图 2-5（d）所示装配模型由图 2-4（a）所示支座零件与图 2-4（c）所示支座零件组装而成。图 2-5（e）所示装配模型由图 2-4（a）所示支座零件与图 2-4（h）所示支座零件组装而成。图 2-5（f）所示装配模型由图 2-4（a）所示支座零件与图 2-4（b）所示支座零件组装而成。图 2-5（g）所示装配模型由图 2-4（b）所示支座零件与图 2-4（h）所示支座零件组装而成。图 2-5（h）所示装配模型由图 2-3 中的三通管零件 11、三通管零件 12、三通管零件 20 与三通管零件 23 组装而成。

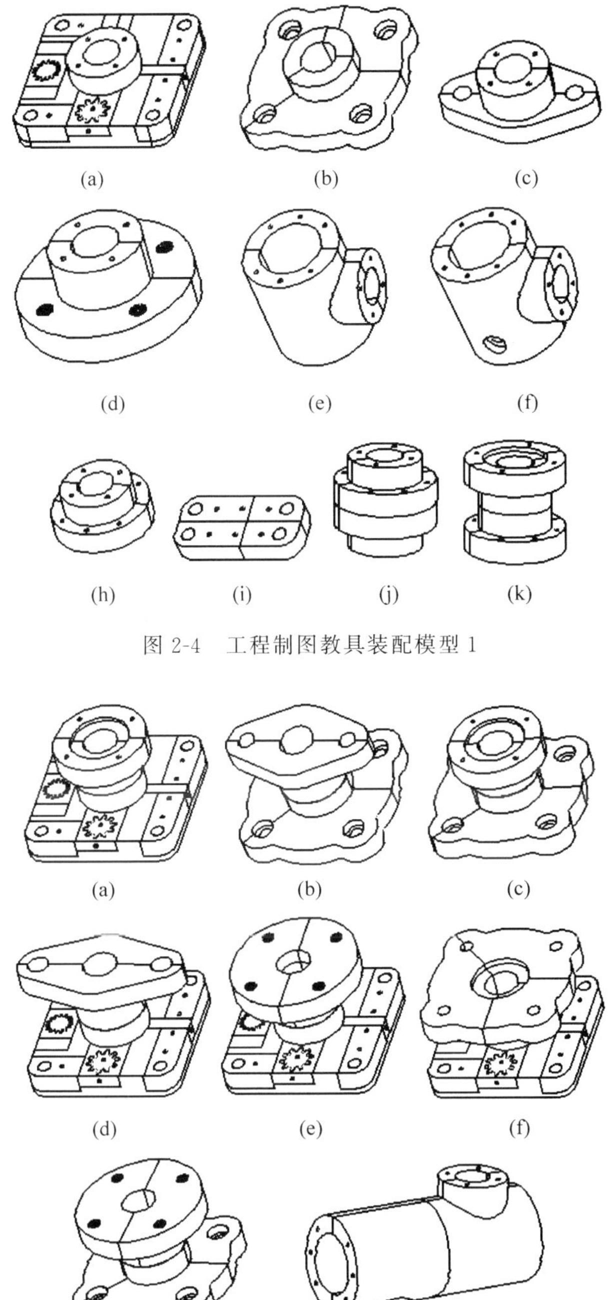

图 2-4　工程制图教具装配模型 1

图 2-5　工程制图教具装配模型 2

图 2-6（a）、图 2-6（b）与图 2-6（c）所示装配模型均为图 2-3 中的所有 29 个零件模型组装而成，如图 2-6（a）所示的阀体零件中的法兰零件绕三通管零件 12 大圆筒的轴线逆时针旋转 45°而得到如图 2-5（b）所示的阀体零件。如图 2-6（c）所示的阀体零件是由图 2-6（b）所示的阀体零件去除掉三通管塞零件 24 而得到。图 2-6（d）所示的阀体零件

是由图 2-6（a）所示的阀体零件去除掉如图 2-4（a）所示的支座零件而得到。图 2-6（e）所示的阀体零件是由图 2-6（b）所示的阀体零件去除掉如图 2-4（a）所示的支座零件而得到。图 2-6（f）所示的阀体零件是由图 2-6（a）所示的阀体零件去除掉如图 2-4（b）所示的支座零件而得到。图 2-6（h）所示的阀体零件是由图 2-6（d）所示的阀体零件去除掉三通管塞零件 24 而得到。

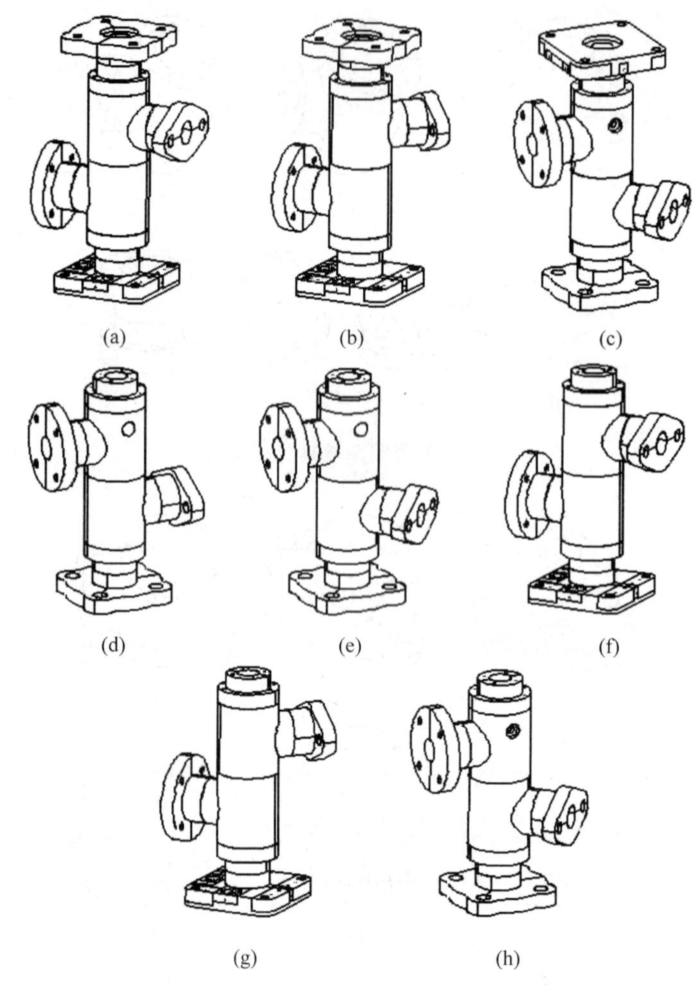

图 2-6　工程制图教具装配模型 3

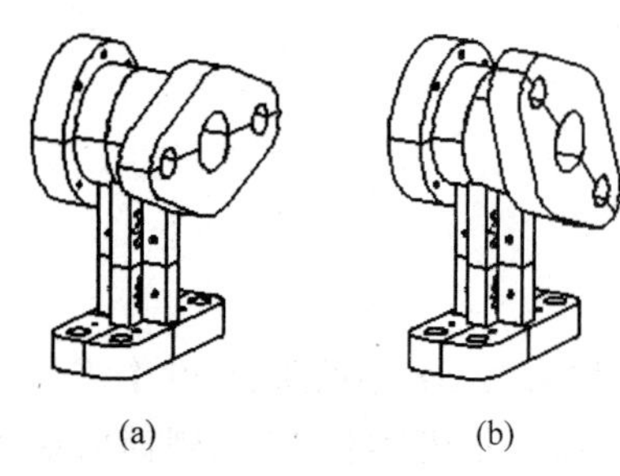

图 2-7　工程制图教具装配模型 4

图 2-7（a）所示的支架零件是由图 2-4（i）所示的座板零件、上底座零件 2、上底座零件 3、斜齿轮零件 5、上底座零件 6、上底座零件 8、直齿轮零件 26、上底座零件 28、上底座零件 29、图 2-4（d）所示的支座零件与图 2-4（c）所示的支座零件组装而成。图 2-7（a）所示的支架零件中的支座零件绕图 2-4（d）所示的支座零件的轴线顺时针旋转 45°，得到图 2-7（b）所示的支架零件。

5. 3D 打印教具的设计变更

基于 Pro/Engineer 软件的参数化特征建模技术，可以根据所需变更的实际设计意图，直接在顶层骨架模型中完成零部件的设计变更，然后借助于产品三维数字化装配模型中所建立子装配体、零部件之间的装配关系和约束关系，自动地进行产品的设计变更。由于零部件尺寸的参数化驱动和父子关系的继承，且整个软件系统建立在统一的数据库之上，顶层骨架模型的设计变更会完全反映到每个子装配体和零部件之上，从而达到了以一个顶层骨架模型来控制产品设计和变更的目的，实现了具有真正创新意义的 Top-Down 设计。

由装配单体的三维数字化模型而得到典型机械零件的过程中，我们遇到单体组装过程中存在干涉的问题、装配定位不合理的问题、装配尺寸不吻合等实际设计问题，就在顶层骨架模型中完成相应的产品设计更改，单体也将随之变更，从而有效地保证 3D 打印教具各个零部件的装配要求。依据上述所有的设计过程，完成了 3D 打印教具的详细设计。

6. 教具零件的 3D 打印与装配

首先在 Pro/Engineer 软件中把 29 个单体的三维数字化模型分别设置为 STL 三角面片文件输出；然后将各个 STL 文件加载到 HOFI X1 桌面 3D 打印机的控制软件 DOGO Printer 平台中，设置单体的制作摆放位置和 3D 打印机的制作参数；最后采用 ABS 工程塑料，通过该 3D 打印机的熔融沉积工艺制成每个单体的 3D 打印模型，即通过加热 ABS 塑料丝，熔融后从喷头挤出层层堆积成型。3D 打印机制作的单体零件如图 2-8 所示，由单体零件组装而成的机械零件如图 2-9、图 2-10 和图 2-11 所示。

图 2-8 3D 打印教具的单体零件

图 2-9 3D 打印单体零件组装的支座类零件

图 2-10　3D 打印单体零件组装的支架类零件

图 2-11　3D 打印单体零件组装的阀体类零件

2.1.5　教具的应用及成效

1. 工程制图课程教学

在工程制图“机件表达方法”一章中，通过工程制图 3D 打印教具，任课老师可以组合出不同的机械零件，结合实际模型向学生分别介绍全剖视图、半剖视图、局部剖视图、阶梯剖视图、旋转剖视图、断面图等常见的机件表达方法。而且还可以让学生灵活掌握本章知识点，根据不同类型的机械零件的典型结构和形状特点，灵活选择合适的表达方法，将机件正确、完整、清晰地表达出来，从而系统培养学生掌握典型机械零件图样的画法，正确分析零件的结构，合理、灵活地运用各种表达方法来表达零件结构。

2. 机械零件测绘实训

在机械零件测绘实训中，本教具不仅可以大大降低教具的购置成本，为学生提供低成本的教具进行测绘，培养学生的机械零件测绘能力和现代工程意识。而且可以激发学生的创新欲望和学习数字化技术的热情，启迪学生自己动手设计教具，自己动手制作教学模型，自己动手绘制工程图纸，有效地提升学生的工程实践能力、数字化技术的集成应用能力和创新性思维能力。

3. CAD/CAM 课程教学

在 CAD/CAM 课程教学中，尤其是在 AutoCAD、CAXA、Pro/Engineer、Siemens NX、Solidworks 等计算机绘图软件的学习中，传统课程仅仅注重根据二维图纸绘图，而本教具可以直观地提供给学生测绘，并根据测绘数据进行三维数字化建模、三维装配建模和二维工程图绘制等，这样不仅可以培养学生的三维数字化技术的集成应用能力，而且可以让学生加深对机件表达方法的理解和掌握，切实提高学生的设计表达能力。

2.1.6 项目总结

（1）基于 Pro/Engineer 软件平台，应用 Top-Down 设计方法创新设计工程制图教具，本教具可以在工程制图、零件测绘实训和 CAD/CAM 等机械类专业主干课程学习中广泛使用。

（2）师生共同参与工程制图 3D 打印教具的产品开发全过程，应用三维数字化创新设计与制造技术，并且应用 3D 打印新技术，完全自主设计与制作教具的 3D 打印模型。

（3）工程制图、零件测绘实训和 CAD/CAM 等专业课程的教学实践表明，本教具可以促使学生自主学习、研究性学习和创造性学习，以综合性、多样性、趣味性的实际工程项目开发学生的创造性思维，培养了学生的三维数字化技术集成应用能力和设计表达能力。

2.2 多功能机械制图教学尺研制

2.2.1 研制背景及意义

随着教学用具的越来越多样化，机械制图教学用具的功能越来越齐全，教学用具也教师绘图不可缺少的工具，尺子是机械制图不可缺少的一种制图工具，为实现尺子的功能多样化，我们将多种绘图工具的功能经行整合，在一种制图尺上实现多种功能。使得教学尺在功能上与使用上有了很大的改善，实现了一尺具有画圆、画直线、画平行线等功能。

2.2.2 工作原理

本项目设计出两款多功能机械制图教学尺，第一款是盘式多功能机械制图教学尺，该教学尺通过主、副尺柄的相对旋转、滑动和刻度盘来实现画直线、任意平行线、任意度数的角和一定范围内任意半径的圆的功能。通过刻度盘指针来准确定位主、副尺柄之间的角度达到画任意度数的角；副尺柄和主尺柄之间的相对滑动达到画任意平行线的功能。第二款是磁式多功能机械制图教学尺，该教学尺通过主/副尺柄、小磁铁、滑块的相对运动来实现画直线、一定范围内任意半径圆和15°倍数的任意角的功能。小磁铁定位主、副尺柄之间的旋转角实现画15°倍数的任意角的功能；通过滑块、主尺柄的相对运动可以画半径在30～260mm内的任意圆；主、副尺柄的开合可以画长度在600mm内的任意直线段。

1. 盘式多功能机械制图教学尺工作原理

盘式多功能机械制图教学尺通过主尺柄和副尺柄以及相关的圆规组件来画圆，通过改变两组件间的距离来改变圆的半径；画直线时将副尺柄转到与主尺柄在同一直线上就可以通过主尺柄来画一定长度的线段；画平行线时，将副尺柄转到与主尺柄垂直，通过副尺柄画直线，在滑轨上通过改变垂直点的位置来画与原直线平行的线段，两平行线的距离通过主尺柄的刻度读数；画一定角度和作为量角器使用时，刻度盘与副主柄固定，改变副主柄与主尺柄的角度，指针在刻度盘上的读数对应其度数，通过其读出度数和画出相应的角度。盘式多功能机械制图教学尺总装图如图2-12所示，盘式多功能机械制图教学尺爆炸视图如图2-13所示。

图2-12　盘式多功能机械制图教学尺总装图

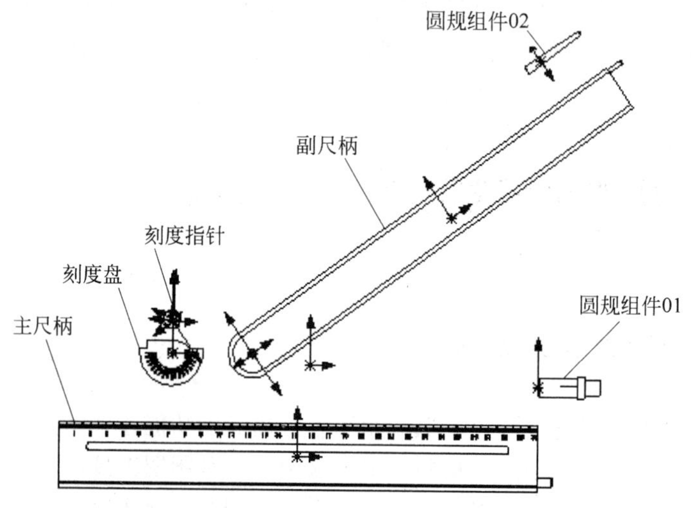

图2-13　盘式多功能机械制图教学尺爆炸视图

2. 磁式多功能机械制图教学尺工作原理

磁式多功能机械制图教学尺在画圆的时候，将粉笔放在滑块的一个卡槽里面，通过按住旋钮转动主尺柄，这个时候就画出圆，改变滑块在滑槽的位置可以画出不同半径大小的圆；把副尺柄转到与主尺柄平行时，边可以画出一定长度的线段；在主尺柄和副尺柄之间有一些小卡槽，之间有一些规定角度的磁盘，两磁盘之间的距离为15°，之后通过转动副尺柄就可以使主副尺柄间的角度为15°的倍数，这样就可以画出一定度数的角度。磁式多功能机械制图教学尺总装如图 2-14 所示，磁式多功能机械制图教学尺爆炸视图如图 2-15 所示。

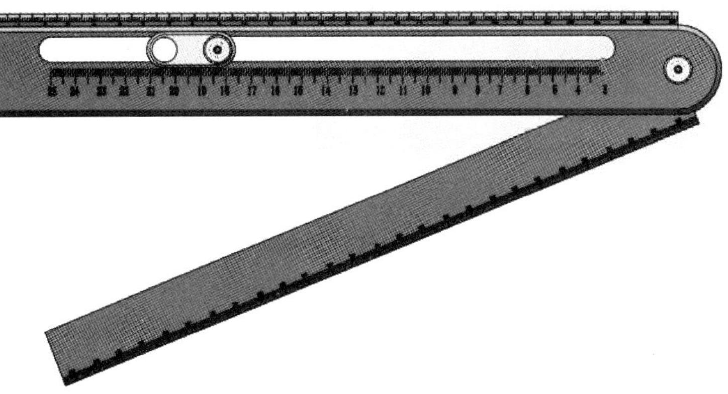

图 2-14　磁式多功能机械制图教学尺总装图

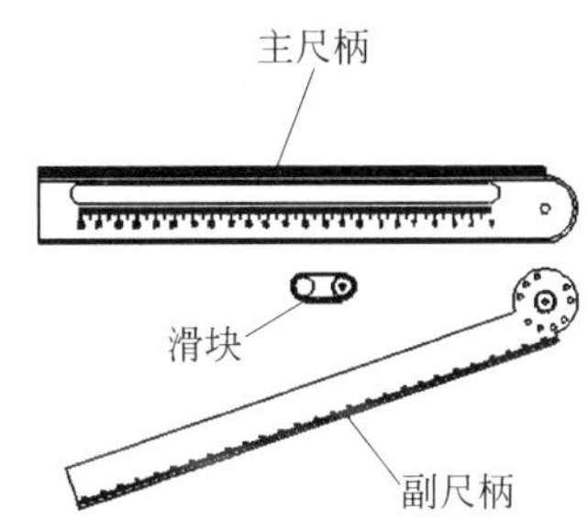

图 2-15　磁式多功能机械制图教学尺爆炸视图

2.2.3　产品功能特点

对比以前的机械制图教学尺，本项目所设计的机械制图教学尺具有以下创新点：

（1）盘式多功能机械制图教学尺通过刻度盘和指针来准确定位主、副尺柄之间的角度达到画任意度数的角，副尺柄和主尺柄之间的相对滑动达到画任意平行线的功能。

（2）磁式多功能机械制图教学尺通过 12 只小圆柱磁铁错位的相对运动实现了画定角的功能，满足了普遍的教学需求。设计小滑块的相对滑动完成了在一定范围内画任意半径圆的功能。

（3）设计成两个尺柄的相对旋转运动既保证了功能需求也使得教学尺的尺寸大大减小，使其结构更加紧凑。

2.2.4　产品应用实效

两种多功能教学尺的主要应用场合如图 2-16～图 2-23 所示。

图 2-16　绘制直线 1

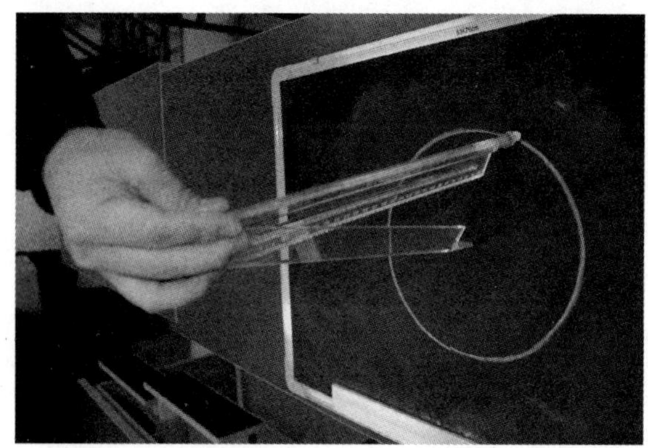

图 2-17　绘制 ϕ500 以内的圆与圆弧 1

图 2-18　绘制任意角度线 1

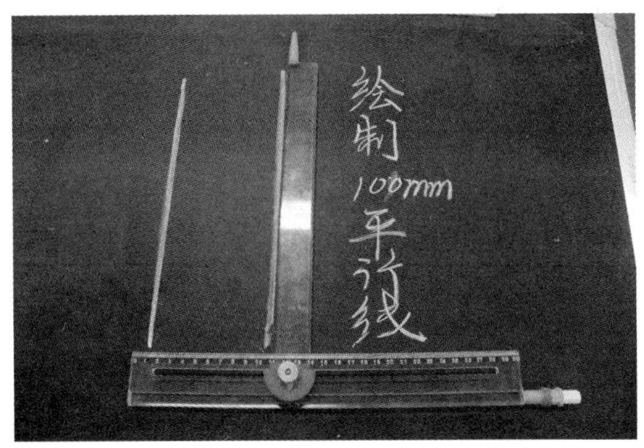

图 2-19　绘制平行线

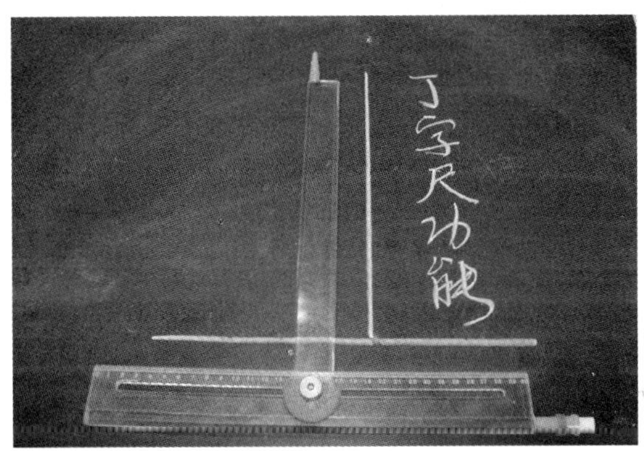

图 2-20　丁字尺功能

图 2-21　绘制直线 2

图 2-22　绘制 ϕ500 以内的圆与圆弧 2

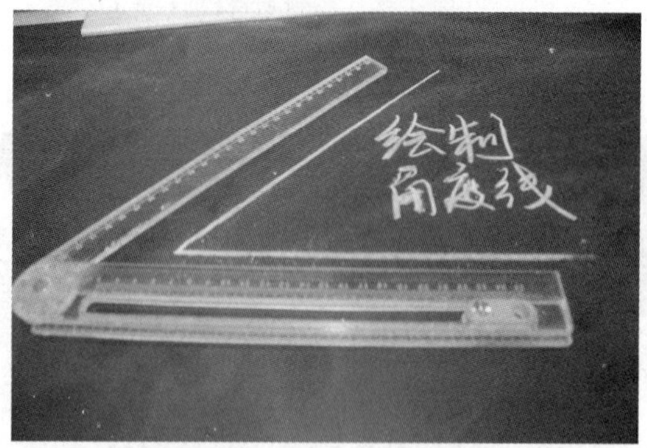

图 2-23　绘制任意角度线

2.2.5　作品外形照片

多功能机械制图教学尺外形照片如图 2-24 和图 2-25 所示。

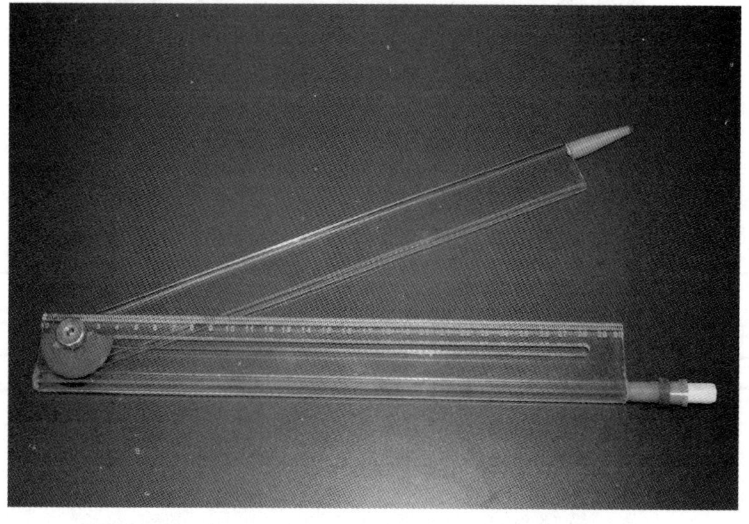

图 2-24　盘式多动能机械制图教学尺

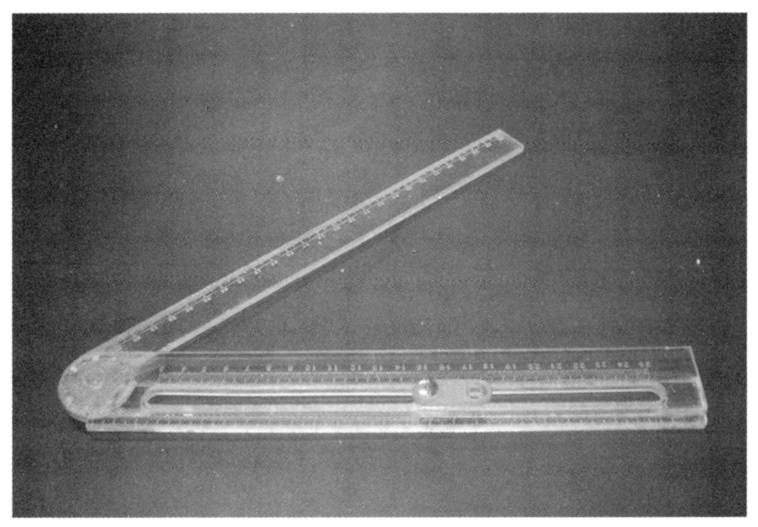

图 2-25　磁式多功能机械制图教学尺

2.3　差速器智能演示小车研制

2.3.1　研制背景及意义

差速器是汽车驱动桥的主件，它的作用就是在向两边半轴传递动力的同时，允许两边半轴以不同的转速旋转，满足两边车轮尽可能以纯滚动的形式作不等距行驶，减少轮胎与地面的摩擦。差速器教具在机械、汽车、材料类等专业广泛应用，差速器是典型的机械传动机构，但是由于差速器结构复杂，学生难以理解差速器的工作原理，差速器中行星齿轮的自转以及行星齿轮的公转难以在传统的差速器模型中真实体现。

因此，我们设计了一款智能演示小车，智能演示小车可以实现不同差速器工作原理的实物展示。本项目的设计与制作是为了更好地展示差速器的原理，同时将自动控制运用在小车上，实现了差速器的动感化，使学生感性认识差速器机构涉及的抽象理论知识，同时将最新的 3D 打印技术、机构原理和智能控制有机地结合在一起进行学习，有效地提高学生的学习兴趣和培养学生的创新精神。

2.3.2　产品技术原理

差速器智能演示小车演示时主要表现三个部分，第一部分为差速器的工作原理演示，第二部分为小车转弯功能演示，第三部分为小车智能控制模块演示。

1. 差速器机构工作原理

小车直线行驶时，动力经过传动轴传递给主动锥齿轮，主动锥齿轮传递给从动锥齿轮，同时从动锥齿轮与差速齿箱固定，使得左差速锥齿轮和右差速锥齿轮具有相等的转速，行星齿轮则绕差速齿轮公转。小车向左转弯时，使得左车轮与右车轮的转弯半径不同，为了达到顺利转弯的目的，必须使得右车轮的转速要大于左车轮的转速，差速器的作用就是使得左右半轴的转速不一样。转弯时，行星锥齿轮产生自转不公转，使得两边的差速锥齿轮转向不同，导致右半轴获得的转速大于左半轴的转速，达到了差速的目的，使得小车正常左转，右转弯即与其相反。差速器总装图如图 2-26 所示，差速器爆炸视图如图 2-27 所示。

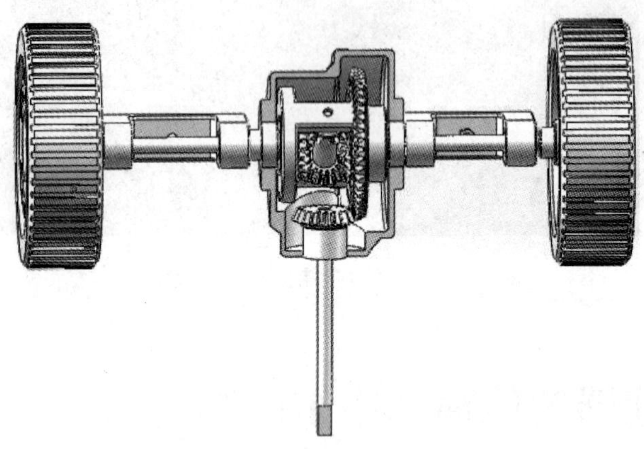

图 2-26　差速器机构总装图

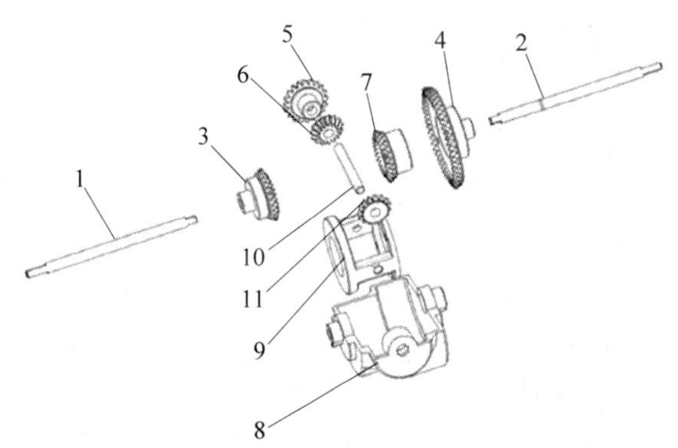

图 2-27　差速器机构爆炸视图

1—左半轴；2—右半轴；3—左差速锥齿轮；4—从动锥齿轮；5—主动锥齿轮；6—行星锥齿轮 1；7—右差速锥齿轮；8—差速外壳；9—齿轮架；10—字轴；11—行星锥齿轮 2

2. 转弯机构工作原理

小车转弯主要是通过智能控制，分别为红外线遥控控制其转弯、遇到障碍物时通过避障自动转弯、红外线感应控制其自动转弯。当红外线遥控控制其左转时，舵机旋转 40°，连接杆使得左右导向杆向左旋转 40°，再带动左右连杆转动，使得左右导向件与左右车轮向左转动 40°。红外线遥控控制其向右转向时，使得车轮向右转动 40°。避障感应转弯和红外线感应寻迹转弯与红外线遥控转弯工作原理相同。小车转弯总装图如图 2-28 所示，小车转弯爆炸视图如图 2-29 所示。

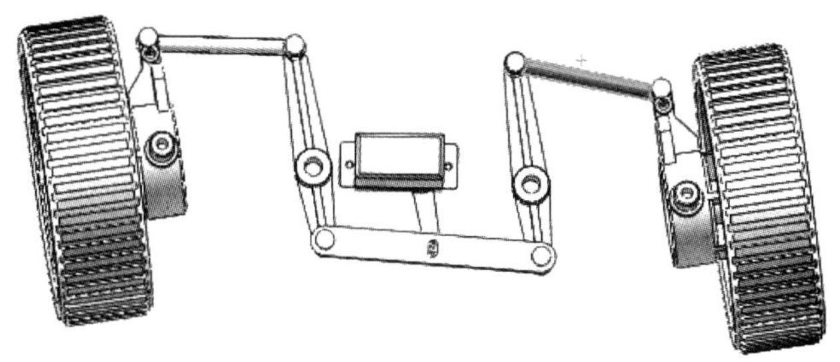

图 2-28　转弯机构总装图

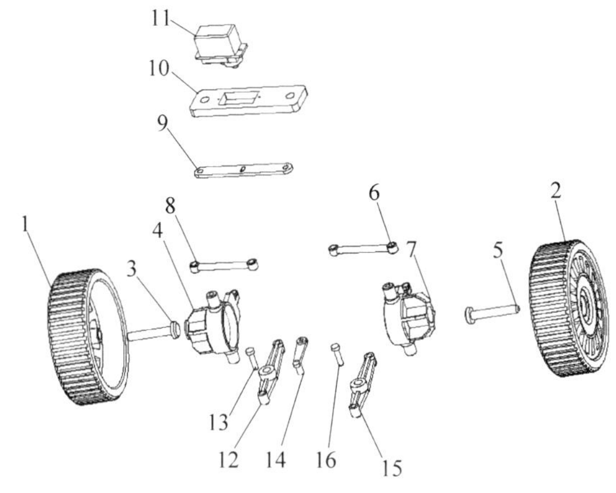

图 2-29　转弯机构爆炸视图

1—前车轮 1；2—前车轮 2；3—螺钉；4—左导向件；15—螺钉；6—右连杆；7—右导向件；8—左连杆；9—连接杆；10—舵机安装板；11—舵机；12—左导向杆 1；13—螺钉；14—转臂；15—右导向杆；16—螺钉

3. 智能控制系统工作原理

演示小车的智能控制采用开源软件 Arduino 进行自动控制，小车的主要控制模块为红外线感应、红外线寻迹、红外线避障，主要功能为小车遇障自动转弯、小车自动轨迹行走、小车红外线控制转弯。

演示小车红外线遥控转弯控制模块：小车通过红外遥控向左右转弯，这时候差速器开始工作，红外线遥控控制转弯的程序见如下 Arduino 程序 1。

Arduino 程序 1

```
#include<Servo.h>
#include <IRremote.h>
Servo myservo;
int pos=0;
int PND = 6;
int val=0;
int i;
IRrecv irrecv(PND);
decode_results PNG;
void setup()
```

```
{
        myservo.attach(9);
        myservo.write(90);
    Serial.begin(9600);
    irrecv.enableIRIn();
    pinMode(10,OUTPUT);
        pinMode(11,OUTPUT);
        pinMode(12,OUTPUT);
        pinMode(13,OUTPUT);
        pinMode(5,OUTPUT);
        pinMode(3,OUTPUT);
        pinMode(2,OUTPUT);
        pinMode(8,INPUT);
}
void loop()
{
       if (irrecv.decode(&PNG))
        {
      if(PNG.value==0xFF18E7)//2
                    {
                        digitalWrite(2,HIGH);
   digitalWrite(10,HIGH);
                        digitalWrite(11,LOW);
                        digitalWrite(12,HIGH);
                        digitalWrite(13,LOW);
          }
                   else if(PNG.value==0xFF4AB5)//8
                   {
                        digitalWrite(2,HIGH);
                        digitalWrite(10,LOW);
                        digitalWrite(11,HIGH);
                        digitalWrite(12,LOW);
                        digitalWrite(13,HIGH);
                   }
                   else if(PNG.value==0xFF10EF)//4
                        {myservo.write(130);
{digitalWrite(3,LOW);digitalWrite(5,HIGH);}delay(50);digitalWrite(3,HIGH);digitalWrite(5,HIGH);}
                   else if(PNG.value==0xFF5AA5)//6
                       {myservo.write(50);
{digitalWrite(5,LOW);digitalWrite(3,HIGH);}delay(50);digitalWrite(3,HIGH);digitalWrite(5,HIGH);}
                   else if(PNG.value==0xFF38C7){myservo.write(90);}
                   else if(PNG.value==0xFFA25D)//POW
                  {
                    digitalWrite(12,HIGH);
                    digitalWrite(13,HIGH);
                    digitalWrite(10,LOW);
                    digitalWrite(11,LOW);
                    digitalWrite(2,LOW);
                  }
                   irrecv.resume();
                  }
}
```

小车红外线自动感应寻迹模块：小车编程采用小车按照黑线寻迹，感应到黑线行走，黑线有曲线时进行转弯，这个时候差速器开始工作，小车红外线自动寻迹（黑色）Arduino 程序见如下 Arduino 程序 2。

Arduino 程序 2

```
#include<Servo.h>
Servo myservo;
int pos;
int val3;
int val2;
int val4;
int i;
void setup()
{
          myservo.attach(9);
          myservo.write(90);
          pinMode(8,INPUT);
          pinMode(4,INPUT);                          //ss2/val2
          pinMode(1,OUTPUT);
          pinMode(7,INPUT);                          //ss4/val4
          pinMode(10,OUTPUT);
          pinMode(11,OUTPUT);
          pinMode(2,OUTPUT);
for(i=1;i<4;i++){digitalWrite(2,HIGH);delay(1000);digitalWrite(2,LOW);}
}
void loop()                                          //Zou hei xian
{
                    val2=digitalRead(4);
                    val4=digitalRead(7);
                    if(val2==HIGH)
                    {
                      if(val4==HIGH){  digitalWrite(12,HIGH); digitalWrite(13,HIGH);
digitalWrite(2,LOW); digitalWrite(10,LOW); digitalWrite(1,HIGH);} if(val4==LOW)
{digitalWrite(12,HIGH);digitalWrite(13,LOW);digitalWrite(2,HIGH);digitalWrite(10,HIGH);
digitalWrite(1,LOW);myservo.write(75);}
                    }
                    if(val4==HIGH)
                    {
                          if(val2==HIGH){digitalWrite(12,HIGH); digitalWrite(13,HIGH);
digitalWrite(2,LOW); digitalWrite(10,LOW); digitalWrite(1,HIGH);} if(val2==LOW)
{digitalWrite(12,HIGH);digitalWrite(13,LOW);digitalWrite(2,HIGH);digitalWrite(10,HIGH);
digitalWrite(1,LOW);myservo.write(105);}
                    }
                    if((val2==LOW)&&(val4==LOW))
                    {
                     digitalWrite(1,LOW);
                    digitalWrite(2,HIGH);
                    digitalWrite(12,HIGH);
                    digitalWrite(13,LOW);
                    digitalWrite(10,HIGH);
```

```
                myservo.write(90);
                }
}
```

小车红外线遇障自动转弯模块：小车编程采用小车红外线感应障碍物，感应到障碍物时，小车进行转弯，这个时候差速器开始工作，小车红外线遇障自动转弯 Arduino 程序见如下 Arduino 程序 3。

Arduino 程序 3

```
#include<Servo.h>
Servo myservo;
int pos=0;
int val=0;
void setup()
{
        myservo.attach(9);
        myservo.write(90);
        pinMode(8,INPUT);
}
void loop()
{
                digitalWrite(12,HIGH);
                digitalWrite(13,LOW);
                 val=digitalRead(8);
                if(val==HIGH)
                {digitalWrite(12,LOW);
                digitalWrite(13,HIGH);
                 { myservo.write(50);delay(3000); digitalWrite(12,HIGH); digitalWrite(13,
LOW);{myservo.write(130); delay(5000); } myservo.write(90); }
               }
                else
                 myservo.write(90);    }
```

2.3.3 设计计算

驱动小车的减速电机输出转速：1.34r/s；

输出额定转矩：1.6kg/cm；

设计时，合理地选取差速器从动锥齿轮分度圆直径：50mm；

模数 m：1mm；

齿数 z_1：50；

为详细地演示差速器实际的工作原理，在设计时合理地选取小车驱动轮直径为 80mm，在演示时移动速度为 1.5m/s；

计算可得驱动轮转速相应为：0.6r/s；

根据差速器原理可得：

$1.34/0.6=z_1/z_2$ （z_2 为主动轮齿数）

$z_2=22.3$ 设计时主锥齿轮的齿数 z_2 取 20。

减速电机与驱动轮的转速比=5/2。

2.3.4　主要零部件的加工

小车差速器锥齿轮及其相关零部件采用 3D 打印机进行加工，制作工艺过程是，首先采用 Solidworks 进行零件三维建模，然后将零件分别以 STL 文件格式输出，加载到 3D 打印机的制作软件中加工零件，加工完毕去除支撑材料。3D 打印机制作的车轮如图 2-30 所示，3D 打印机制作导向件如图 2-31 所示。

图 2-30　3D 打印机制作的车轮

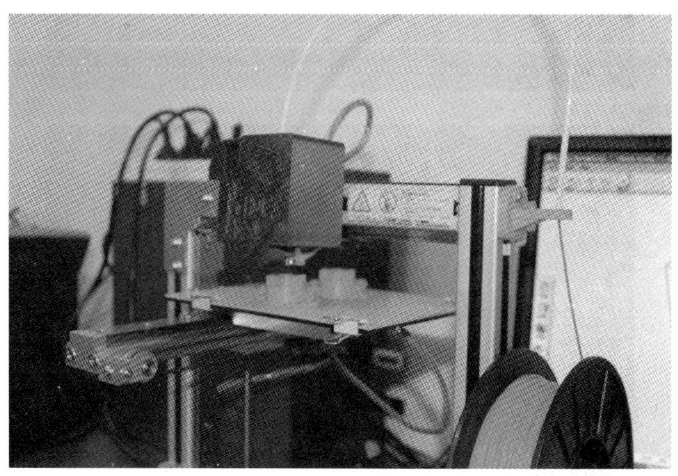

图 2-31　3D 打印机制作导向件

2.3.5　产品功能及特点

对比以前的差速器演示模型，本项目所设计的差速器工作原理智能演示小车具有以下特点：

（1）目前的差速器模型主要是具体模型，不能形象地展示差速器的工作原理，学生在理解上有很大的困难。本项目将差速器工作原理的演示与自动控制相结合形象地向学生展示差速器的工作原理，使学生感性认识本机构涉及的抽象理论知识，小车的智能控制能够加速学生对差速器工作原理的了解。本作品很好地解决了传统差速器模型所遇到的问题。

（2）小车在机械零件的加工方面采用了3D打印技术，将最新的加工技术引入教学，并且自主完成小车差速器的装配与小车整体装配，很好地提高了学生的自主解决问题和发现问题的能力，也为课堂教学提高了生动感。

（3）小车的自动控制采用最新的开源软件Arduino，将自动控制技术运用在小车转弯上，真正地实现了机电一体化。

2.3.6 作品实物照片

差速器智能演示小车的实物图片如图2-32所示。

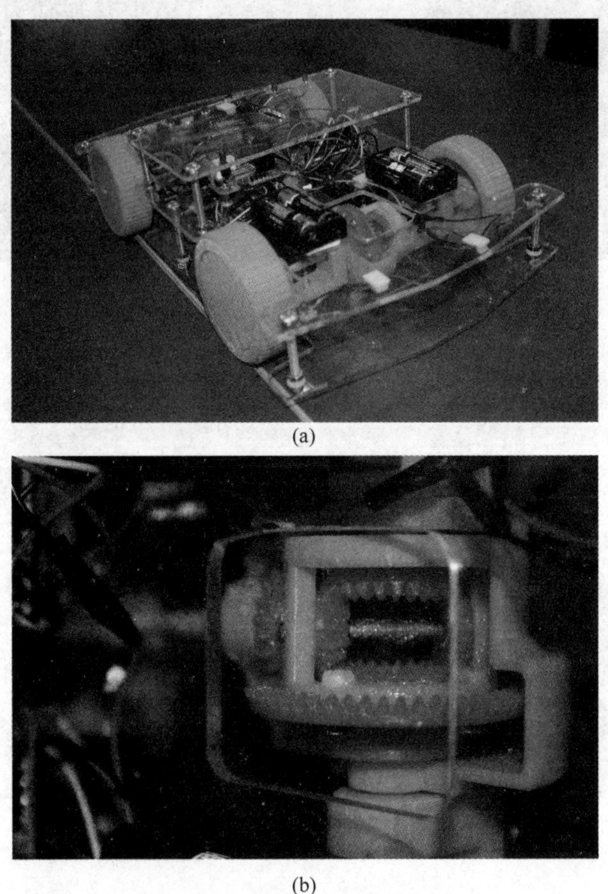

(a)

(b)

图2-32　作品实物图片

第 3 章　机械新产品研发的项目实践

本章以晒场谷物装袋机的开发为例来展现机械新产品研发的过程。

本项目针对我国南方水稻主产区中小型农田承包户晾晒谷物装载时的需要，改变目前传统的低效高强度的人工装载方式，研制了一款全新的晒场谷物装载设备，一次可完成谷物的聚集、输送装载等两道工序。

该机器的研制历经自主选题、数字样机设计、加工装配调试、性能测试改进四个阶段。基于 CAD/CAM/CAE 信息化新技术进行了数字样机创新设计，使用 Solidworks 软件进行第一代和第二代三维数字样机设计，并对主要零部件进行了有限元分析、加工工艺规程设计和数控程序的编制，使用 CAXA 软件进行了工程图设计。

实物样机的试验表明，该农机具有结构简单、高效、成本低、稳定性好、适用谷物广、操作和维护简单等优点，尤其适合我国东北地区、长江流域和珠江流域等水稻主产区自然晾晒谷物装载时推广使用。该农机的成功研制，不仅大大降低农业生产劳动强度，提高农业生产效率，而且将农业生产成本大大降低，实现部分传统手工生产向机械自动化化生产转变。

3.1　确定设计任务

1. 项目前期调研

农村大部分的劳动力转移后，家里的农田该由谁来种就是日益凸显的现实问题，目前解决此类问题的办法就是一批农田中小型承包户出现了，他们普遍面临劳作工作强度大、雇人成本高、种植利润偏低等诸多压力。

由于现代科技的不断发展，我国的农田机械化程度相比以前有较大的提高，例如，旋耕机基本上取代了传统的借助畜力来耕田，大型的联合收割机已经取人力的收割和脱粒。机械化的提高使得农民朋友们的劳动强度大大地降低，更重要的是效率也大大地提高，使得每个农民有能力种植更多的田地。农田机械化程度的提高是大势所趋，因此，晒场谷物装载机械化程度也应该得到提高。

每年夏季我国南方水稻正值丰收，由于夏季是雷雨季节，农民朋友户外晾晒的稻谷经常遇到下雨天而来不及快速装载而被淋湿，特别是由于现在的环境污染严重，导致现在的天气变化无常，在晾晒时就很容易碰上下雨，采用传统的低效、高强度的人工装载方式，如图 3-1 所示，由于人力有限，因此，难以在短时间内快速装载大面积晾晒的稻谷，而使大部分稻谷淋湿。如果持续阴雨天气，稻谷将会发芽和糜烂，这将会给农民用户造成巨大的损失。

图 3-1　目前南方地区广泛采用的谷物装载方式

本项目正是针对我国南方地区中小型农田承包户晾晒谷物收集装袋需要，而设计的一种高效的晒场谷物装载设备。

2. 相关技术的发展现状

当前，我国农机企业结合市场的需要，已经开发一批具有谷物装载功能的农业机械，以下是以下几款典型的谷物装载机。

如图 3-2 所示的吸谷机的原理是，利用吸谷机内部与外界大气压形成一个相当高的负压差而吸入谷物。这种设备只能用于粮站以及粮食加工厂等谷物已经成堆的场合，不太适宜晒场谷物的装载，因为在晒场上的谷物并不是已聚集的，谷物并不是很厚，所以会导致大部分的吸空现象，导致能量的利用率极地，而且本设备工作时候一般固定，不便于户外移动作业。如图 3-3 所示的两种谷物装载机的使用场合基本相同，它们的缺点是机械系统庞大，不便于运输，主要应用于大型的农场以及谷物的转场，工作时一般不移动。

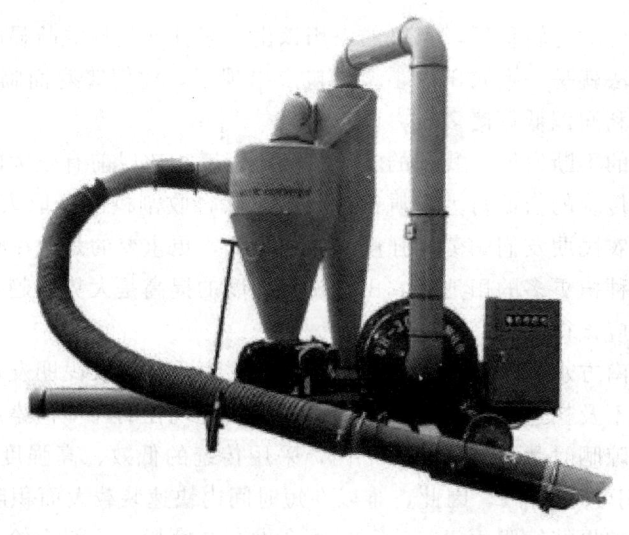

图 3-2　吸谷机

(a) 翼轮扒谷机

(b) 刮板输送机

图 3-3　农场谷物装载机

3. 存在问题的分析

综观以上几款谷物装载机，在一定的程度上都难以满足农民朋友户外晾晒谷物快速装载的实际需要，如当前江西省大部分农村地区仍然广泛采用人工装载的方式，劳动强度很大且装载效率很低。考虑我国南方地区中小型农田承包户晾晒谷物装载的实际需要，研制的谷物装载机的实际使用率较低，一年内机器使用的时间也很短，所以机器的成本一定要较低，而且要便于运输。

4. 初步解决方案和技术路线

本设计主要是针对中小型农田承包户的晒场谷物装载而设计的晒场谷物装载机，它是结合农民的经济背景和文化背景而设计的新一代产品。其主要的优点是结构简单、高效、成本低，适用谷物广，操作和维护简单等。最大的优点就是机器在运动的过程中可以进行谷物装载。

根据对农民晒场谷物装载的过程及要求进行调查发现，在晒场上晒干的谷物进行装载主要有以下几个过程。

第一，在晒场上晒干的谷物装载的第一个过程就是聚集。谷物在农田用联合收割机把谷物收割后就要把谷物平铺到晒谷场上晾晒，为了后续谷物好装载，第一步就是谷物聚集（就是用各种农具把平铺在地面上的谷物聚拢），聚集后的谷物才好装载。在聚集的过程中最重要的就是要保证谷物不能被破坏以免影响谷物的质量和价格（一般人工操作不会破坏谷物）。劳动量约占整个过程的50%左右。

第二，谷物聚集后的下一个过程就是输送与装载了。平时农民是靠人力把谷物装进塑料袋中，这个过程中必须要一个人把塑料袋的口敞开，然后另一个人靠农具把谷物一点一点地装进塑料袋中，塑料袋装满后靠人工封塑料袋的口。劳动量约占整个过程的30%左右。

第三，人工把大量的谷物装进塑料袋后在地上还会留有一层谷物，谷物的厚度大概为一粒谷物直径尺寸，这部分只有通过扫帚才能把谷物从水泥地上彻底地扫干净。实际过程中第一步和第三步是同时完成的。劳动量约占整个过程的20%左右。

本设计主要是完成第一步和第二步的工作内容，即谷物聚集、输送和装载的过程。主要原因有二点：第一就是谷物的聚集和装载在整个过程中劳动量大并且劳动强度大；第二就是考虑到成本的问题，考虑到我国农民朋友的经济情况（经济承受能力弱）以及机器利用率（低）的情况。

行走机构采用靠人力推动小车的方式，原因有以下几点：第一，结构简单，由于行走的过程中全是靠人力推动的，少了复杂的控制系统，使得机器的结构大大的简化，所以维修方便，成本大大降低了；第二，推小车式的行走方式灵活性大，安全性较高，操作方便，非常适合农民的经济条件和文化背景。

3.2 机械系统运动方案设计

1. 功能分解及功能原理设计

晒场谷物装载机的功能是将晒场的谷物聚集、输送和装载，可以分解为螺旋输送给料、带式输送进料。

2. 执行机构方案设计

执行机构型式设计是决定拟定的运动规律采用何种执行机构实现。执行机构型式设计方法有机构的选型和机构的构型。执行机构型式设计应遵循以下原则：满足工艺动作和运动要求；结构最简单，传动链最短；动力源的选择有利于简化结构和改善运动质量；执行机构有尽可能好的传力和动力特性；机器操纵方便、调整容易、安全耐用；加工制造方便，经济成本低；具有较高的生产效率与机械效率。

晒场谷物装载机的执行机构主要完成晒场谷物的聚集、输送与装载，执行系统中执行机构主要包括螺旋聚集机构和传送带输送机构，其运动形式分别是螺旋运动和回转运动。执行系统协调设计的原则是满足各执行机构动作先后的顺序性要求；满足各执行机构动作在时间上的同步性要求；满足各执行机构在空间布置上的协调性要求；满足各执行机构操作上的协同性要求；各执行机构的动作安排要有利于提高劳动生产率；各执行机构的布置要有利于系统的能量协调和效率的提高。晒场谷物装载机的执行系统协调设计，考虑采用螺旋聚集机构和传送带输送机构同步。

3. 确定原动机及传动系统

(1) 确定原动机

根据本机器的工作要求，机器是在户外工作的并且工作时是移动的，所以选择小功率的汽油机作为动力来源。

选择一台功率 $P_0=1.25$kW、转速为 $n=3600$r/min 的小功率汽油机，功率选择的比较大是因为我们在市面上只找到了这个参数的汽油机，当这种小功率的设备可以用蓄电池来给电动机供电，但使用成本相对较高；另一方面本设计没有考虑的谷物之间的摩擦以及谷物与机器的摩擦作用，所以动力源较大可以给机器留有足够的能量储备来防止动力源的不足。

(2) 传动系统

传动系统如图 3-4 所示，主要采用的是带传动和链传动。第一，带传动具有制造成本低、维护方便、便于调整等优点，但另一方面它的缺点是传动效率低。带传动打滑在本机器中并不影响机器的性能。第二，链传动可以在环境比较恶劣的情况下工作，并且两链轮的中心距在一定的范围内可调，此功能可以满足前支架高度的调节。

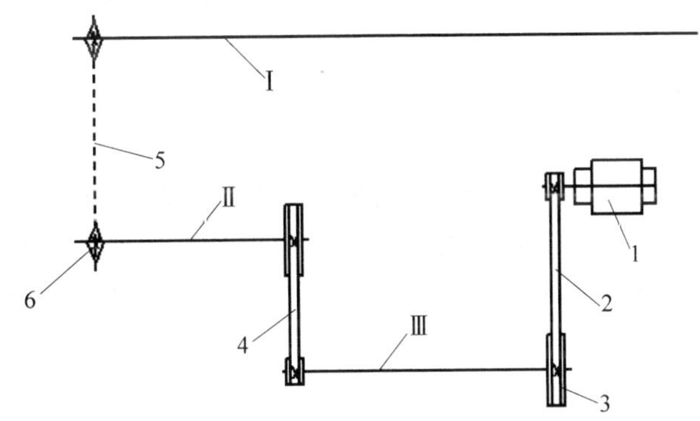

1—汽油机；2—高速 V 带；3—皮带轮；4—低速 V 带；5—链条；6—链轮

图 3-4　传动系统简图

4. 拟定机械运动方案

(1) 绘制机械系统运动方案简图

按比例尺绘制机械系统运动方案简图，以反映各机构的运动尺寸和几何形状。对于运动情况比较复杂的机械系统，机械系统运动方案图可以采用斜轴测投影图表示，使其比较清晰、直观。

晒场谷物装载机的基本结构如图 3-5 所示。晒场谷物装载机主要由原动机、传动系统、执行机构以及机架组成，原动机采用汽油机。

首先将汽油机发动，发动后的汽油机经过带传动将动力传到一级大带轮，一级大带轮

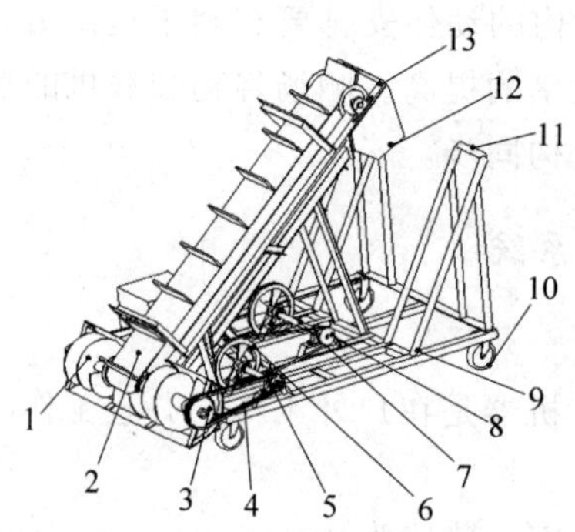

1—螺旋轴；2—传送带；3—大链轮；4—链条；5—小链轮；6—大带轮；7—轴；8—小带轮；9—机架；10—行走轮；11—扶手；12—谷物出料口；13—谷物运动槽

图 3-5　晒场谷物装载机的结构示意图

在将动力经过高速轴将动力传到二级传动的小带轮，再经过皮带传动将动力传到大带轮，大带轮经过低速轴将动力传递到小链轮，小链轮在通过链条将动力传递到大链轮，大链轮安装在螺旋轴上，所以螺旋轴在大链轮的带动下旋转，在螺旋轴的中间部分安装了一个平带传动的平带轮。

机器在工作时动力和运动由汽油机经过上述传动过程到达螺旋轴。操作者在将机器向前推进，在机器前方的谷物在螺旋叶片的作用下将向带刮板的平带正前方横向移动并堆积成一定的高度，堆积成一定高度的谷物在带刮板的平带正前的谷物在刮板的作用下将在谷物槽中沿谷物槽向上移动，最后谷物将从出料口出来，此时在出料口接一个装谷物的袋子，袋子由花纹板托起。

（2）总体布置

总体布置应有全局观念：考虑机械系统的内部因素，以及人机关系、环境条件等外部因素。应按照简单、合理、经济的原则，确定机械中各零部件之间的相对位置和运动关系。总体布置时一般先布置执行系统，然后再布置传动系统、操纵系统、控制系统及支撑系统等。

总体布置的原则是：

① 保证工艺过程的连续性；

② 保证平衡稳定地工作；

③ 保证机械系统的精度指标；

④ 保证机械系统结构紧凑、层次分明；

⑤ 保证操作、调整、维修方便；

⑥ 力求造型美观、装饰宜人；

⑦ 充分考虑机械产品的标准化、规格化、系列化和未来发展的要求。

执行系统的布置，根据拟定的工艺要求，将执行构件布置在预定的工作位置后，再布置原动件及中间连接件。执行系统布置时应注意以下问题：

① 尽量减少构件和运动副数目，缩小构件尺寸，尽量减少磨损和变形，构件受力以拉、压为主；

② 使原动件尽量靠近执行机构。尽量将各原动件集中在一根轴或少数几根轴上，对外部的执行机构应将原动件隐蔽布置，以提高操作时的安全性；

③ 在布置执行构件和中间连接件时，应考虑作业对象装夹和传送时的方便与安全。

在布置传动系统时要考虑以下原则：

① 简化传动链；

② 合理布置传动链。

5. 机械系统运动方案的评价与决策

机械系统运动方案的评价见表 3-1。

表 3-1　机械系统运动方案的评价

序号	评 价 项 目	评价等级	评价分数
1	完成目标情况：完成机械功能的好坏	优	10
2	工作原理的先进程度：体现在机械的运动学与动力学性能、机械效率、精度、创造性等指标	良	8
3	工作效率：生产率、运转时间等影响工作效率的因素	良	8
4	运转精度：传动系统和执行系统的精度指标	良	8
5	复杂程度：机构简单，容易制造，机构数量少，传动链短等	简单	10
6	实用性：制造、维修容易，设计方案容易转化为产品，并能产生经济效益	实用	10
7	可靠性：构件和机构系统的失效率低，整机可靠性高	良	8
8	新颖性：方案的创造性	良	8
9	经济性：设计成本、制造成本、运行成本及其维修保养等因素	中	4
10	绿色性：涉及资源与环境保护方面的因素	良	8
累计评价分数			82

6. 机构尺度设计

根据各执行构件、原动件的运动参数，以及各执行构件运动的协调配合要求，同时考虑动力性能要求，确定各机构中构件的几何尺寸或几何形状等。

7. 机械系统运动与动力分析

1）谷物的力学分析

由于谷物在螺旋输送过程中的受力情况较为复杂，因此，特做以下假设，将单个颗粒的谷物作为简化的质点，且谷物颗粒间不产生相对的滑动。如图 3-6 所示，选取距离螺旋轴轴线 R 处的螺旋叶片上的谷物颗粒质点 M 作为分析的对象，已知等直径螺旋轴轴径为 d，标准等螺距的螺旋叶片的直径为 D，该处螺旋升角为 α，则谷物受到的螺旋叶片的法向推力为 N_1，并在螺旋叶片切向方向上产生切向摩擦力 f_1，由于切向摩擦力 f_1 的作用导致谷物所受的合力与法向推力偏移一个角度，即实践合力为 F，不考虑螺旋叶片表面粗糙度的影响，则偏移的角度近视等于谷物的外摩擦当量角 β。合力可以分解成轴向分力 F_Z 和周向分力 F_T，轴向分力 F_Z 是产生谷物轴向运动的，起到输送的作用。周向的分力 F_T 和切向摩擦力 f_1 有带动谷物颗粒随轴一起运动的趋势，由于谷物的重力 G 和料槽对谷物

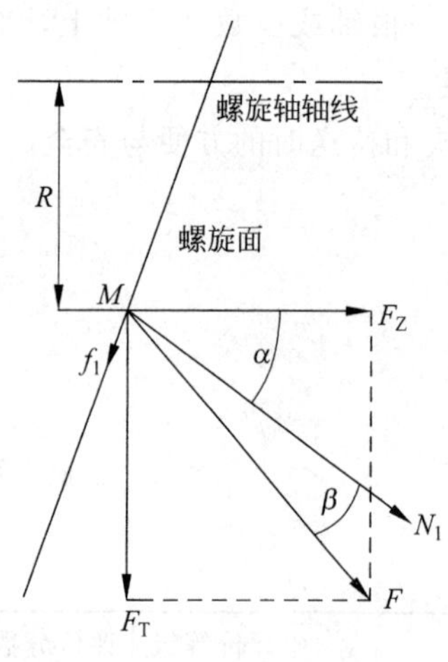

图 3-6　谷物水平面受力

的摩擦力的影响才导致谷物不会随螺旋轴一起转动，否则便达不到运输的作用。

由图 3-6 可知周向分力 F_T 和轴向分力 F_Z 的大小：

$$\begin{cases} F_Z = F\cos(\alpha+\beta) \\ F_T = F\sin(\alpha+\beta) \end{cases} \tag{3-1}$$

式中，$\alpha=\arctan\left(\dfrac{S}{2\pi R}\right)$，$\beta=\arctan\mu_1$

μ_1——为谷物已螺旋面的摩擦系数。

由于切向摩擦力 f_1 的作用是阻碍谷物轴向运动的力，由图 3-6 可知，若要使谷物产生轴向运动则必须保证法向推力的轴向分力大于轴向阻力。

即
$$N_1\cos\alpha > f_1\sin\alpha \tag{3-2}$$

式中，$f_1=N_1\mu_1=N_1\tan\beta$，代入式（3-2）可得

$$N_1\cos\alpha > N_1\tan\beta\sin\alpha$$

整理得

$$\alpha < \frac{\pi}{2}-\beta \tag{3-3}$$

由式（3-1）可知，随着 α 的增大，轴向力逐渐减小，但周向力逐渐增大，当周向力增大到一定程度后，谷物所受到的摩擦力和自重无法平衡时，谷物将随螺旋轴一起转动，达不到轴向运动的效果而导致功率浪费。

2）谷物的运动学分析

螺旋输送装置在输送谷物的时候，并不是做单纯的沿轴向运动，而是既做轴向运动又做旋转运动，取距离螺旋轴线为 R 处螺旋叶片上谷物颗粒 B 为分析对象，速度分解如图 3-7 所示。

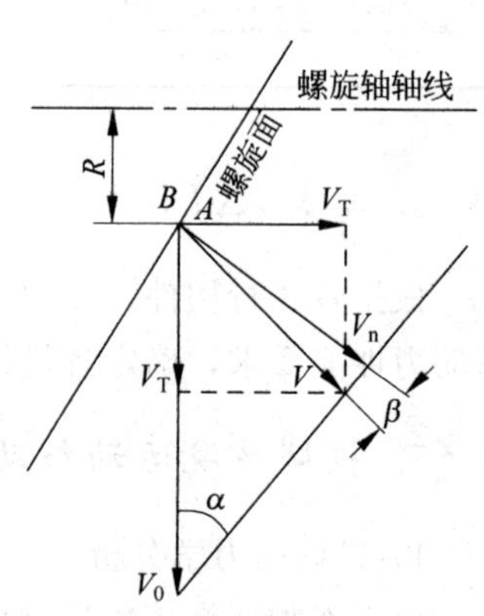

图 3-7　谷物运动速度分解

由速度三角形的方法求解如下：

$$\begin{cases} V_Z = V\cos(\alpha+\beta) \\ V_T = V\sin(\alpha+\beta) \end{cases} \tag{3-4}$$

$$V=\frac{V_N}{\cos\beta}=\frac{V_0\sin\alpha}{\cos\beta}$$

$$V_0=\omega R=\frac{2\pi nR}{60}$$

因为　$R=\dfrac{S}{2\pi\tan\alpha}$

则　$V_0=\dfrac{\dfrac{2\pi n}{S}\,\dfrac{S}{60}}{2\pi\tan\alpha}=\dfrac{nS}{60}\tan\alpha$

$$V=\frac{nS}{60}\frac{\sin\alpha}{\tan\alpha\cos\beta}=\frac{nS}{60}\frac{\cos\alpha}{\cos\beta} \tag{3-5}$$

将式（3-5）代入到式（3-4），整理可得

$$\begin{cases} V_Z = \dfrac{nS}{60}\dfrac{\cos\alpha\cos(\alpha+\beta)}{\cos\beta} = \dfrac{nS}{60}(\cos^2\alpha - \cos\alpha\sin\alpha\tan\beta) \\ V_T = \dfrac{nS}{60}\dfrac{\cos\alpha\sin(\alpha+\beta)}{\cos\beta} = \dfrac{nS}{60}(\cos\alpha\sin\alpha + \cos^2\alpha\tan\beta) \end{cases}$$

式中，$\tan\beta=\mu_1$，$\tan\alpha=\dfrac{S}{2\pi R}$。

又因为　$\cos\alpha=\dfrac{1}{\sqrt{1+\left(\dfrac{S}{2\pi R}\right)^2}}$，$\sin\alpha=\dfrac{\dfrac{S}{2\pi R}}{\sqrt{1+\left(\dfrac{S}{2\pi R}\right)^2}}$，

综合整理后可得：

$$\begin{cases} V_Z = \dfrac{nS}{60}\dfrac{1-\mu_1\dfrac{S}{2\pi R}}{1+\left(\dfrac{S}{2\pi R}\right)^2} \\ V_T = \dfrac{nS}{60}\dfrac{\mu_1+\dfrac{S}{2\pi R}}{1+\left(\dfrac{S}{2\pi R}\right)^2} \end{cases} \tag{3-6}$$

式中，V_Z——轴向速度（mm/s）；

V_T——周向速度（mm/s）；

μ_1——谷物与螺旋面的摩擦系数；

n——螺旋轴的转速（r/min）；

S——螺旋叶片的螺距（mm）；

R——谷物颗粒到螺旋轴的距离（mm）。

3）螺旋轴的临近转速计算

由式（3-6）分析可知，随着螺旋转速的提高，圆周方向的速度 V_T 也在不断的提高，在离心力的作用下，使谷物产生翻滚跳跃而不能形成轴向的输送。为了避免这种情况，必须使螺旋轴的转速限制在一定的范围内（$n\leqslant n_{max}$）。

为了能使谷物正常运输，必须保证谷物自身的重力能平衡由于螺旋轴旋转所引起的离心力，即

$$m\omega_{max}^2 R \leqslant mg$$

$$\because \omega_{max} = \frac{2\pi n_{max}}{60}$$

$$\therefore n_{max} \leqslant \frac{30}{\pi}\sqrt{\frac{g}{R}} = \frac{30}{\pi}\frac{\sqrt{2g}}{\sqrt{D}}$$

整理可得

$$n_{max} \leqslant \frac{42.7}{\sqrt{D}}$$

考虑到谷物的影响以及查阅文献对比，经圆整将上式调整为：

$$n_{\max} \leqslant \frac{65}{\sqrt{D}} \tag{3-7}$$

查阅相关文献可知，螺旋叶片直径已经标准化，$D=100$，120，150，200，250，300，400，500 和 600。根据本台机器的工况要求，初步确定其直径 $D=250$mm。

根据经验公式，一般轴径计算公式为

$$d=(0.2\sim 0.35)D \tag{3-8}$$

取 $d=0.3D=0.3\times 250=75$。

3.3 机械系统结构设计

1. 总体结构设计

晒场谷物装载机主要由原动机、传动系统、执行机构以及机架组成，原动机采用汽油机。

2. 标准件选择

晒场谷物装载机中原动机采用汽油机，传动系统和执行机构中的链轮、皮带轮、轴承、皮带等零件采用标准件，机架中角铁、槽钢和钢管等也采用标准规格的零件。

3. 传动系统结构设计

1）功率计算

（1）螺旋叶片所需的驱动功率

为了简化计算，不包含传送带所需的功率，螺旋输送作用所需的功率分成两部分，一是谷物运行所需的功率 P_1，二是空载运转所需的功率 P_2，具体如下：

$$P_1=\frac{QL\bar{\omega}}{367}(\text{kW})$$

$$P_2=\frac{DL}{20}(\text{kW})$$

由于是两边螺旋输送，则

$$P=2(P_1+P_2)=2\left(\frac{QL\bar{\omega}}{367}+\frac{DL}{20}\right) \tag{3-9}$$

式中：$\bar{\omega}$——谷物物料的总阻力系数，一般取 $\bar{\omega}=1.2\sim1.3$；

L——单边螺旋叶片的长度；

Q——单位时间的输送量；

D——螺旋叶片的直径。

式中，$L=280$mm，取 $\bar{\omega}=1.3$　$Q=6.1$t/h　$D=250$mm，代入到式（3-9）整理得

$$P=0.207\text{kW}$$

（2）传送带驱动功率

传送带在输送的过程中，传送带刮板上的谷物在重力的作用下会给刮板一个力的作

用，作用力的大小等于下行刮板所受力之和。

$$F_1 = MG\sin 40 + \mu MG\cos 40$$

$$M = V_{实}\ \gamma$$

由于有 8 块刮板同时受力，则

$$F = 8F_1$$

$$P_3 = \frac{Fv}{\eta_{筒}} \tag{3-10}$$

式中，F_1——单块刮板所受的力；

μ——谷物与铁的摩擦系数（μ=0.36～0.58）；

P_3——传送带所需的功率；

v——传送带输送速度；

$\eta_{筒}$——滚筒传动效率（$\eta_{筒}$=0.98）。

将式（3-10）整理可得

$$P_3 = 0.030\text{kW}$$

所以执行部件所需的总功率：

$$P_W = P_1 + P_2 + \eta P_3 = 0.237\text{kW}$$

（3）传送系统的功率

$$P = \frac{P_W}{\eta}$$

$$\eta = \eta_{带}^2\ \eta_{滚}^4\ \eta_{链}$$

式中，$\eta_{带}$——V 带传动效率；

$\eta_{滚}$——滚动轴承传动效率；

$\eta_{链}$——链传动效率。

查《机械设计手册》，取 $\eta_{带}$=0.96，$\eta_{滚}$=0.99，$\eta_{链}$=0.96。

$$\eta = 0.96^2 \times 0.99^4 \times 0.96 = 0.85$$

$$P = \frac{P_W}{\eta} = \frac{0.237}{0.85} = 0.28\text{kW}$$

2）确定各级传动比

（1）各级传动比的计算

$$i = \frac{n}{n_{\max}} = \frac{3600}{4.1 \times 60} = 14.6$$

又因为总传动比

$$i = i_1 i_2 i_3$$

查《机械设计手册》可知：

$$i_1 = 2 \sim 4,\quad i_2 = 2 \sim 4$$

取　$i_1 = i_2 = 3$

$$i_3 = \frac{i}{i_1 i_2} = 1.6$$

即发动机输出轴与轴Ⅲ的传动比 i_1=3，轴Ⅱ与轴Ⅲ的传动比 i_2=3，轴Ⅰ与轴Ⅱ的传动比 i_3=1.6。

(2) 传动系统的运动和动力参数

① 各轴的转速。

Ⅲ轴　　$n_3=\frac{n}{i_1}=\frac{3600}{3}=1200\text{r/min}$

Ⅱ轴　　$n_2=\frac{n_3}{i_2}=\frac{1200}{3}=400\text{r/min}$

Ⅰ轴　　$n_1=\frac{n_2}{i_1}=\frac{400}{1.6}=250\text{r/min}$

② 各轴的功率。

Ⅰ轴　　$P_1=\frac{P}{\eta_{链}\ \eta_{滚}{}^2}=\frac{0.28}{0.96\times0.99\times0.99}=0.3\ (\text{kW})$

Ⅱ轴　　$P_2=\frac{P_1}{\eta_{滚}\ \eta_{带}}=\frac{0.3}{0.96\times0.99}=0.32\ (\text{kW})$

Ⅲ轴　　$P_3=\frac{P_2}{\eta_{带}\ \eta_{滚}}=\frac{0.32}{0.99\times0.96}=0.336\ (\text{kW})$

③ 各轴的转矩。

Ⅰ轴　　$T_1=9550\,\frac{P_1}{n_1}=9550\,\frac{0.3}{250}=11.46\ (\text{N}\cdot\text{m})$

Ⅱ轴　　$T_2=9550\,\frac{P_2}{n_2}=9550\,\frac{0.32}{400}=7.64\ (\text{N}\cdot\text{m})$

Ⅲ轴　　$T_3=9550\,\frac{P_3}{n_3}=9550\,\frac{0.336}{1200}=2.674\ (\text{N}\cdot\text{m})$

3) 带传动设计

(1) 第一级带传动设计

第一级带传动是指发动机输出轴到Ⅲ轴，在传动系统中第一级用普通 V 带传动。已知 $P_3=0.336\text{kW}$，转速 $n=1200\text{r/min}$，传动比 $i_1=3$，按明天工作 8 小时计算。

① 确定计算功率 P_{ca}。

由于工作是载荷变化小，查《机械设计手册》得工况系数 $K_A=1.1$，故

$$P_{ca}=K_AP_3=1.1\times0.336=0.37\text{kW}$$

② 选择 V 带的型号。

根据 P_{ca} 和 n_1 查《机械设计手册》选用 Z 型 V 带。

③ 确定带轮的基准直径 d_d 并验算带速 v。

初选小带轮的基准直径 d_1，查《机械设计手册》，取小带轮的基准直径 $d_{d1}=71\text{mm}$。

检验带速 v

$$v=\frac{\pi d_{d1}n}{60\times1000}=\frac{\pi\times71\times3600}{60\times1000}=13.37\text{m/s}$$

因为 $5\text{m/s}<v<30\text{m/s}$，故带速合适。

计算大带轮的基准直径：

$$d_{d2}=d_{d1}i_1=71\times3=213\text{mm}$$

带轮的基准直径圆整得 $d_{d2}=224\text{mm}$

④ 确定 V 带的中心距 a 和基准长度 L_d。

初步确定中心距 a_0：

$$0.7(d_{d1}+d_{d2}) \leqslant a_0 \leqslant 2(d_{d1}+d_{d2})$$

取 $a_0=450\text{mm}$

计算带所需的基准长度：

$$L_{d0} \approx 2a_0+\frac{\pi}{2}(d_{d1}+d_{d2})+\frac{(d_{d2}-d_{d1})^2}{4a_0}$$

$$=2\times 450+\frac{\pi}{2}(71+224)+\frac{(224-71)^2}{4\times 450}=1376.3\text{mm}$$

带的基准长度圆整为 $L_d=1400\text{mm}$。

计算实际中心距 a：

$$a \approx a_0+\frac{L_d-L_{d0}}{2}=450+\frac{1400-1376}{2}=462\text{mm}$$

⑤ 验算小带轮上的包角 α_1。

$$\alpha_1=180^\circ-(d_{d2}-d_{d1})\frac{57.3^\circ}{a}=180^\circ-(224-71)\frac{57.3^\circ}{462}=161^\circ \geqslant 90^\circ$$

⑥ 计算带的根数 Z。

计算单根 V 带的额定功率 P_r：

$d_1=71$ 和 $n_1=3600\text{r/min}$，查《机械设计手册》得

$$P_0=0.8\text{kW} \geqslant 0.336\text{kW}$$

所以只要一根 V 带即可。

⑦ 计算单根 V 带的初拉力的最小值 $(F_3)_{\min}$。

查《机械设计手册》可得 Z 型带的单位长度的质量 $q=0.06\text{kg/m}$，所以：

$$(F_3)_{\min}=500\frac{(2.5-K_\alpha)P_{ca}}{K_\alpha Zv}+qv^2$$

$$=\left[500\times\frac{(2.5-0.95)\times 0.37}{0.95\times 1\times 13.37}+0.06\times 13.37^2\right]\text{N}=33.3\text{N}$$

⑧ 计算压轴力 F_P。

压轴力的最小值为

$$(F_P)_{\min}=2Z(F_3)_{\min}\sin\left(\frac{\alpha}{2}\right)=2\times 1\times 33.3\times\sin\left(\frac{161^\circ}{2}\right)=65.3\text{N}$$

（2）第二级带传动设计

在传动系统中第二级（Ⅱ轴到Ⅲ轴）用普通 V 带传动。已知 $P_3=0.32\text{kW}$，转速 $n=1200\text{r/min}$，传动比 $i_1=3$，按明天工作 8 小时计算。

① 确定计算功率 P_{ca}。

由于工作是载荷变化小，查《机械设计手册》得工况系数 $K_A=1.1$，故

$$P_{ca}=K_A P_3=1.1\times 0.32=0.352\text{kW}$$

② 选择 V 带的型号。

根据 P_{ca} 和 n_1 查《机械设计手册》选用 A 型 V 带。

③ 确定带轮的基准直径 d_d 并验算带速 v。

初选小带轮的基准直径 d_1，查《机械设计手册》。取小带轮的基准直径为

$$d_{d1} = 75\text{mm}$$

检验带速 v：

$$v = \frac{\pi d_{d1} n}{60 \times 1000} = \frac{\pi \times 75 \times 1200}{60 \times 1000} = 5.1\text{m/s}$$

因为 $5\text{m/s} < v < 30\text{m/s}$，故带速合适。

计算大带轮的基准直径。

$$d_{d2} = d_{d1} i_1 = 75 \times 3 = 225\text{mm}$$

带轮的基准直径圆整得 $d_{d2} = 224\text{mm}$。

④ 确定 V 带的中心距 a 和基准长度 L_d。

初步确定中心距 a_0：

$$0.7(d_{d1} + d_{d2}) \leqslant a_0 \leqslant 2(d_{d1} + d_{d2})$$

取 $a_0 = 450\text{mm}$。

计算带所需的基准长度：

$$L_{d0} \approx 2a_0 + \frac{\pi}{2}(d_{d1} + d_{d2}) + \frac{(d_{d2} - d_{d1})^2}{4a_0}$$

$$= 2 \times 450 + \frac{\pi}{2}(75 + 224) + \frac{(224 - 75)^2}{4 \times 450} = 1383.5\text{mm}$$

带的基准长度圆整为 $L_d = 1400\text{mm}$。

⑤ 计算实际中心距 a。

$$a \approx a_0 + \frac{L_d - L_{d0}}{2} = 450 + \frac{1400 - 1383}{2} = 458.5\text{mm}$$

⑥ 验算小带轮上的包角 α_1。

$$\alpha_1 = 180^\circ - (d_{d2} - d_{d1})\frac{57.3^\circ}{a} = 180^\circ - (224 - 75)\frac{57.3^\circ}{462} = 162^\circ \geqslant 90^\circ$$

⑦ 计算带的根数 Z。

计算单根 V 带的额定功率 P_r。

$d_1 = 71$ 和 $n_1 = 3600\text{r/min}$，查《机械设计手册》得

$$P_0 = 0.1\text{kW} \geqslant 0.32\text{kW}$$

所以只要一根 V 带即可。

⑧ 计算单根 V 带的初拉力的最小值 $(F_2)_{\min}$。查《机械设计手册》可得 A 型带的单位长度的质量 $q = 0.1\text{kg/m}$，所以：

$$(F_3)_{\min} = 500\frac{(2.5 - K_\alpha)P_{ca}}{K_\alpha Z v} + qv^2$$

$$= \left[500 \times \frac{(2.5 - 0.95) \times 0.35}{0.95 \times 1 \times 5.1} + 0.1 \times 5.1^2\right]\text{N} = 61\text{N}$$

⑨ 计算压轴力 F_P。

压轴力的最小值为

$$(F_P)_{\min} = 2Z(F_3)_{\min}\sin\left(\frac{\alpha}{2}\right) = 2 \times 1 \times 61.3 \times \sin\left(\frac{162^\circ}{2}\right) = 120\text{N}$$

带传动带轮主要参数见表 3-2。

表 3-2　带传动带轮主要参数

带型号	带长/mm	带根数	带轮直径/mm		中心距/mm
			大带轮	小带轮	
Z	1400	1	224	71	462
A	1400	1	225	75	458.5

4）链传动设计

在传动系统中最后一级采用链传动，主要原因是机器的前支架需要上下运动以便调整螺旋轴的高度达到方便运输的目的（工作时需要把螺旋轴调到较低的位置，在运输时（靠人工推动）需要把螺旋轴调到较高的位置来防止由于路面不平整而导致前支架撞坏）。

已知主动链轮的转速 $n_1=250\text{r/min}$，需要传递的功率 $P=0.3\text{kW}$，传动比为 $i_3=1.6$。载荷较平稳。

① 选择链轮的齿数。

取小链轮齿数 $Z_1=19$，大链轮的齿数为 $Z_2=Z_1 i_3=19\times1.6=30.4$，取 $Z_2=31$。

② 确定计算功率。

根据机器的工作条件，工作时可认为是中等冲击，所以查工况系数 $K_A=1.4$。

由主动链轮的齿数查齿数系数 $K_Z=1.35$，单排链，则计算功率为：

$$P_{ca}=K_A K_Z P=1.4\times1.35\times0.3=0.567\text{kW}$$

③ 选择链条型号和节距。

根据 $P_{ca}=0.567\text{kW}$ 及 $n_1=250\text{r/min}$，查《机械设计手册》得：可选 08A 号链条，链条节距为 $p=12.7\text{mm}$。

④ 计算链条节数和中心距。

初选中心距 $a_0=(30\sim50)p=(30\sim50)\times12.7=381\sim635$，取 $a_0=400\text{mm}$。

相应的链长节数为 $L_{P0}=2\dfrac{a_0}{p}+\dfrac{Z_1+Z_2}{2}+\left(\dfrac{Z_2-Z_1}{2\pi}\right)^2\dfrac{p}{a_0}$

$$=2\frac{400}{12.7}+\frac{19+31}{2}+\left(\frac{31-19}{2\times3.14}\right)^2\frac{12.7}{400}=95\text{ 节}$$

⑤ 计算链速 v，确定润滑方法。

$$v=\frac{n_1 Z_1 P_1}{60\times1000}=\frac{250\times19\times12.7}{60\times1000}=1.0\text{m/s}$$

用润滑脂定期人工润滑。

链传动参数见表 3-3。

表 3-3　链传动参数

链条型号	链条节数	链轮齿数		中心距/mm
		小链轮	大链轮	
08A	95	19	31	400

4. 执行机构结构设计

1）螺旋轴的结构设计

在本机器中有三根传动轴，即高速轴Ⅲ和低速轴Ⅱ以及螺旋输送轴。螺旋聚合谷物采用从螺旋轴中间出料的方式，如图 3-8 所示，这种结构形式可以保证螺旋轴在轴线方向上的受力平衡，保证谷物装载机整机的平衡，并将有利于提高滚动轴承的使用寿命。

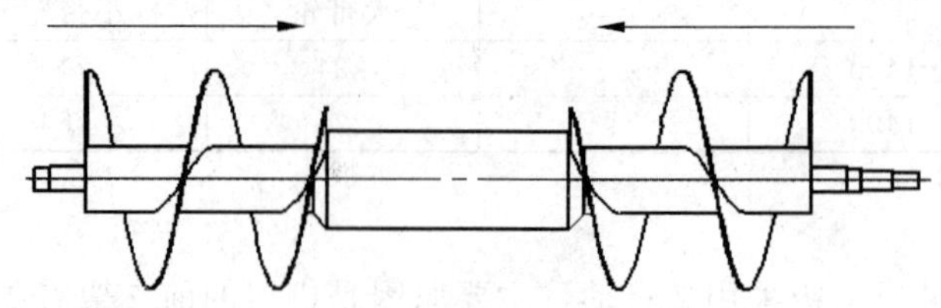

图 3-8　螺旋输送方向

根据相关技术文献的规定，螺旋外径与料槽间的间隙不得超过表 3-4 给定的值，且最小的间隙不得小一名义尺寸间隙的 50%。

表 3-4　螺旋外径与机槽间的名义尺寸

螺旋叶片公称直径/mm	100	125	160	200	250	315	400	500
名义间隙/mm	7.5			10				12.5

在螺旋轴输送谷物的过程中，少部分谷物会落入螺旋外径与机槽间的间隙中，如果间隙值过小，谷物整粒难于顺利通过，则导致谷物整粒将会卡在间隙中，由于谷物颗粒间的摩擦、挤压以及螺旋叶片的切割作用将导致谷物的破碎率的上升；如果间隙值过大，当大于谷物颗粒的最大的尺寸时，则间隙中的谷物颗粒在谷物内摩擦力的作用下作轴向运动。因此，为了使谷物颗粒能顺畅通过，螺旋外径与机槽间隙的最小值必须大于谷物颗粒的最大尺寸，经查阅资料，谷物的粒度一般为 10mm×4mm×3mm，即间隙值要大于等于 10mm，对比表 3-4 的名义间隙值基本符合要求。

2）高速轴的结构设计

已知高速轴的传递功率 $P_3=0.366\text{kW}$，转矩 $T_3=2.674\text{N}\cdot\text{m}$，转速 $n_3=1200\text{r/min}$。

（1）选择材料，确定许用应力

材料选择 45 钢，正火处理，查表可得材料强度极限 $\sigma_b=600\text{MPa}$。

（2）计算轴的基本直径

查《机械设计手册》得轴的材料及载荷系数为 $C=110$，当轴的弯矩较小时，

$$d \geqslant C\sqrt[3]{\frac{P_3}{n_3}} = 110\times\sqrt[3]{\frac{0.336}{1200}} < 1$$

以上公式得到的 d 非常小，按上式得到的数值不便于加工，所以初步拟定轴的基本直径 $d=20\text{mm}$。

3）低速轴的结构设计

已知低速轴的传递功率 $P_2=0.32\text{kW}$，转矩 $T_2=7.64\text{N}\cdot\text{m}$，转矩 $n_2=400\text{r/min}$。

（1）选择材料，确定许用应力

材料选择 45 钢，正火处理，查表可得材料强度极限 $\sigma_b=600\text{MPa}$。

（2）计算轴的基本直径

查《机械设计手册》得轴的材料及载荷系数为 $C=110$，当轴的弯矩较小时，

$$d \geqslant C\sqrt[3]{\frac{P_3}{n_3}} = 110 \times \sqrt[3]{\frac{0.32}{400}} = 10.2\text{mm}$$

由于安装带轮时要开键槽，故轴需加大 4%～5%，则

$$d \geqslant 10.2 \times 1.05 = 10.71\text{mm}$$

取轴的轴的基本直径 d_{min} = 20mm。

4）螺旋轴的有限元分析

螺旋轴是该机器中较为重要的零件，其结构采用拼接式结构，如图 3-9 所示。该螺旋轴由端部连接套、螺旋安装筒、中间连接套、光轴、滚筒等五部分组成，端部连接套主要是连接光轴和螺旋安装筒，中间连接套主要是连接光轴、螺旋安装筒以及滚筒。由于结构的特殊性，其结构的合理性通过有限元法来进行分析。

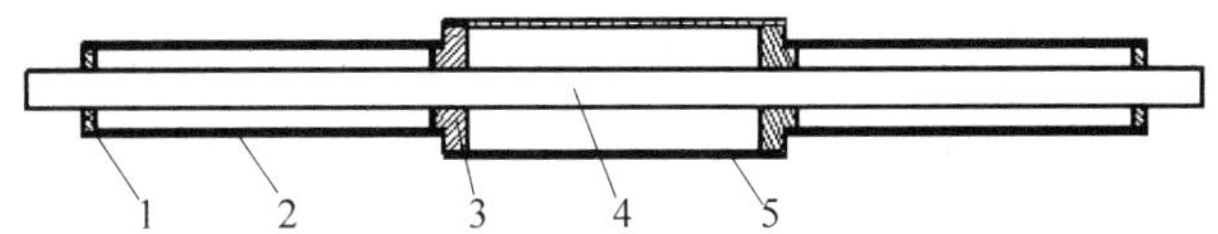

图 3-9　螺旋轴结构图

1—端部连接套；2—螺旋安装筒；3—中间连接套；4—光轴；5—滚筒

为了提高有限元分析的效率，对于一些对轴的受力影响不大的结构进行简化处理。应用 Solidworks 软件进行螺旋轴的三维建模，如图 3-10 所示。为了防止在数据导出和导入的过程中数据的丢失，所以有限元分析也是在 Solidworks 软件中进行的。轴的材料统一选普通碳素钢，网格划分采用四面体单元。螺旋轴的约束及加载情况如图 3-11 所示。在轴的两端采用轴承的约束方法，传送带工作时，滚筒的包角可认为是 180°，所以在轴的滚筒上附加圆周方向 180°的面积上的力，力的大小为 1000N。

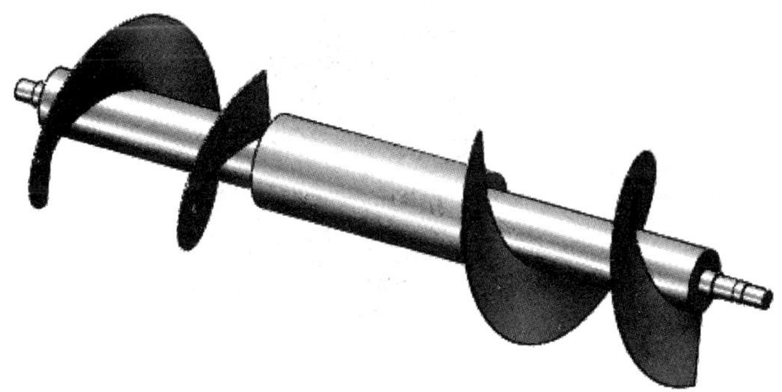

图 3-10　螺旋轴的三维模型

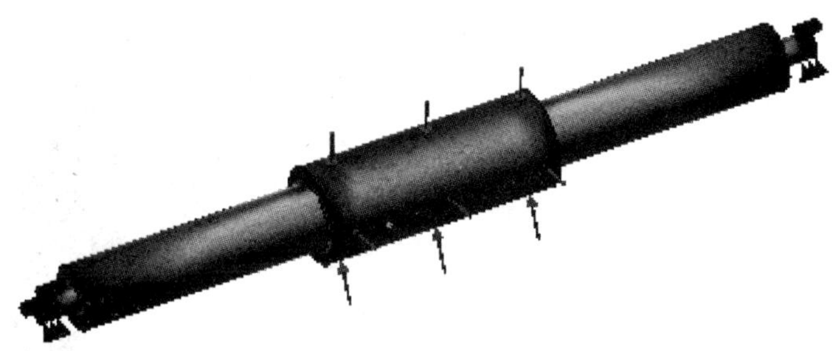

图 3-11　螺旋轴的约束和加载

软件计算完成后，分别对轴的的各性能参数进行分析。在分析的结果中，图 3-12 表明螺旋轴变形后的最大位移为 4.555e－002mm，根据经验，该值满足一般的工程需要。图 3-13 表明了螺旋轴的最大应力为 91169080N/m^2，而材料的屈服强度为 2205940000N/m^2，所以螺旋轴满足强度条件 $\sigma \leqslant \sigma_{\mathrm{lim}}$。图 3-14 和图 3-15 表明螺旋轴内部结构部件心轴的应力和位移分布情况，该图表明心轴所受的力较均匀，没有受力过大和变形较大的部分，并且最大值在材料的屈服强度范围内。

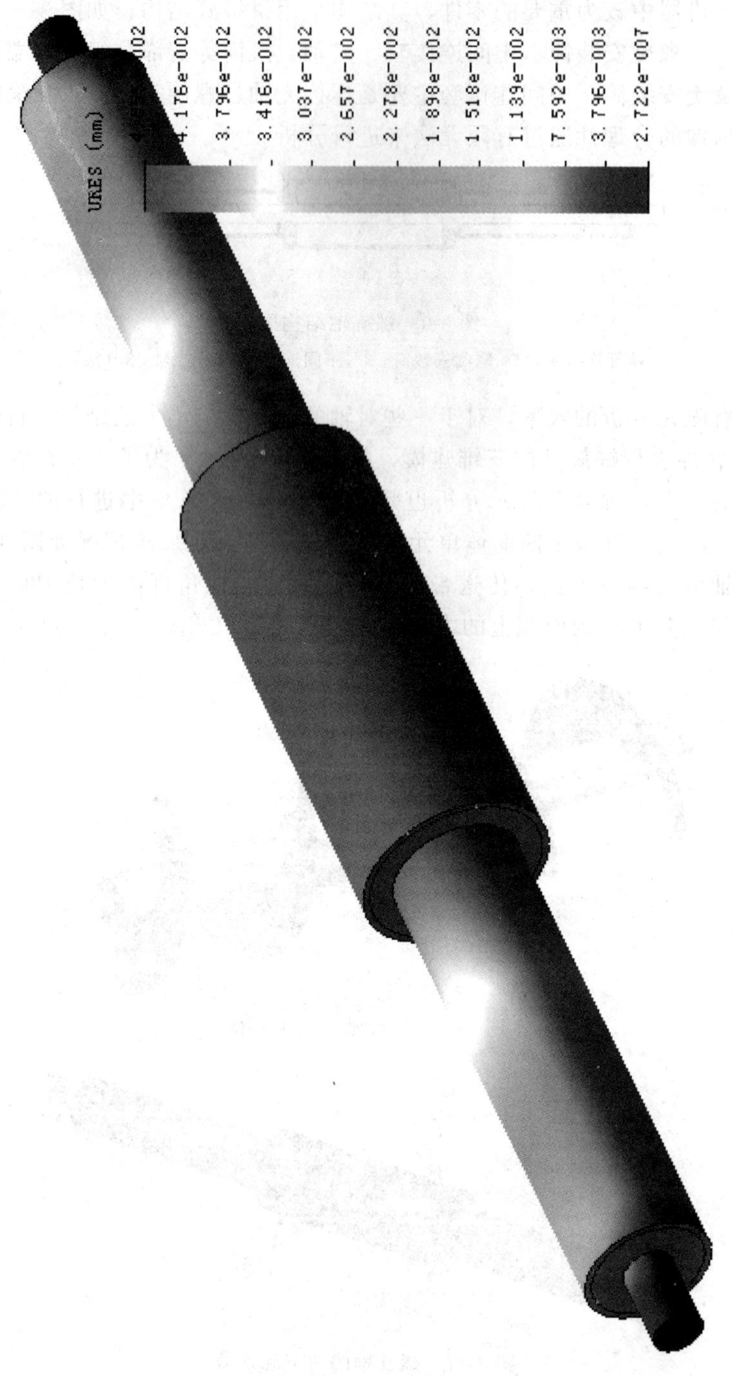

图 3-12　螺旋轴的位移分布

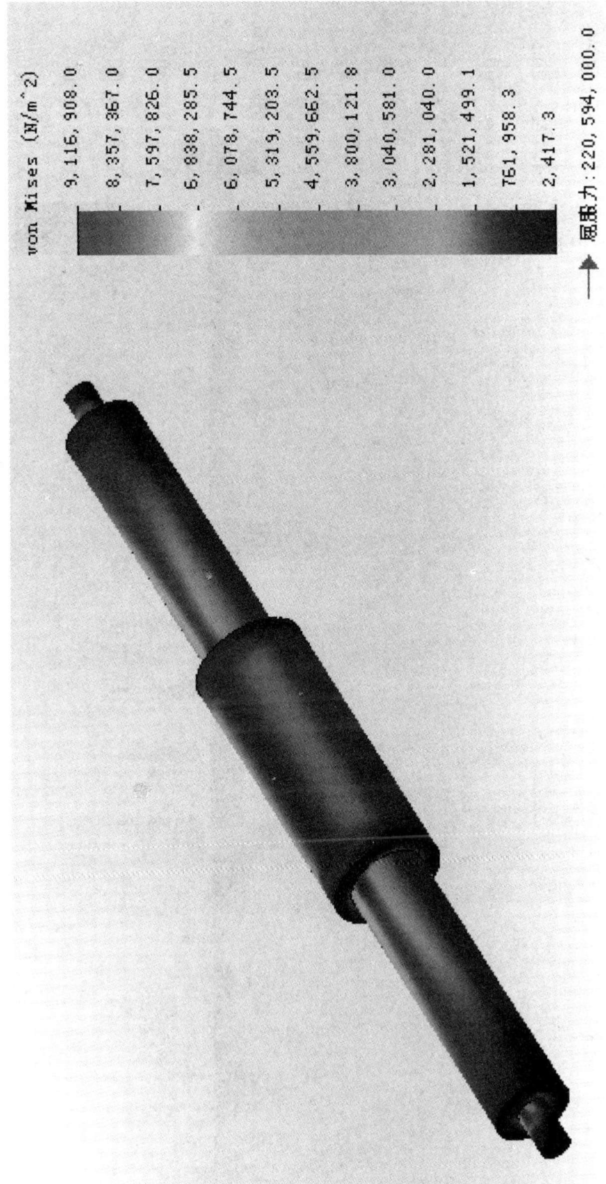

图 3-13　螺旋轴的应力分布

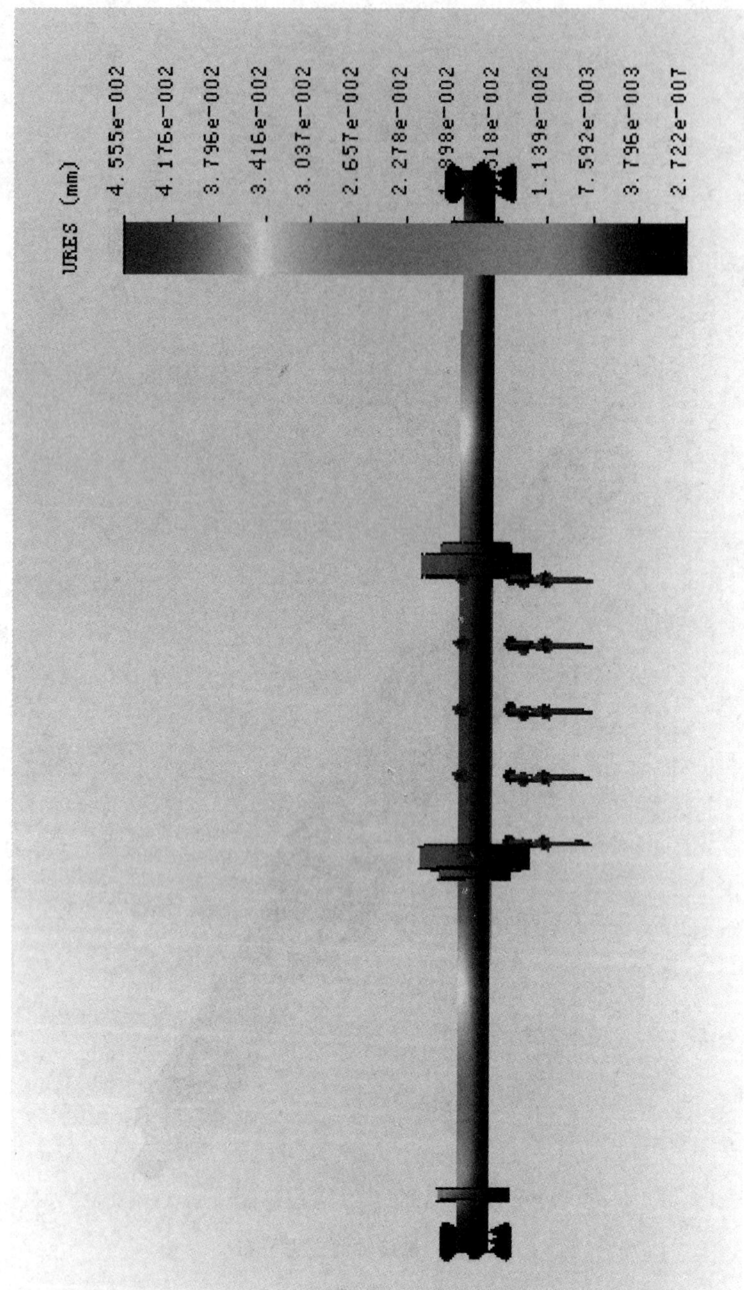

图 3-14　螺旋轴内部位移分布

图 3-15　螺旋轴内部结果应变分布

综合可知，在三维软件 Solidworks 平台下建立螺旋轴的三维模型以及进行有限元分析，得出该螺旋轴整体的受力情况，各部件的受力情况均表明该轴的结构合理性。

5）传送带的结构设计

查阅相关资料可知：稻谷的堆积密度 $\gamma=0.5\mathrm{t/m^3}$。

在螺旋轴的中间部分是刮板传送带的带轮。考虑到传送带的弯曲应力，带轮的直径不得小于允许的最小的带轮直径，经查《机械设计手册》，取 $d_1=110\mathrm{mm}$。

由 $D=250$ 代入到式（3-7）中可得：

$$n_{\max} \leqslant \frac{65}{\sqrt{D}} = \frac{65}{\sqrt{250}} = 4.1\mathrm{r/s} \tag{3-11}$$

传送带结构如图 3-16 所示，可知每一隔刮板之间能容量谷物的体积为

$$V = 0.2 \times 0.2 \times 0.06 = 0.0024\mathrm{m^3}$$

考虑到谷物的容纳因数，实际中的 $V_{实}=\dfrac{V}{5}=0.00048\mathrm{m^3}$。

所以在一小时内，机器的输送量为：

$$Q = \frac{2\pi d_1 n_{\max}}{0.2} V_{实}\,\gamma$$

代入数据得

$$Q = 6.1\mathrm{t/h}$$

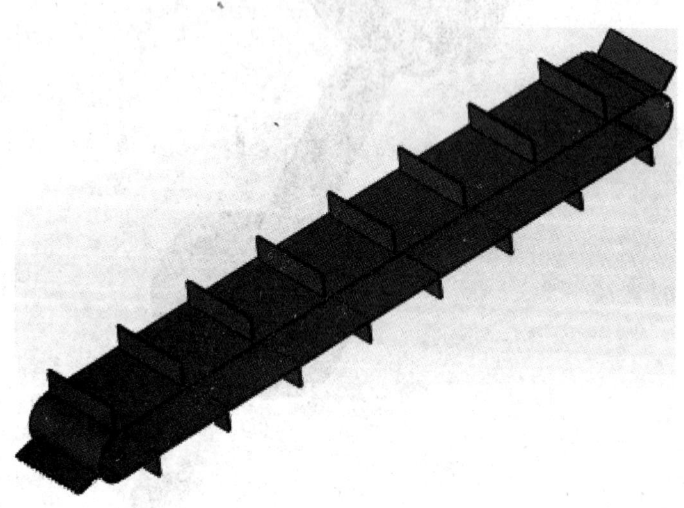

图 3-16　传送带结构图

5. 装配图的设计和绘制

装配图是表示机器各组成部分的连接、装配关系的技术文件。它主要用于机器或部件的装配、调试、安装、维修等场合。

装配设计是在前面以定性为主的运动方案设计、结构草图设计，以及在其工作能力初步估计的基础上，定量化、标准化进行各种结构参数的详细设计，必须保证零件的可装配性、零件的可加工性。

装配图的内容包括四个方面。

① 一组视图：一组视图正确、完整、清晰地表达出产品或部件的工作原理、各组成零件间的相互位置和装配关系及主要零件的结构形状。

② 尺寸标注：外形尺寸、配合尺寸、安装尺寸和特性尺寸。

③ 技术要求：用文字或符号说明装配体在装配、安装、调试、检验、使用、维修等方面的性能质量要求。

④ 零部件序号、标题栏和明细栏：按国家标准规定的格式绘制标题栏和明细栏，并按一定格式将零部件进行编号，填写标题栏和明细栏。

依据 Solidworks 2012 设计构造的虚拟三维装配图，利用投影关系，产生工程图几何信息，再进行尺寸标注、技术说明等属性提取和补充，然后根据国家标准，审核修订完成装配图设计。

6. 零件图的设计和绘制

零件图是表达零件的结构形状、尺寸大小及技术要求的图样。零件图是生产中指导制造和检验零件的主要图样。它不仅应将零件内外结构特征和大小表达清楚，而且还要对零件所采用的材料、加工和检验等提供必要的技术要求。

零件图的主要内容如下。

① 视图：按照国家标准规定的比例、图线绘制成的机械图样，完整、确切、清晰地表示出零件的内外结构形状。

② 尺寸：标注出确定零件各结构形状和大小的定形尺寸和确定各结构在零件中位置的定位尺寸，既要满足产品设计要求又要符合生产实际。

③ 技术要求：表明零件在制造和检验时应达到的技术指标。如：零件的表面粗糙度、尺寸公差、形状和位置公差、材料及热处理等。

④ 图框和标题栏：填写零件名称、数量、材料、图样比例、图号及设计、制图、审核人员的签署等。

应用 Solidworks 2012 的工程图设计功能完成所有非标准零件图的绘制。

3.4　高速轴的加工工艺设计

1. 高速轴加工工艺分析

1）零件的作用

晒场谷物装载机高速轴是该农机传动系统中的一个重要零件，高速轴一方面通过带传动直接接受发动机传递过来的运动和动力，所以高速轴的转速较高，约为 1200r/min；另一方面通过皮带传动把运动和动力传递给低速轴，所以高速轴在该农机中在传递运动和动力方面起到了承上启下的作用。所以，高速轴加工质量的好坏将直接影响到机械能否正常工作。

2）零件的工艺分析

由图 3-17 可知，其材料为 40Cr 钢，该材料具有较好的强度、刚度以及韧性。该高速轴的结构简单，属于典型的轴类零件。为了实现高速旋转，所以高速轴孔 $\phi25^{0.00}_{-0.02}$ 与轴承孔有配合的要求，并且两轴承的回转轴线具有同轴度的要求（0.02），因此加工精度要求较高。在轴的两端是安装带轮的，并且带轮和高速轴在键的连接下一起转动，所以该轴径 $\phi22^{0.00}_{-0.03}$ 也有配合的要求。键槽的加工也有精度要求，必须保证工作时键的工作面和键槽良好的接触。该轴是在承受弯曲应力的条件下工作的，所以该轴因具备较好的心部柔韧性，因此该轴要进行调制处理，并且处理后要达到硬度为 HRC20～30。

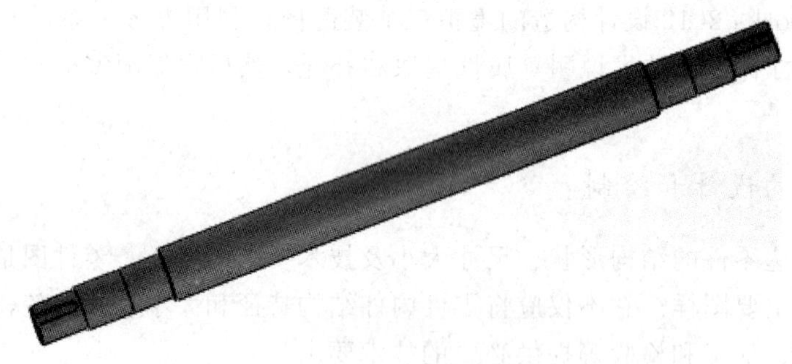

图 3-17　高速轴零件图

综上所述，高速轴的主要工作表面为孔 $\phi25^{0.00}_{-0.02}$ 和孔 $\phi22^{0.00}_{-0.03}$，所以在加工时应重点考虑。

2. 高速轴加工工艺规程设计

根据高速轴零件的工艺分析，编制高速轴机械加工工艺规程，高速轴机械加工工艺过程卡见表 3-5。

表 3-5　高速轴机械加工工艺过程卡

工序号	工序名称	工 序 内 容	工 艺 装 备
1	下料	棒料 $\phi35\times350$	锯床
2	热处理	调质处理 HRC20～30	
3	车	夹左端，车右端面，见平面即可。钻中心孔 *B*1.6，粗车右端各部，ϕ30mm 见圆即可，其余均留精加工余量 3mm	CA6140
4	车	掉头装夹工件，车端面保证总长为 332mm。钻中心孔 *B*1.6，粗车外圆各部，留精加工余量 3mm，与工序 3 加工部分相接	CA6140
5	精车	夹左端，顶右端，精车右端各部分，其中 $\phi25^{0.00}_{-0.02}\times22.75$、$\phi24.5$、$\phi23^{0.00}_{-0.03}\times22$ 加工至图样要求尺寸	CA6140
6	精车	调头，一夹一顶精车另一端各部分，其中 $\phi25^{0.00}_{-0.02}\times21.75$、$\phi24.5\times25.25$、$\phi22^{0.00}_{-0.03}\times28$ 加工至图样要求尺寸	CA6140
7	划线	划两条键槽线	
8	铣	分别铣左右键槽	X5030A，组合夹具
9	检验	按图样检查各部尺寸精度	游标卡尺，螺旋测微器

3. 高速轴的数控加工与编程

随着我国经济的不断发展和科技的持续进步，我国的制造装备已经由原来传统的金属切削机床向高效率的数控机床发展。数控机床以工作效率高、劳动强度大、人为干扰相对较少、加工质量稳定等优点而普遍被我国现代制造业企业所接受。高速轴就采用数控车削加工，机床采用 FANUC 系统，数控加工工序主要包括第一次粗车、第二次粗车、精车。

3.5　谷物装载机的测试及改进

1. 谷物装载机的实验测试

第一代晒场谷物装载机经过近一个月的标准件采购、零部件加工制作、整机装配及调试，其实物样机如图 3-18 所示。

图 3-18　第一代晒场谷物装载机的实物样机

测试场景如图 3-19 所示。本次样机测试是一次实际工作的测试，测试条件与机器的工作条件基本相同，因此，测试的结果可靠度较高，结果比较准确。

图 3-19　晒场谷物装载机的工作场景

通过实物样机的性能测试，发现设计存在一些不足，主要是存在以下三个方面的问题：

第一个问题是存在谷物被抛甩现象。样机作业时少量谷物会从出料口的上方被橡胶传送带抛出，在一定程度上降低了谷物的装载效率，并对机器操作人员的工作产生不利的影响，如图 3-20 所示。

图 3-20　谷物从出料口上方被抛甩

第二个问题是存在谷物在螺旋槽前堆积现象。样机作业时，谷物在机器的前方堆积较多，使得机器前进的负载较大，造成操作人员需要较大的推力才能使机器匀速前进，如图 3-21 所示。

图 3-21　谷物在螺旋槽前堆积

第三存在谷物出料不连续的现象。在实际测试的过程中，发现出料口的谷物是断续的，而不是连续的，如图 3-22 所示，该问题将导致机器的效率下降。

图 3-22　出料口处谷物出料不连续

2. 晒场谷物装载机的改进

1）谷物被抛甩问题

晒场谷物装载机出料口的原设计示意图如图 3-23 所示，装载时谷物从出料口的上方被抛甩出，一方面会影响机器的工作效率，另一方面被抛甩出的谷物可能会进入到操作人员的眼睛或嘴中，对人员会造成一定的伤害，并影响操作人员的视线。

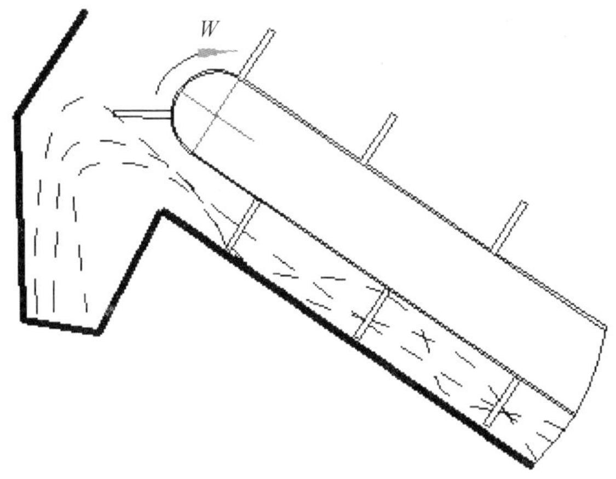

图 3-23　改进前的出料口

针对此问题深入分析发现，谷物被橡胶传送带抛甩出的主要原因是由于出料口的下托板过高，导致谷物在橡胶传送带输送的情况，谷物在一定的初速度情况下来不及降落而是继续向前运动，从而导致谷物在出料口处被传送带的刮板所抛甩出。现对出料口结构加以改进，设计成如图 3-24 所示。同时考虑到传送带转动时尾部会扬起一定的灰尘，所以在出料口上边添加一个罩盖，对操作人员起到一个较好的保护作用。改进后的出料口三维剖面图如图 3-25 所示。谷物在 A 点处的运动分析如图 3-26 所示，以下进行出料口的结构尺寸分析与计算。

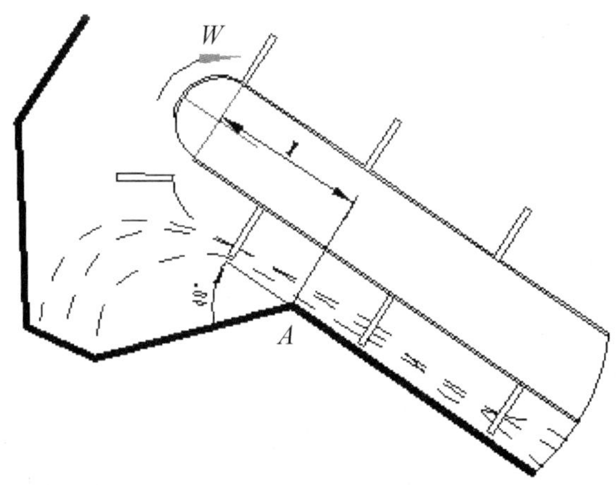

图 3-24　改进后的出料口

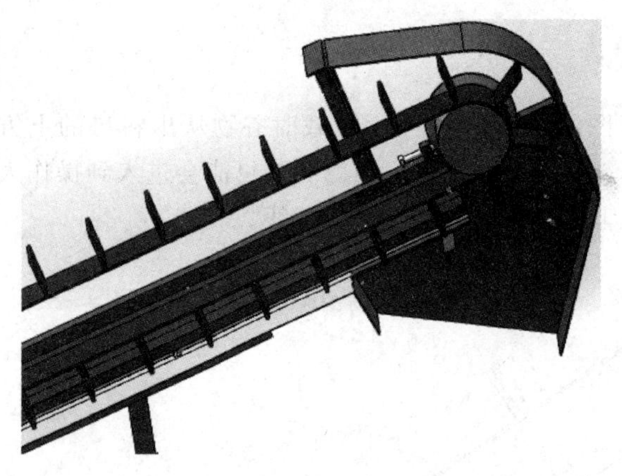

图 3-25　改进后的出料口三维剖面图

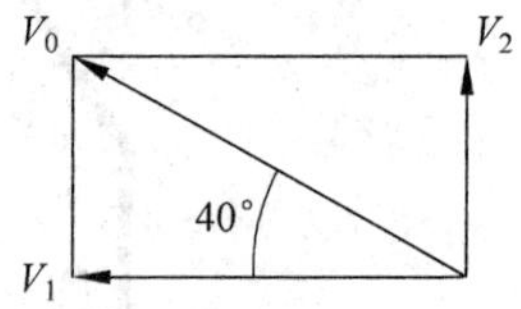

图 3-26　谷物在 A 点处的运动分析

由图 3-26 可知

$$
\begin{aligned}
&V_0 = n\pi d \\
&V_1 = V_0\cos 40 \\
&V_2 = V_0\sin 40 \\
&X\cos 40 = V_1 t \\
&H = -V_2 t + \frac{1}{2}gt^2 \\
&X\sin 40 - H = h
\end{aligned}
\tag{3-12}
$$

式中，

d——传送带带轮的直径（$d=110\text{mm}$）；

n——传送带带轮的转速；

X——传送带后带轮与 A 点沿传送带方向的距离（见图 3-24）；

V_0——A 点处谷物的初速度；

h——传送带刮板的高度（$h=60\text{mm}$）。

将 $n=4.1\text{r/s}$ 代入式（3-12）中整理可得

$$X = 450\text{mm}$$

所以，当出料口的下托板到传送带后带轮的距离为 450mm 时，谷物才不会被传送带的刮板从出料口的上方抛甩出。

2）谷物堆积问题

在测试的过程中还发现谷物会在螺旋槽前堆积成一定量，使机器无法完成堆积谷物的装载，停留在料槽前方的谷物堆积越多，对机器前进的阻力就越大，不便于机器的推进，并造成机器发动机能量的浪费。

原样机前料槽结构如图 3-27 所示。根据分析发现主要是料槽位置过于靠前，如图 3-28 所示。改进的策略是尽量减少料槽前的谷物堆积，则需要谷物堆积的顶点在螺旋叶片的最下端，如图 3-29 所示。改进后的三维效果图如图 3-30 所示。

图 3-27　原样机前料槽结构

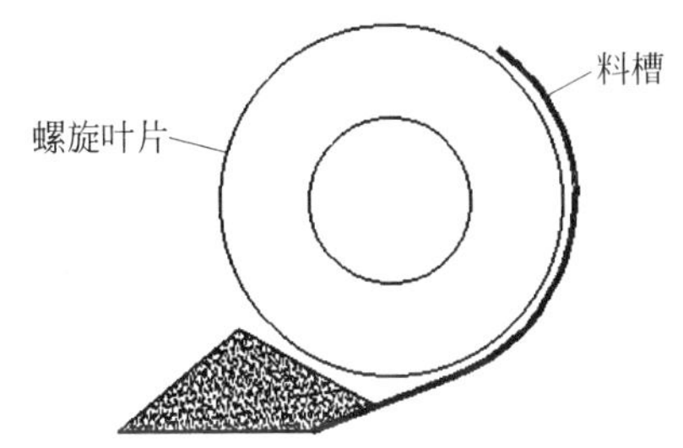

图 3-28　原设计谷物在料槽前的堆积情况

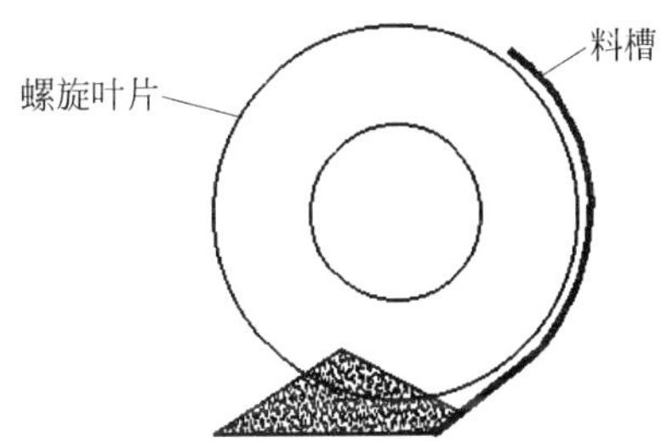

图 3-29　改进后谷物在料槽前堆积情况

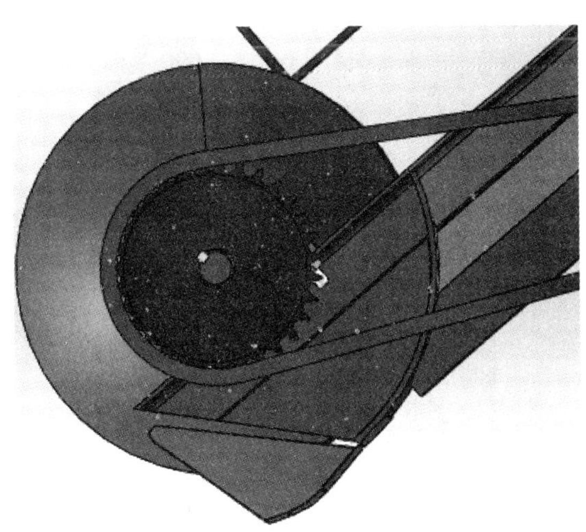

图 3-30　改进后前料槽结构

样机测试过程中，还发现如果晒谷场地的地面不平整，前导板容易碰撞不平整的晒谷场地的地面，如果调整前导板的离地高度，却会造成地面谷物装载时留下薄薄一层不能完成装载。因此，考虑设计一个弹簧缓冲装置，来解决刚性前导板使用过程中碰撞地面的问题。具体方案如图 3-31 所示，工作原理是，当前导板某个部位碰到不平整地面时候，会自动往后压缩并提升，越过障碍后，又将回弹至原位继续工作，从而解决地面不平整影响装载效果的实际问题。由于弹簧容易失效，材料选用油合金弹簧钢，并设计成一排六个弹簧。

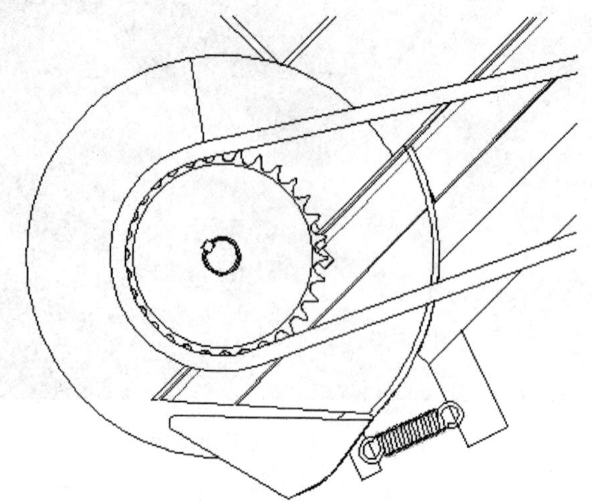

图 3-31　弹簧缓冲装置

3）谷物出料不连续问题

谷物装载时，出料口处谷物出料不连续如图 3-22 所示。根据分析和查阅大量的资料发现，导致该问题的主要原因是传送带刮板的间距太大。出料口处谷物出料不连续将导致该机器的效率明显下降，解决出料不连续问题，将进一步提高该机器的效率。改进前传送带刮板三维结构如图 3-32 所示。

图 3-32　改进前传送带刮板三维结构

根据试验可知，谷物的堆积角度一般在 100°左右（数据是由做实验所得，其实做实验所测得到的角度小于 100°，考虑到机器的震动以及不同湿度的谷物堆积角度不同，所以将角度放大了些（即谷物堆低些））。这样的谷物堆积角度放在宽为 200mm、间距为

200mm 的斜传送带上时，谷物的堆积效果如图 3-33 所示。从图中我们发现刮板的间距为 200mm 时谷物的堆积高度为 83mm，所以两刮板之间有大部分的空间是没有利用到的。现将刮板的间距和试验测得的谷物的堆角进行综合考虑，将刮板的间距调整到 100mm，如图 3-34 所示，改进后的机械效率约是原设计机械效率的 2 倍。改进后传送带刮板三维结构如图 3-35 所示。

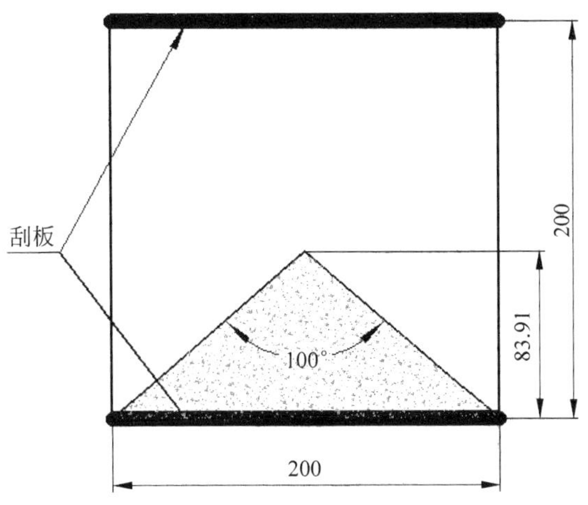

图 3-33　原设计的刮板间距

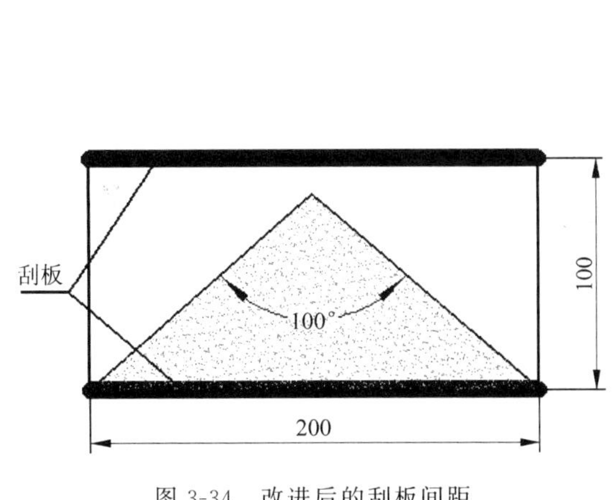

图 3-34　改进后的刮板间距

(a)

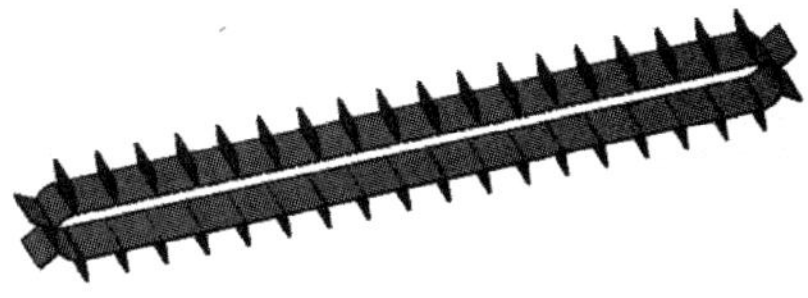

(b)

图 3-35　改进后传送带刮板三维结构

考虑到机器非工作状态的行走过程中，螺旋轴的位置不能太低，否则最低位置的前导板容易碰到地面，所以把料槽设计成可以在小车架斜支撑架上可以移动的结构，在非工作状态时把螺旋轴调到离地面较高的位置，如图 3-36 所示。在工作状态时把螺旋轴调到离地面较低的位置，如图 3-37 所示。

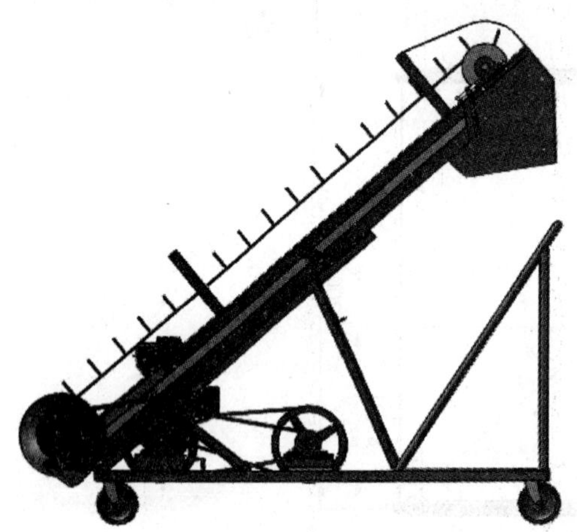

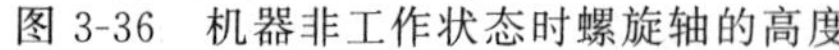

图 3-36　机器非工作状态时螺旋轴的高度

图 3-37　机器工作状态时螺旋轴的高度

经过上述三个问题的改进后，最终得到的样机装配模型如图 3-38 所示。

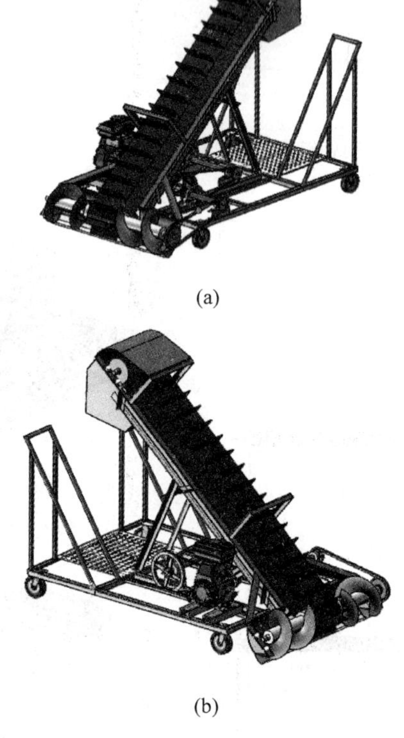

(a)

(b)

图 3-38　最终的样机装配模型

第4章　3D打印机新产品研发的项目实践

本章以熔融沉积成型3D打印机的研制为例来详细展示新产品研发的过程及创新技巧。

本项目针对现有熔融沉积成型3D打印机成型精度差、成型速度慢、成型尺寸小、打印产品容易翘起等缺陷，为了提高打印精度和稳定，做出3D打印机设计改进和创新，以达到3D打印机各部分具体功能的实现和优化。本产品的研制历经产品调研、拟定解决方案、理论设计计算、三维数字样机设计、加工制作、装配调试和性能测试等七个阶段，基于CAD/CAM/CAE信息化新技术进行三维数字样机设计，使用SolidWorks软件进行产品设计、工程分析和工程图的绘制。

本项目着力解决熔融沉积成型3D打印技术中打印产品翘起和成型尺寸小的问题，以及如何在3D打印成型精度与速度之间平衡两者间的关系。通过实验发现3D打印过程中发生翘起现象，主要因为热床的温度和打印平台的影响。本项目从热床温度和3D打印平台两方面加以改进，确定最优的热床温度工艺参数和设计出合理的3D打印平台结构，消除3D打印翘起现象。通过增大成型平台尺寸和提高3D打印速度，解决成型尺寸小的问题。

4.1　产品总体方案设计

1. 3D打印机工作原理分析

3D打印机又称三维打印机，是利用增材制造技术加工产品的一种机器，即通过CAD设计数据，采用材料逐层累加的方法，制造实体零件的机器。熔融沉积成型3D打印机是基于熔融沉积成型工艺原理的3D打印机。熔融沉积成型（Fused Deposition Modeling Molding，FDM），又称熔丝沉积成型，由美国学者Scott C博士于1988年率先提出。熔融沉积成型是最常见的一种同步送料型工艺，也是继光固化成型和叠层实体制造工艺后的另一种应用比较广泛的快速成型工艺。

熔融沉积成型3D打印机的工作原理如图4-1所示。3D打印机利用成型和支撑材料的热熔性、粘结性，在计算机控制下进行层层堆积成型。3D打印机的加热喷头在计算机的控制下，可根据截面轮廓的信息，作 X-Y 平面运动和 Z 方向的运动。材料由供丝机送至喷头，在喷头

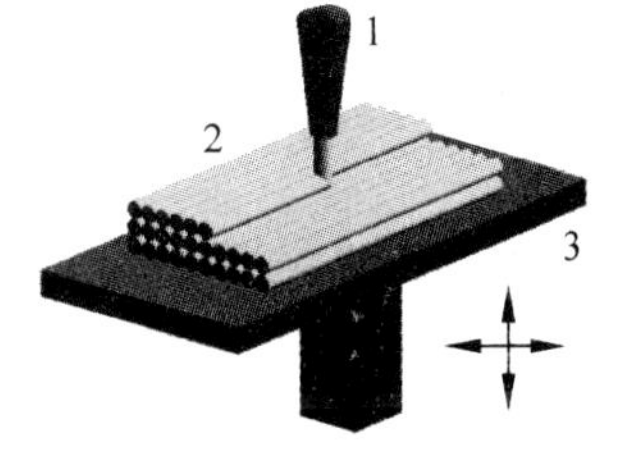

1—喷头；2—热熔材料；3—打印平台

图4-1　3D打印机工作原理示意图

中被加热熔化，喷头底部有一喷嘴供熔融的材料以一定的压力被挤出，喷头沿零件截面轮廓和填充轨迹运动时挤出材料，然后被选择性地涂覆在工作台上，快速冷却后形成截面轮廓；一层成型完成后，工作台下降一截面层的高度，再进行下一层的涂覆，并与前一层粘结并在空气中迅速固化，如此循环最终成型产品。

通过分析熔融沉积成型3D打印机原理可知，熔融沉积成型三维模型时，3D打印机喷头相对于打印平台，必须能够实现空间可控的三维运动，即喷头相对于打印平台在笛卡尔坐标系中的X、Y、Z方向，能在一定范围内实现可控的运动。

2. 主体框架方案设计

主体框架设计方案的拟定是决定喷头、打印平台运动方式和布局的前提，主体框架的设计应遵循喷头的传动机构布局上有较好的传力和动力特性，动力源与各机构的传动有利于精度的控制，此外还需要保证结构简单、打印时操作方便、容易调整、可靠稳定和制造成本低。

综合考虑以上因素，为了节省空间和实现可靠的机械运动，本设计采用H桥XY平面运动加单独Z向移动，即喷头在一个平面（XY平面）内运动，打印平台单独Z向运动。这种方案有利于降低各项运动之间的干扰，提高机械运动的可靠性和打印精度，并且该运动方式易于实现。主体框架设计方案示意图如图4-2所示。

打印平台仅需实现在Z轴方向的单向运动，但设计时需要考虑到升降系统动力的传递及整体结构布局，打印平台需要有足够的面积，并保证打印平台在升降、打印过程中的刚度和平面度要求。

3. 喷头传动系统方案设计

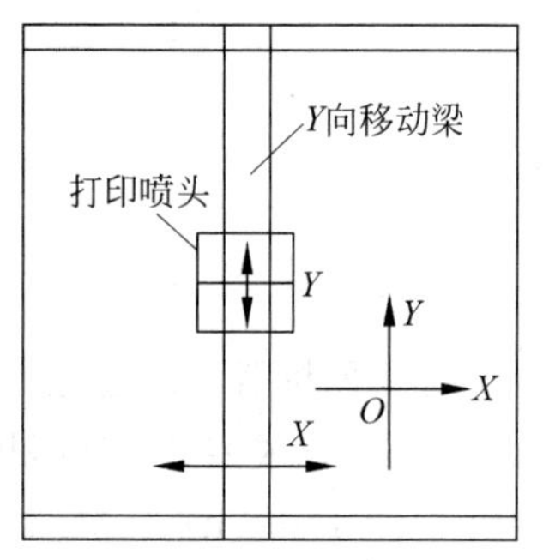

图4-2　主体框架设计方案示意图

由图4-2所示的主体框架设计方案中可以看出，打印喷头和Y向移动梁的运动方式都是两个相互垂直的X、Y方向的直线运动，在运动过程要求运动平稳、位置可控、精度高、两方向运动独立且结构简单。喷头传动系统主要有以下两种设计方案。

方案一　步进电机实现丝杆传动，步进电机的转动可以有较高的控制精度，丝杆实现步进电机的旋转运动到直线运动的转化，该方案示意图如图4-3所示。螺母与运动部件连接固定，通过控制步进电机的转动，实现螺母的直线运动，而且螺母直线运动的精度也能满足要求。这种传动方式在机电产品中是较为成熟的传动方式，数控机床也是使用这种传动方式。

方案二　由步进电机实现同步带传动，步进电机的转动带动同步带运动，同步带的某一位置与执行部件连接固定，由于同步带在运动过程中在一定范围内是直线运动，因此，通过控制步进电机来实现固定块在一定范围内里的直线运动。该方案示意图如图4-4所示。

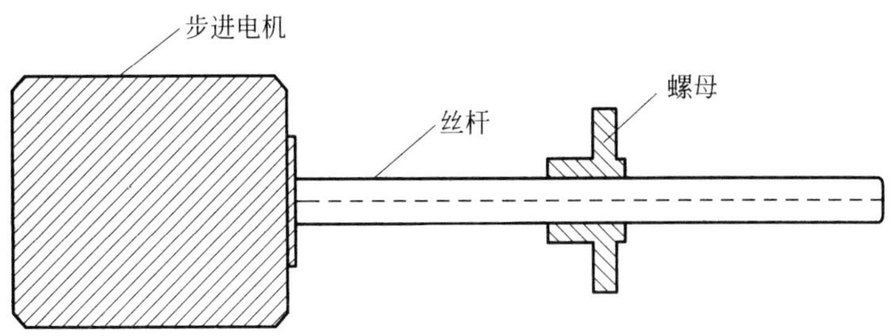

图 4-3　喷头传动系统设计方案一

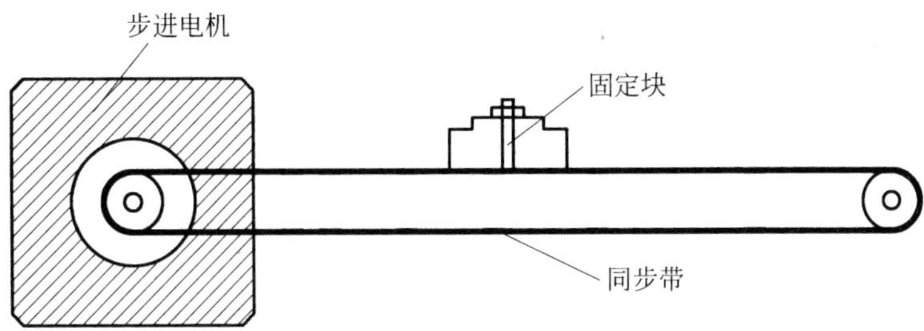

图 4-4　喷头传动系统设计方案二

4. 打印平台传动系统方案设计

打印平台在升降过程中必须保持平稳，因此，打印平台传动系统的设计需要具有较好的稳定性和微控性能，且动力传递易于实现，其设计方案如图 4-5 所示。该方案采用四对直线轴承和四根光轴来支撑打印平台，以保证打印平台在升降过程的稳定和水平，采用两个升降丝杆驱动打印平台的升降。该设计方案在打印平台的工作平面较大时，可以保证打印平台的刚度，以提高 3D 打印机的打印精度。

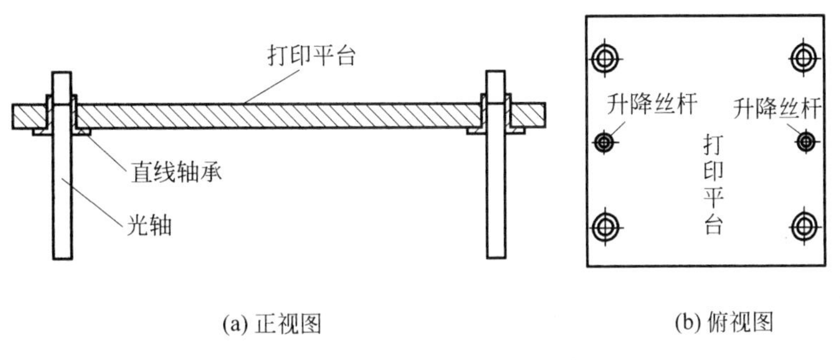

图 4-5　打印平台传动系统设计方案

5. 设计方案的选择与拟定

(1) 设计方案的选择

在设计喷头运动系统时，可以考虑两种动力传递方案，一种是采用丝杆传动方式，另一种是采用同步带传动方式，在设计方案选择时需综合考虑运动部件的稳定性、可靠性及动力源的传递特性，考虑其结构是否简单以及实现的难易程度和经济成本。喷头运动系统两种动力传递方案评价见表 4-1。

表 4-1 喷头运动系统两种动力传递方案评价

项目	传动精度	可行性	可靠性	成本
丝杆传动	优秀	良好	优秀	中等
同步带传动	良好	优秀	良好	优秀

采用丝杆传动方式达到较高精度时，成本将大幅度提高，且增加了设备的自身重量，从而提高了制作成本，设计相对较为复杂，且不利于 3D 打印机的搬动；同步带传动方式则具有较高的可行性和较低的成本，且其精度、可靠性均可满足设备的要求。综上分析，喷头运动系统决定采用同步带传动方式。

(2) 总体结构方案设计

在完成各个方案的选定后，按比例绘制打印机的总体方案简图，以反映各部件的几何尺寸和运动特性。本项目所构思的 3D 打印机的总体结构方案设计，如图 4-6 所示。所设计的 3D 打印机由机架 6、*X* 轴运动机构 1、*Z* 轴运动机构 3、*Y* 轴运动机构 2、喷头机构 7、工作台 5 以及控制系统 4 组成。3D 打印机的机架 6 为开放式结构，包括上下和四周的框杆、底部线箱支撑架和箱体侧板，为整机提供稳定的支撑。

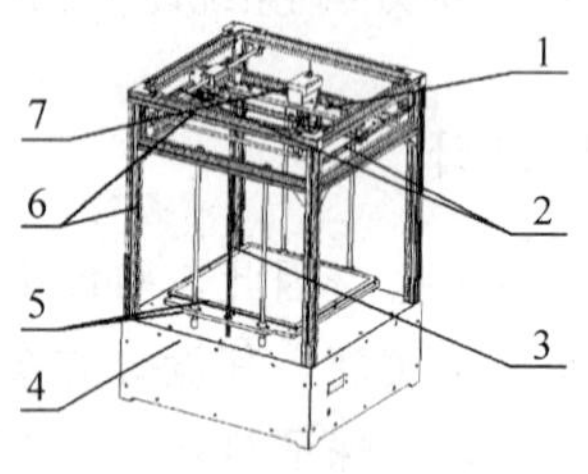

1—*X* 轴运动机构；2—*Y* 轴运动机构；3—*Z* 轴运动机构；4—控制系统；5—工作台；6—机架；7—喷头机构

图 4-6 3D 打印机的总体结构方案

4.2 产品结构设计

1. 标准件的选择

在完成产品各部件的具体设计之前，需要对产品所需的标准件进行选择，确定其相关的参数为后面的部件设计提供数据支持，在选择标准件时需要考虑其相关的参数是否满足设计要求以及成本等因素。主要标准件相关参数选择见表 4-2。

表 4-2 主要标准件相关参数选择

项目	主要参数	备注
步进电机	2 相 42 步，机身长 47mm	标准版
同步带	2GT，齿距 2mm	
升降丝杆	直径 8mm，导程 8mm	不锈钢材质
喷嘴	挤出孔直径 0.4mm	黄铜材质
框架型材	3030 标准铝合金型材	GB/T6892—2006

2. 产品结构详细设计

（1）X 轴运动机构设计

X 轴运动机构主要实现 3D 打印机的喷头机构在 X 方向的前后运动。X 轴运动机构设计时要求其运动平稳，并且具有良好的微控性能，适用同步带传动，传动精度高，结构紧凑，运动可靠。在设计时需考虑打印机的整体布局及各标准件的安装位置和整体的安装顺序。

如图 4-7 所示，3D 打印机的 X 轴运动机构 1，包括 X 轴横梁 1-c、X 轴齿形同步轮 1-j、X 轴同步带 1-e、X 轴步进电机 1-i。X 轴横梁 1-c 安装在机架 6 左右两侧的光杆上，并在横梁 1-c 下方安装有滑槽导轨 1-d 和滑块 1-h。X 轴步进电机 1-i 和 X 轴齿形同步轮 1-j 安装在横梁 1-c 的两侧，X 轴同步带 1-e 安装在 X 轴齿形同步轮 1-j 上，且喷头 7 装夹在 X 轴同步带 1-e 上。通过 X 轴横梁 1-c 通过固定安装在其两端的 X 轴滑套 1-b 及与之配合的部件 1-a，纵向垂直可滑动地安装在两个 Y 向机架光轴上，两个 Y 向机架光轴沿 Y 轴固定在机架 6 靠近顶部的框杆上。X 轴横梁 1-c 的下部设置 X 轴导轨 1-d，X 轴导轨 1-d 通过部件 1-k、1-l、1-m 等固定在 X 轴横梁 1-c 上喷头机构 7，X 轴导轨 1-d 上配合安装有 X 轴滑块 1-h，X 轴滑块 1-h 上固定连接，X 轴横梁 1-c 的下部还设置有 X 轴同步带 1-e，X 轴同步带 1-e 一端与固定安装在 X 轴横梁 1-c 上的 X 轴步进电机 1-i 及由该电机驱动的齿形同步轮 1-j 连接，X 轴同步带 1-e 的另一端则与部件 1-f 配合，部件 1-f、1-g 等配合安装在 X 轴横梁 1-c 的端部。X 轴同步带 1-e 通过 X 轴滑块 1-h 与喷头机构 7 固定连接，且 X 轴同步带 1-e 安装在齿形同步轮 1-j 上。同时 X 轴滑块 1-h 与 X 轴导轨 1-d 和喷头机构 7 固定连接，当 X 轴步进电机 1-i 转动时带动齿形同步轮 1-j 转动，继而带动 X 轴同步带 1-e 转动，X 轴滑块 1-h 在 X 轴同步带 1-e 的牵引下沿 X 轴导轨 1-d 导向下做前后运动。

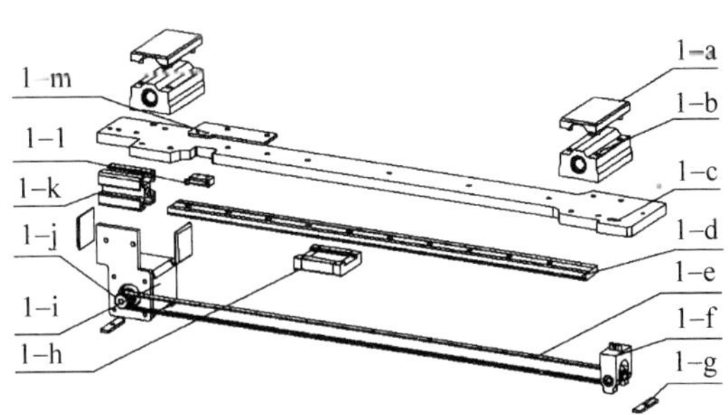

图 4-7　X 轴运动机构 1 示意图

（2）Y 轴运动机构设计

Y 轴运动机构主要实现 3D 打印机的喷头机构在 Y 方向的左右运动。Y 轴运动机构设计时的要求与 X 轴运动机构设计设计时的要求相同。

如图 4-8 所示，3D 打印机的 Y 轴运动机构 2 安装在机架 6 上。Y 轴步进电机 2-a 和 Y 轴同步轮 2-b 分别安装在左右 Y 轴固定板 2-e 上，X 轴横梁 1-c 通过 Y 轴固定块 2-d 与 Y 轴齿形同步带 2-c 固定连接，X 轴横梁 1-c 同时还与机架光轴连接。当 Y 轴步进电机 2-a 转动并带动 Y 轴同步带 2-c 转动时，X 轴横梁 1-c 在 Y 轴同步带 2-c 的牵引和 X 轴滑套 1-b 的导向作用下做左右运动。

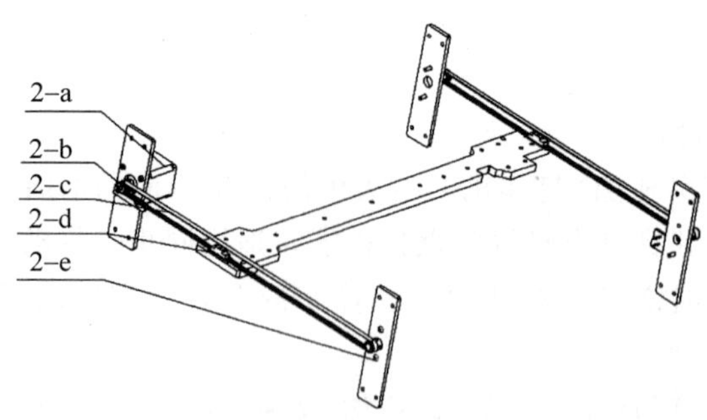

图 4-8　Y 轴运动机构 2 示意图

（3）Z 轴运动机构设计

Z 轴运动机构主要实现 3D 打印机的工作台在 Z 方向的上下升降运动，设计时要求运动平稳，有良好的微控性能、运动特和性承载能力，整体结构有利于动力传递和布局，与喷头有较大的相对空间。步进电机和两侧的齿形同步轮呈三角形布局，三个齿形同步轮通过同步带连接，由步进电机驱动将动力均匀传递给两侧的丝杆，使两侧的丝杆在运动时旋转圈数保持一致，从而实现工作台平稳的升降运动。增加由张紧板和两个螺栓轴承组成的同步带张紧机构，该机构具有调节松紧的作用，能在一定范围内适应多种不同规格的同步带使用。

如图 4-9 所示，3D 打印机的 Z 轴运动机构 3 布置在机架左右两侧上，工作台 5 在 Z 轴运动机构 3 作用下实现上下运动。Z 轴步进电机 3-e 固定在玻璃板 3-d 上，丝杆 3-b 和 Z 轴光轴 3-c 两端也固定在机架上，Z 轴步进电机 3-e 通过同步带 3-f 驱动丝杆 3-b 端部的齿形同步轮 3-g，热床 5-f 分别同时和丝杆螺母 5-i、光轴轴套 5-j 固定连接，当 Z 轴步进电机 3-e 转动时，同步带 3-f 带动丝杆 3-b 转动，热床 5-f 在丝杆螺母 5-i 的牵引和光轴轴套 5-j 的导向作用下做上下运动。

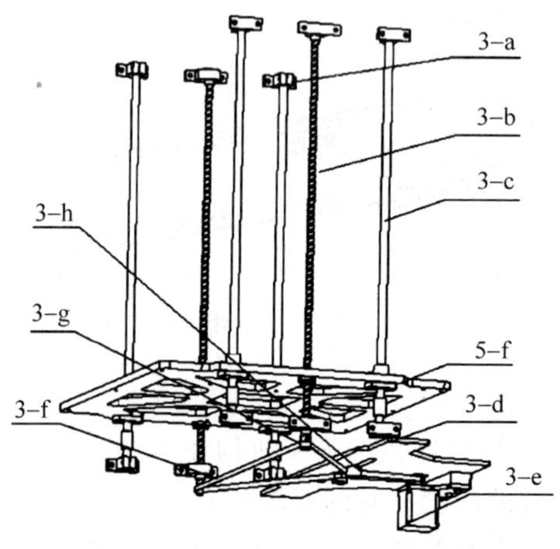

图 4-9　Z 轴运动机构 3 示意图

（4）工作台结构设计

工作台的性能是影响打印机的成型精度的重要因素，包括工作台受热的均匀程度、刚度、平面度以及运动时的平稳性和微调、微动性能，都对打印效果有直接的影响。设计时需要考虑其加热和如何均匀受热，消除在运动时的抖动现象，平台的微调、微动，有效尺寸和整体安装等因素。

工作台结构三维数字模型如图 4-10 所示。工作台结构示意图如图 4-11 所示。工作台 5 包括热床 5-f、丝杆螺母 5-i 两个、光轴套 5-j 四个、加热块 5-h、导热板 5-g、平衡板 5-d、工作板 5-a、限位框 5-b、螺钉 5-c 和弹簧 5-e 若干。丝杆螺母 5-i 光轴套 5-j 安装在热床 5-f 上，热床 5-f 中心按米字形挖空。加热块 5-h 通过螺钉 5-c 固定在导热板 5-g 上，导热板 5-g 则固定在热床 5-f 上。工作板 5-a 安装在限位框 5-b 内，限位框 5-b 则通过螺钉 5-c 紧固在平衡板 5-d 上。平衡板 5-d 通过螺钉 5-c 固定在热床 5-f 上，并在螺钉 5-c 上套有弹簧 5-e。

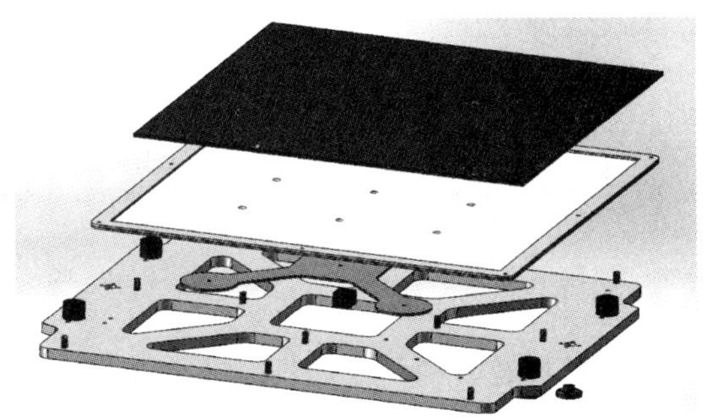

图 4-10　工作台三维数字模型

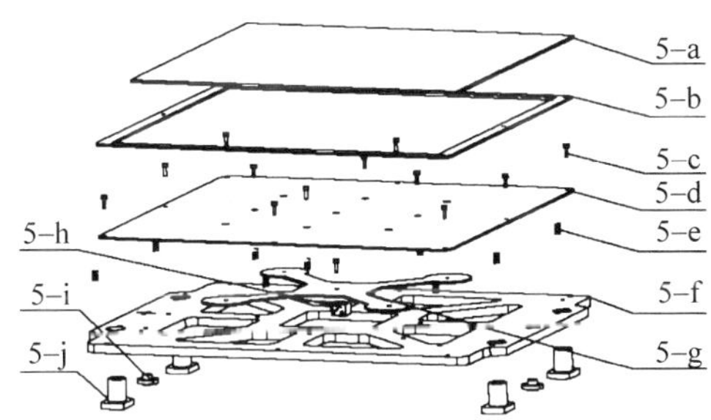

图 4-11　工作台结构示意图

通过调节螺钉可以实现工作板的微调和微动功能，在热床与平衡板之间增加 X 形纯铜导热板使工作板受热更加均匀，从而有效地减少打印时零件翘起现象。

（5）喷头机构结构设计

喷头机构是 3D 打印机的核心部件之一，其送料性能对产品的成型精度有直接的影响，本设计对喷头机构的结构做了整体的优化。挤出机设计时考虑到送料、挤出、散热、空间布局和安装等多种因素，将占用空间较大的步进电机纵向放置，从而有效地节省了喷头的横向空间，并加大了打印机的成型尺寸。喷头机构整体结构紧凑，送料稳定可靠，其三维数字模型如图 4-12 所示。

喷头机构的结构示意图如图 4-13 所示，3D 打印机的喷头机构 7 布置在 X 轴横梁 1-c 上，步进电机 7-k 固定在支撑板 7-j 上，进丝齿轮 7-d 安装在步进电机 7-k 的伸出轴上。两滚轮 7-e 安装在内滚轮支架 7-l 上。散热风扇 7-i 正对着散热片 7-f 并固定在支撑板 7-j 上，喷嘴 7-h 安装在加热块 7-g 内。工作时，步进电机 7-k 转动时带动电机轴上的进丝齿轮 7-d 转动，卡在进丝齿轮 7-d 和进丝滚轮 7-e 之间的丝料在进丝齿轮 7-d 转矩的驱动下，进入加热块 7-g 中，在加热块 7-g 的作用下丝料被融化，融化的丝料在后续丝料的推动下进入喷嘴 7-h，并从喷嘴 7-h 中喷出在工作板 5-a 上堆积成型。

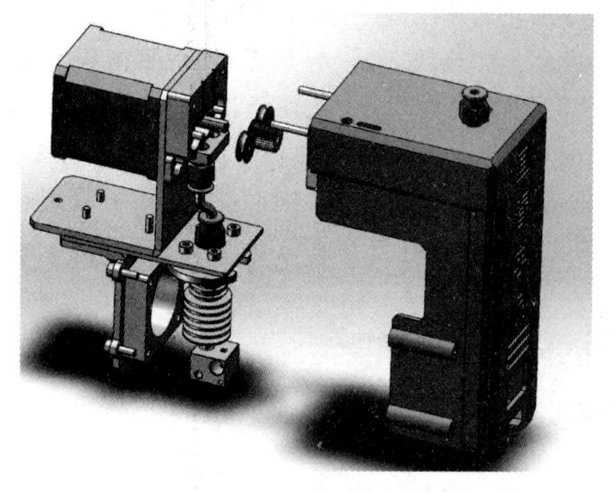

图 4-12　喷头机构的三维数字模型

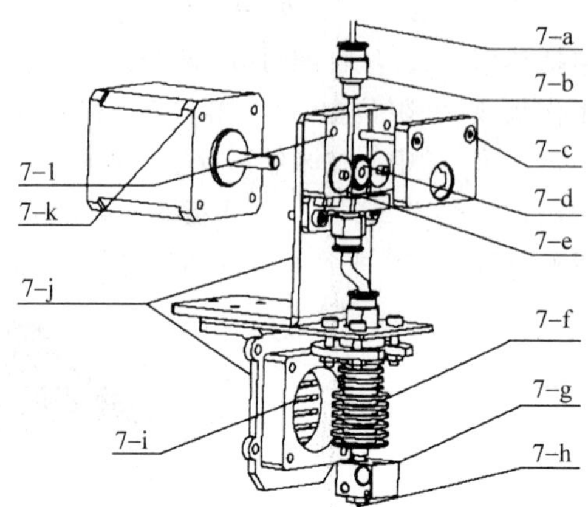

图 4-13　喷头机构的结构示意图

在工作时步进电机带动进丝齿轮转动，使丝料前进或后退达到挤出、回退的功能。调节进丝齿轮与进丝滚轮的中心距，使得喷头机构可以适用于直径为 1.75mm 和 3mm 两种不同的丝材。

3. 电路控制设计

(1) 主控制电路板板设计

3D 打印机在打印时各个运动部件均由步进电机驱动，各个步进电机工作时需用控制系统控制其运行，*X* 轴、*Y* 轴、*Z* 轴运动机构和喷头机构上的四个步进电机的运动是通过固件、路径代码和控制器的共同协调控制下完成。电路控制板设计时需考虑和现有固件类型的匹配、处理芯片的选择、上位机软件的数据接口、步进电机驱动电路及各种保护措施。

3D 打印机的主控制板原理图如图 4-14 所示，主控制板主要包括 ATMAGE 2560 芯片处理器和 5 个 A4988 步进电机驱动接口（X、Y、Z、E0、E1），支持 1602 液晶屏和按键操作，支持 Marin 固件写入。

(2) 打印机检测电路板设计

为了保证机器长时间工作的稳定性，设计一个独立的检测板及时检测 3D 打印机的工作状态，检测内容包括检测开关电源、ATMAGE 2560 和四个 4A988 芯片的温度、检测丝材的有无和控制散热风扇的转速，其电路图如图 4-15 所示。

检测板以 8051 单片机作为控制器，支持 5 点温度检测、蜂鸣报警、风扇转速控制、丝材检测、1602 液晶显示和按键操作，采用与主控制板独立的设计方式，以提高 3D 打印机的稳定性。

(3) 丝材检测机构设计

丝材检测机构设计目的在于使 3D 打印机在工作时，可以检测丝材的有无且能够及时报警，防止在打印过程中出现断料现象，具体结构如图 4-16 所示。

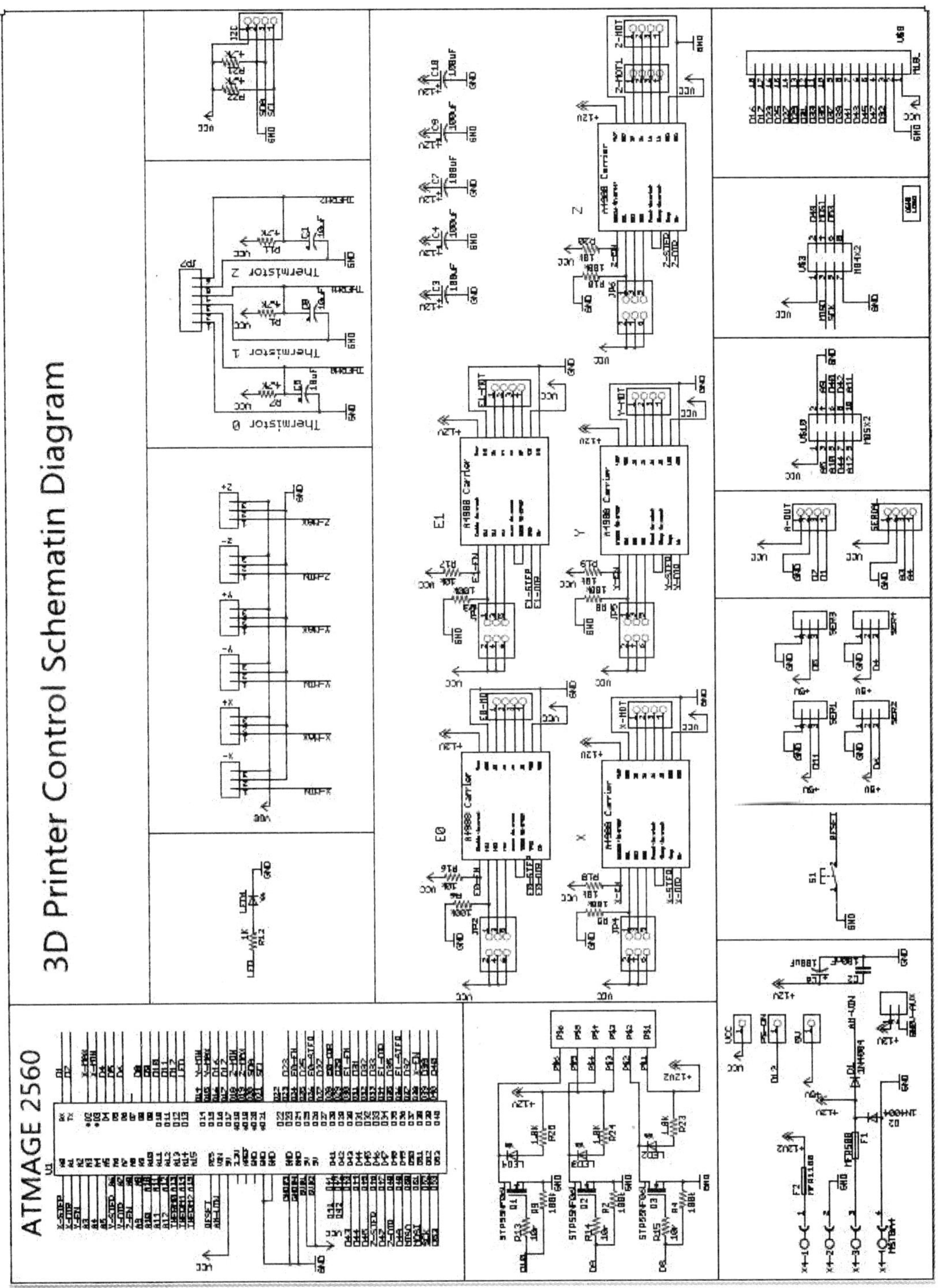

图 4-14　3D 打印机的主控制板原理图

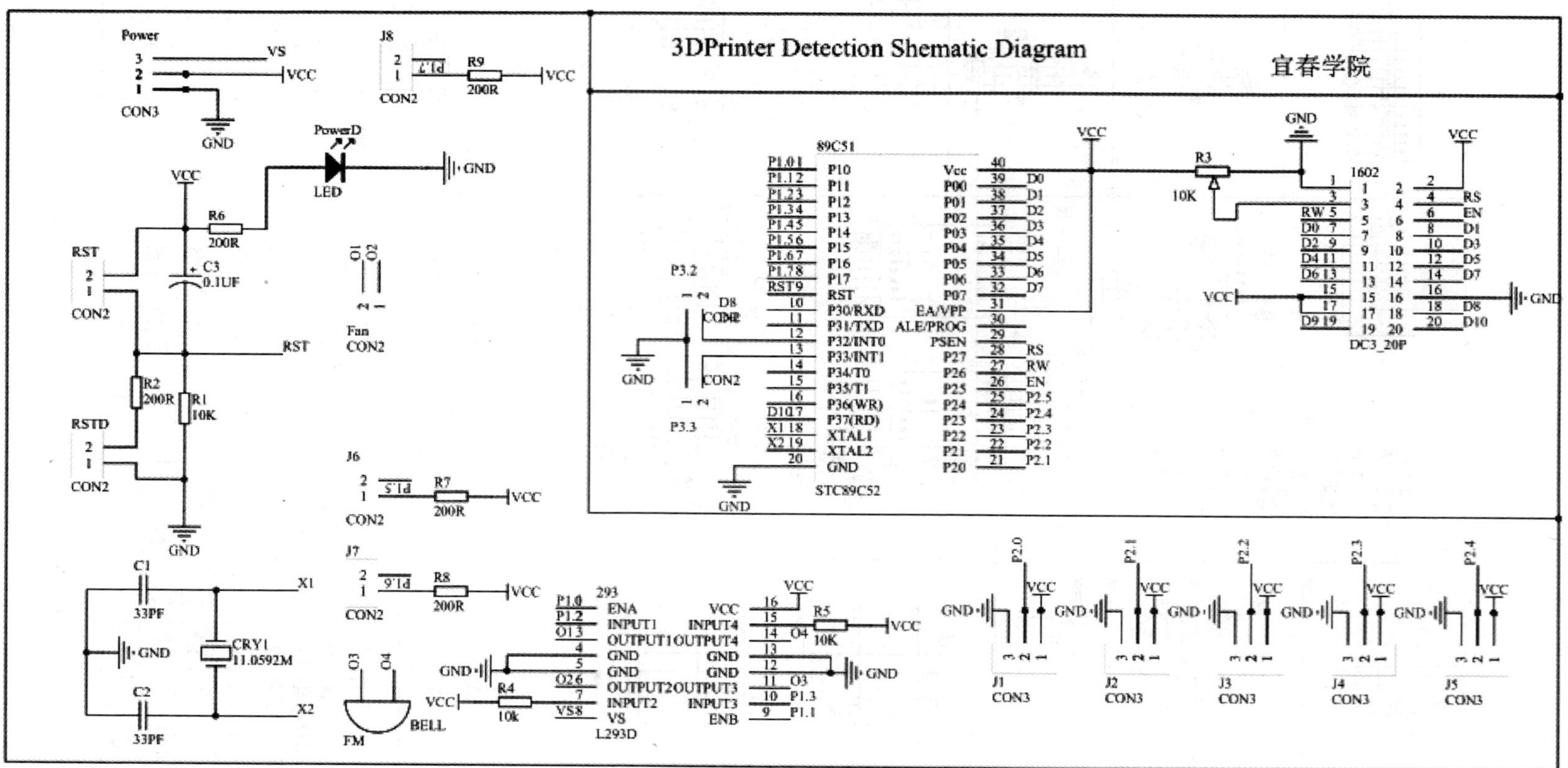

图 4-15　3D 打印机检测板的电路图

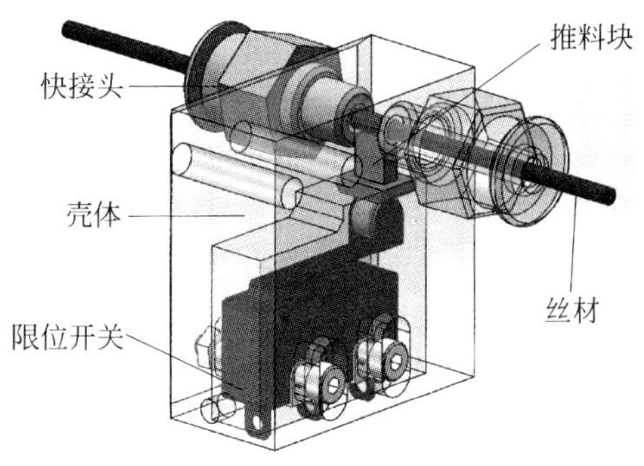

图 4-16　丝材检测机构

当丝材供应正常时，推料块使限位开关闭合，常开触点接通工作正常。当无料时推料块向上运动，限位开关回复自然状态，常闭触点接通。单片机通过检测两种触点是否接通，来判断丝材的有无，从而达到检测丝材有无的目的。

4. 固件参数的配置

为适应所研制 3D 打印机的工作需要，需对开源的 Marin 固件进行相关参数的设置，包括波特率、热敏电阻类型、每毫米步进电机步数、限位开关、温度上限和 X、Y、Z 方向移动范围极限等参数的设置。上述主要参数的设置如下：

```
#ifndef CONFIGURATION_H
#define CONFIGURATION_H
#define STRING_VERSION_CONFIG_H __DATE__ " " __TIME__
#define STRING_CONFIG_H_AUTHOR "(none,default config)"
#define SERIAL_PORT 0
#define BAUDRATE 250000
DEFINES=AT90USBxx_TEENSYPP_ASSIGNMENTS HARDWARE_MOTHERBOARD
#ifndef MOTHERBOARD
#define MOTHERBOARD 33
#define EXTRUDERS 1
#define POWER_SUPPLY 1
ORMAL IS 4.7kohm PULLUP!
#define TEMP_SENSOR_0 1
#define TEMP_SENSOR_1 0
#define TEMP_SENSOR_2 0
#define TEMP_SENSOR_BED 1
#define MAX_REDUNDANT_TEMP_SENSOR_DIFF 10
M109
#define TEMP_RESIDENCY_TIME 10
#define TEMP_HYSTERESIS 3
#define TEMP_WINDOW     1
heater will not be enabled It is used
#define HEATER_0_MINTEMP 5
#define HEATER_1_MINTEMP 5
#define HEATER_2_MINTEMP 5
#define BED_MINTEMP 5
```

```
# define HEATER _ 0 _ MAXTEMP 275
# define HEATER _ 1 _ MAXTEMP 275
# define HEATER _ 2 _ MAXTEMP 275
# define BED _ MAXTEMP 150
# define PIDTEMP
# define BANG _ MAX 255
# define PID _ MAX 255
# ifdef PIDTEMP
# define PID _ FUNCTIONAL _ RANGE 10
# define PID _ INTEGRAL _ DRIVE _ MAX 255
# define K1 0. 95
# define PID _ dT ((OVERSAMPLENR * 8. 0)/(F _ CPU / 64. 0 / 256. 0))
# define DEFAULT _ Kp 22. 2
# define DEFAULT _ Ki 1. 08
# define DEFAULT _ Kd 114
# define MAX _ BED _ POWER 255
# ifdef PIDTEMPBED
# define DEFAULT _ bedKp 10. 00
# define DEFAULT _ bedKi . 023
# define DEFAULT _ bedKd 305. 4
# define PREVENT _ DANGEROUS _ EXTRUDE
# define PREVENT _ LENGTHY _ EXTRUDE
# define EXTRUDE _ MINTEMP 170
# define EXTRUDE _ MAXLENGTH (X _ MAX _ LENGTH+Y _ MAX _ LENGTH)
THERMAL _ RUNAWAY _ PROTECTION _ HYSTERESIS).
# ifndef ENDSTOPPULLUPS
ENDSTOPPULLUPS is defined
# ifdef ENDSTOPPULLUPS
# define ENDSTOPPULLUP _ XMAX
# define ENDSTOPPULLUP _ YMAX
# define ENDSTOPPULLUP _ ZMAX
# define ENDSTOPPULLUP _ XMIN
# define ENDSTOPPULLUP _ YMIN
# define ENDSTOPPULLUP _ ZMIN
const bool Z _ MIN _ ENDSTOP _ INVERTING = true;
const bool X _ MAX _ ENDSTOP _ INVERTING = true;
const bool Y _ MAX _ ENDSTOP _ INVERTING = true;
const bool Z _ MAX _ ENDSTOP _ INVERTING = true;
# if defined(COREXY) && !defined(DISABLE _ MAX _ ENDSTOPS)
# define DISABLE _ MAX _ ENDSTOPS
# define X _ ENABLE _ ON 0
# define Y _ ENABLE _ ON 0
# define Z _ ENABLE _ ON 0
# define E _ ENABLE _ ON 0
# define DISABLE _ X false
# define DISABLE _ Y false
# define DISABLE _ Z false
# define DISABLE _ E false
# define DISABLE _ INACTIVE _ EXTRUDER true
# define INVERT _ X _ DIR false # define INVERT _ Y _ DIR false
# define INVERT _ Z _ DIR true
```

```
#define INVERT_E0_DIR true #define INVERT_E1_DIR false
#define INVERT_E2_DIR false
#define X_HOME_DIR -1
#define Y_HOME_DIR -1
#define Z_HOME_DIR 1
#define min_software_endstops true
#define max_software_endstops true
#define X_MAX_POS 286
#define X_MIN_POS 0
#define Y_MAX_POS 320
#define Y_MIN_POS 0
#define Z_MAX_POS 402
#define Z_MIN_POS 0
#define X_MAX_LENGTH (X_MAX_POS-X_MIN_POS)
#define Y_MAX_LENGTH (Y_MAX_POS-Y_MIN_POS)
#define Z_MAX_LENGTH (Z_MAX_POS-Z_MIN_POS)
#define Z_PROBE_REPEATABILITY_TEST
#ifdef ENABLE_AUTO_BED_LEVELING
#define LEFT_PROBE_BED_POSITION 15
#define RIGHT_PROBE_BED_POSITION 170
#define BACK_PROBE_BED_POSITION 180
#define FRONT_PROBE_BED_POSITION 20
#define AUTO_BED_LEVELING_GRID_POINTS 2
#define ABL_PROBE_PT_1_X 15
#define ABL_PROBE_PT_1_Y 180
#define ABL_PROBE_PT_2_X 15
#define ABL_PROBE_PT_2_Y 20
#define ABL_PROBE_PT_3_X 170
#define ABL_PROBE_PT_3_Y 20
#define X_PROBE_OFFSET_FROM_EXTRUDER -25
#definc Y_PROBE_OFFSET_FROM_EXTRUDER -29
#define Z_PROBE_OFFSET_FROM_EXTRUDER -12.35
#define Z_RAISE_BEFORE_HOMING
#define XY_TRAVEL_SPEED 8000
#define Z_RAISE_BEFORE_PROBING 15
#define Z_RAISE_BETWEEN_PROBINGS 5
#ifdef Z_SAFE_HOMING
#define Z_SAFE_HOMING_X_POINT (X_MAX_LENGTH/2)
#define Z_SAFE_HOMING_Y_POINT (Y_MAX_LENGTH/2)
#define MANUAL_X_HOME_POS 0
#define MANUAL_Y_HOME_POS 0
#define MANUAL_Z_HOME_POS 0
#define NUM_AXIS 4
#define HOMING_FEEDRATE {50*60,50*60,50*60,0}
#define DEFAULT_AXIS_STEPS_PER_UNIT{80,80,400,89}
#define DEFAULT_MAX_FEEDRATE          {80,80,8,80}
#define DEFAULT_MAX_ACCELERATION      {9000,9000,100,10000}
#define DEFAULT_ACCELERATION          3000
#define DEFAULT_RETRACT_ACCELERATION  3000
#define DEFAULT_XYJERK                20.0
#define DEFAULT_ZJERK                 0.4
```

```
#define DEFAULT_EJERK                5.0
#define CUSTOM_M_CODES
#ifdef CUSTOM_M_CODES
#define CUSTOM_M_CODE_SET_Z_PROBE_OFFSET 851
#define Z_PROBE_OFFSET_RANGE_MIN -15
#define Z_PROBE_OFFSET_RANGE_MAX -5
#endif
#define PLA_PREHEAT_HOTEND_TEMP 180
#define PLA_PREHEAT_HPB_TEMP 50
#define PLA_PREHEAT_FAN_SPEED 255
#define ABS_PREHEAT_HOTEND_TEMP 240
#define ABS_PREHEAT_HPB_TEMP 50
#define ABS_PREHEAT_FAN_SPEED 255
```

5. 上位机软件参数的配置

(1) 上位机软件参数的配置

一般 3D 打印机工作时需要与个人计算机共同完成打印工作，个人计算机对 3D 打印机控制需依赖相应的软件来完成，实现对 3D 打印机有关参数的修改、代码写入、运动控制等操作。本设计使用 Repetier-Host 上位机控制软件，相应参数的配置分别如图 4-17 和图 4-18 所示。

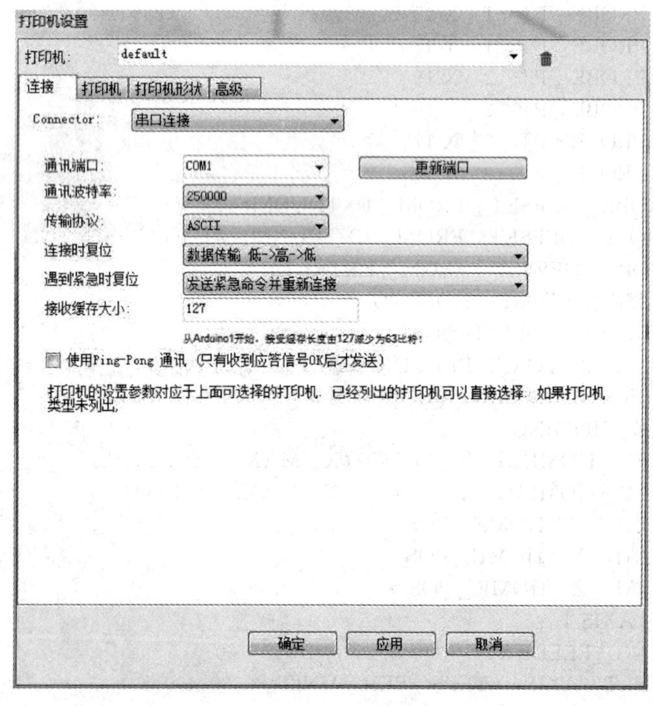

图 4-17 波特率设置

(2) 切片软件 Slic3r 参数的配置

由 3D 打印机的工作原理可知，3D 打印机在打印每层时，喷头的运动轨迹是由三维模型生成的轨迹代码进行实时控制，因此，需要独立的软件来完成三维模型的分层，并生

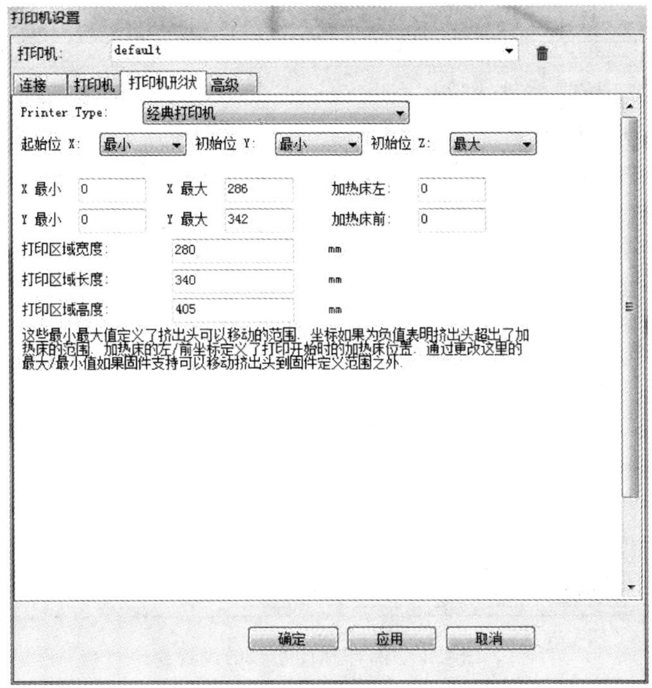

图 4-18　运动尺寸设置

成打印层及支撑层的各层轨迹代码。

本设计采用 Slic3r 分层软件，Slic3r 是一种优秀的开源分层软件，其参数设置灵活，适应多种平台使用。其主要参数设置如图 4-19 至图 4-22 所示。

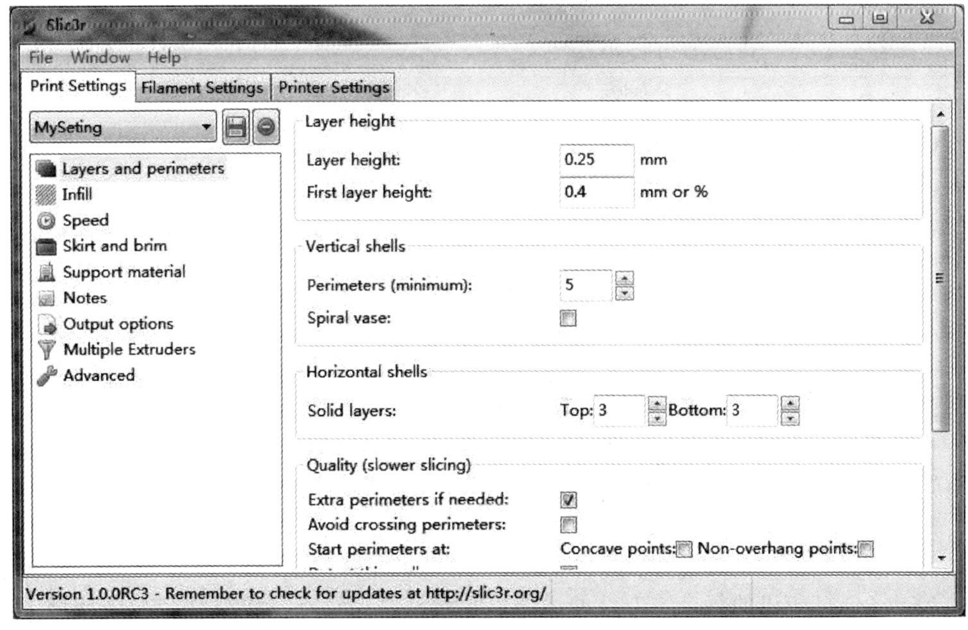

图 4-19　层、边界参数的设置

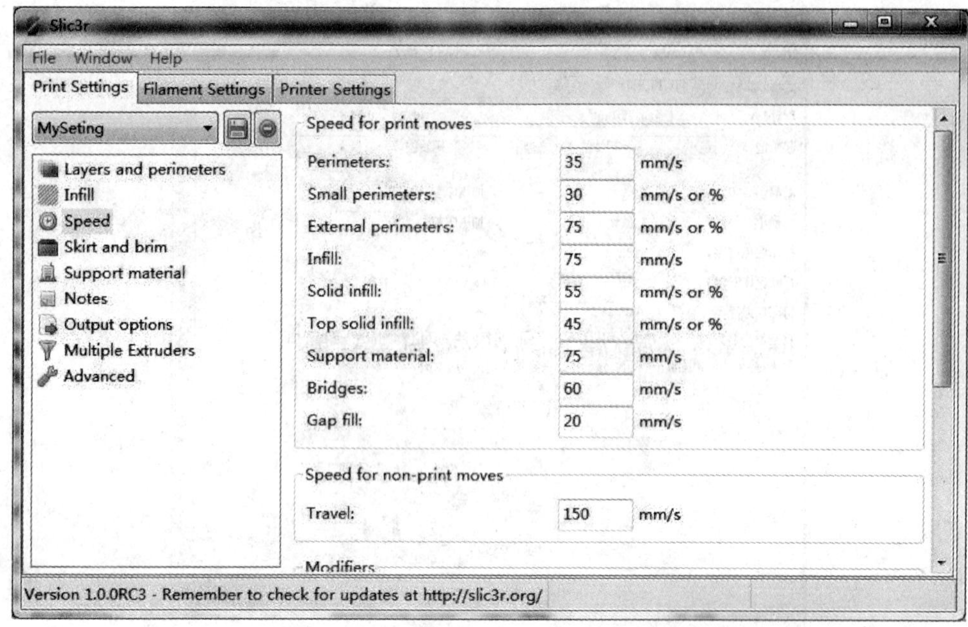

图 4-20　打印速度参数的设置

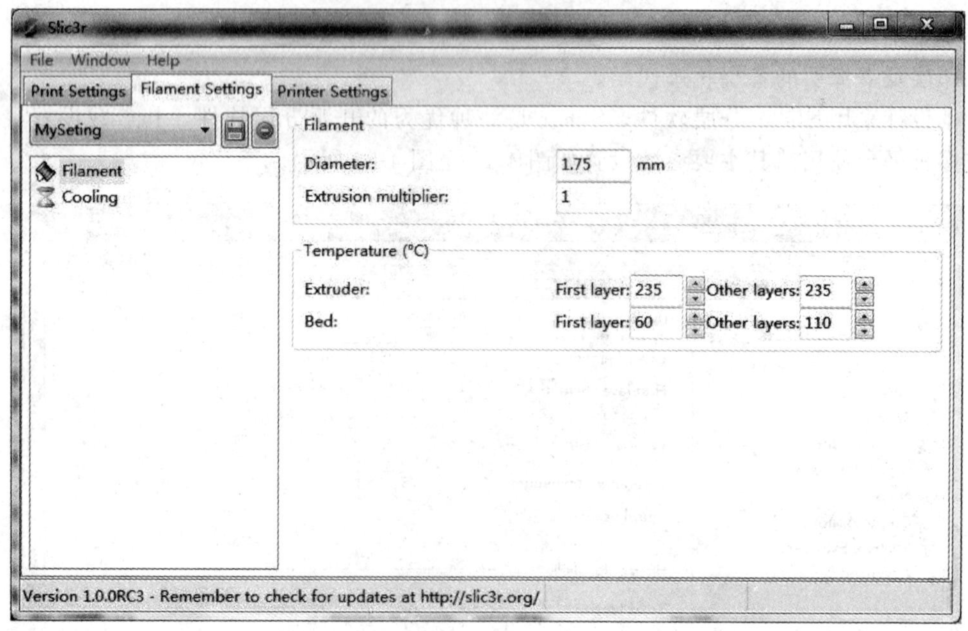

图 4-21　丝材属性与温度参数的设置

6. 装配图的设计与绘制

在完成 3D 打印机的每个零部件的详细尺寸设计之后，在三维软件装配体环境下，完成三维数字样机的装配，以及装配体工程图的绘制。三维数字样机装配模型如图 4-23 所示。

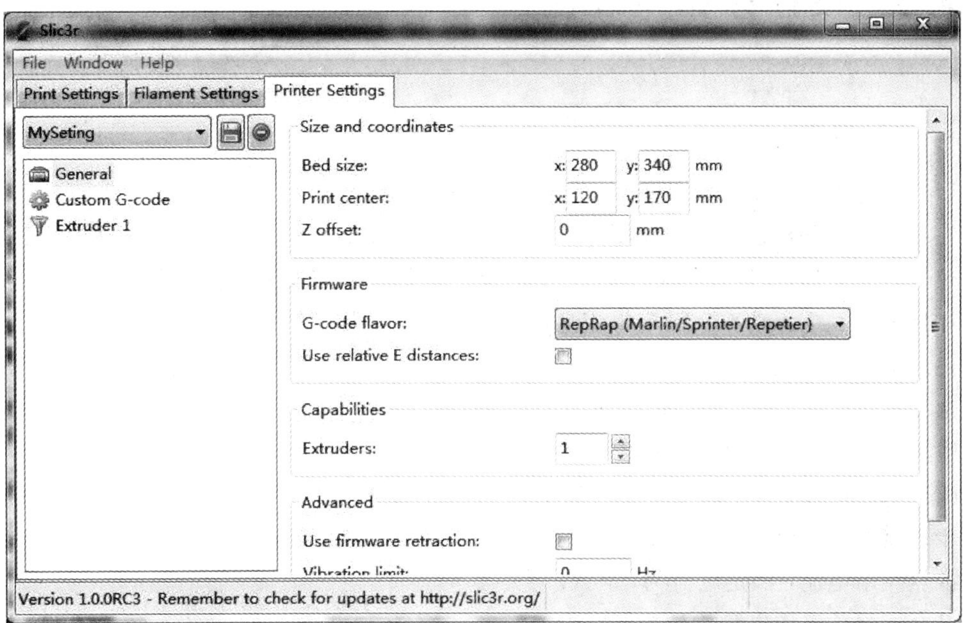

图 4-22 硬件软件匹配参数的设置

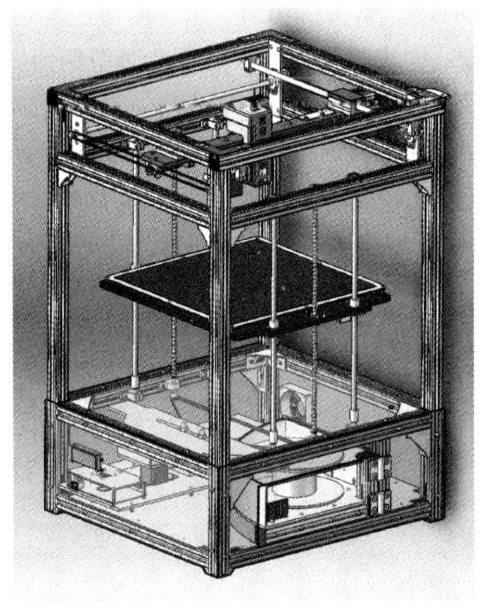

图 4-23 三维数字样机装配模型

4.3 设计计算与校核

1. 设计计算

(1) 主板总电流大小的计算

在主控制电路板设计时，需要考虑到承载较大电流的敷铜面积，相关元器件的选择以及发热器件的布局。3D打印主控制电路板由于喷头、热床加热时会产生过大的电流，因此，在导线的、电源功率、额定电流选择时避免过载损坏设备。

热床加热头参数：24V、40W；

热床额定电流：$I_r=40/24=1.67$A；

喷头加热头参数：24V、40W；

喷头额定电流：$I_p=40/24=1.67$A；

步进电机额定电流：$I_b=1.5$A；

散热风扇电流：额定电流为1.5A；

其余元器件工作电流估计为：1.5A；

总电流 $I_z=3.3+1.67+1.5\text{x}5+2+1.5=13.84$A。

(2) 步进电机每毫米步数计算

由上述设计方案可知，X、Y 方向移动是通过节距2mm的同步带驱动，Z 轴热床运动时通过导程8mm的丝杆驱动，喷头机构的挤出速度与送料轮直径有关。

步进电机步进角为1.8°；同步轮齿数为20；同步带节距为2mm；驱动器细分数为16；丝杆导出为8mm；送料轮直径为11.2mm。

X、Y 方向移动1mm步进电机所需步数：

步数=360/1.8×细分/（节距×齿数）$n_1=360/1.8\times16/(2\times20)=80$ 步

Z 轴方向移动1mm步进电机所需步数：

步数=360/1.8×细分/螺距

$$n_2=360/1.8\times16/8=400 \text{ 步}$$

挤出机步进电机送料1mm所需步数：

步数=360/1.8×细分/周长

$$n_3=360/1.8\times16/(2\times3.14\times5.6)=91 \text{ 步}$$

2. 分析与设计校核

(1) 横梁部件有限元分析

横梁部件包括 X 轴横梁和直线导轨，作为喷头机构在 X 轴方向运动的载体，由于 X 轴横梁的刚性对打印精度有较大的影响，设计其几何形状和几何尺寸时，要求在极限载荷时形变量小于0.1mm。以下是基于SolidWorks Simulation对 X 轴横梁部件的静力有限元分析。图4-24是在 X 轴横梁部件在受500N静压力下，有限元计算得出的形变分布图。由图可知形变最大的位置在 X 轴横梁的中部为 $7.52e^{-2}$mm<0.1mm，X 轴横梁满足设计要求。

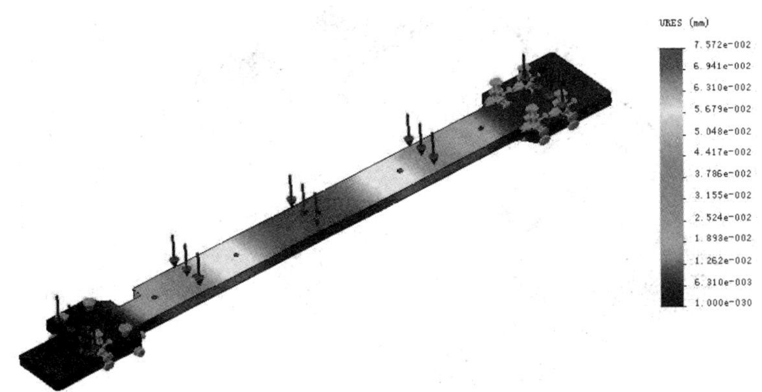

图 4-24　X 轴横梁的有限元分析

(2) X 光轴的有限元分析

X 光轴也是受力较大的零件，其形变程度对 3D 打印精度有较大的影响。由于光轴是标准零件，因此在选择其相关参数时需要考虑到受力时光轴的形变量。以下是基于 SolidWorks Simulation 模拟 X 光轴在实际工作中受力后的形变程度，如图 4-25 所示。

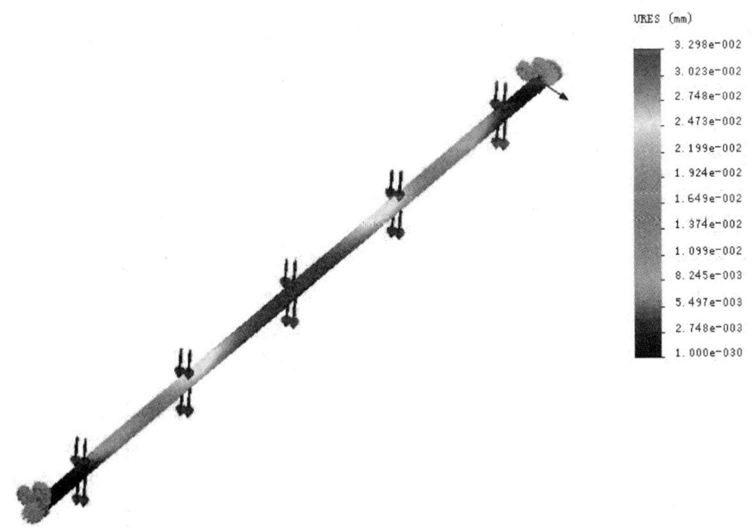

图 4-25　X 光轴在实际工作中受力后的形变

(3) 热床的有限元分析

热床作为成型时的支撑部件，要求其具有良好的刚性，即热床受力后形变量在要求范围内，设计时要求热床最大变形量不得超过 0.1mm。图 4-26 是在 SolidWorks Simulation 环境中模拟热床在实际工作中受力后的形变情况。

如图 4-26 所示也是热床骨架在受 300N 静压力的形变位移分布图，由图可知最大形变位移为 $2.28e^{-2}$mm<0.1mm，设计满足要求。

图 4-26　热床在实际工作中受力后的形变

（4）热床的热力学分析

热床是 3D 打印时工作平台中的重要零件，在打印时需要对热床加热至一定的温度，防止在打印过程中零件翘起影响打印质量。由于热床面积较大，采用传统的加热方式难以实现热床和工作板的均匀受热。

在设计中增加 X 型纯铜导热板保证工作板受热的均匀性。热床传统加热的结构如图 4-24 所示。在 SolidWorks Simulation 环境下，分别采用传统的加热方式和增加 X 型纯铜导热板的加热方式，如图 4-27 和图 4-28 所示。热床受热 5min 后的热分布均匀程度，分别如图 4-29 和图 4-30 所示。

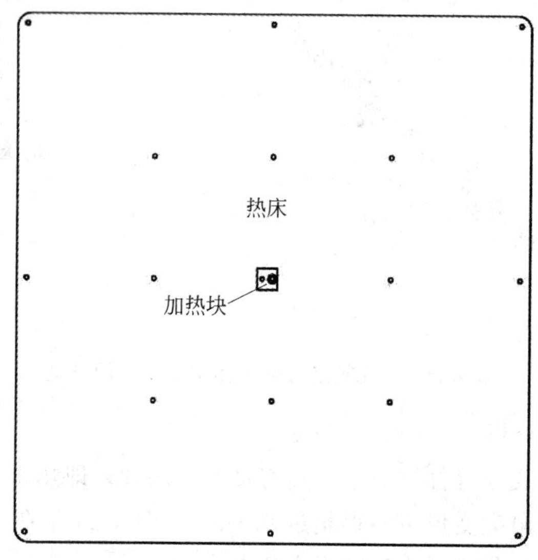

图 4-27　传统加热方式时的结构图

导致热床温度分布不均匀，而增加 X 型纯铜导热板，则可以提高热床温度分布的均匀程度。

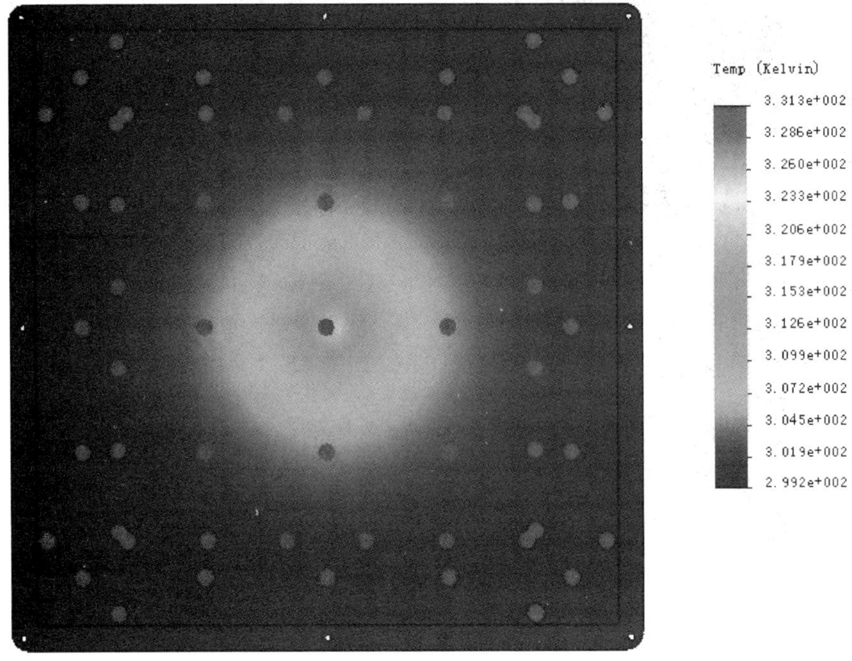

图 4-28　传统加热方式时的热床温度分布图

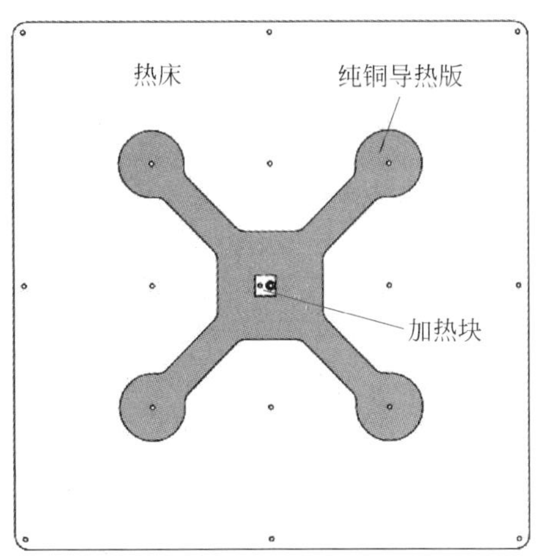

图 4-29　增加导热板时的结构图

经分析可知，采用传统加热方式时，热床受热是以加热块为中心向周围辐射，从而导致热床温度分布不均匀，而增加 X 型纯铜导热板，则可以提高热床温度分布的均匀程度。

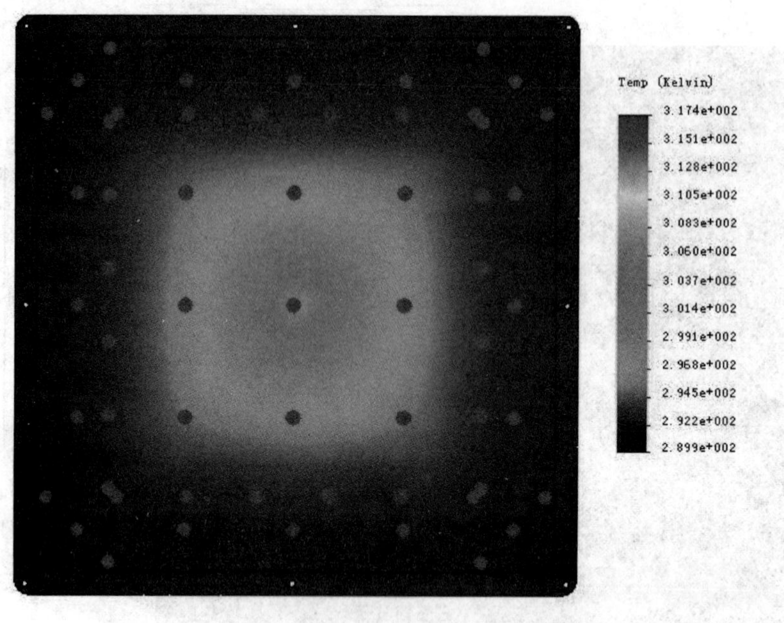

图 4-30　增加导热板时的热床温度分布图

4.4　实物样机的制作与测试

1. 标准件清单

3D 打印机的标准件外购清单见表 4-3。

表 4-3　3D 打印机的标准件外购清单

项目	规　　格	数量	备　　注
加宽直线导轨	MGW12C	1 副	导轨长 418mm，首个固定孔 15mm，带滑块
电源	开关电源 24V 15A	1 个	电压 24V
丝杆螺母	直径 8mm，导程 8mm	2 副	每根切割长度 535mm
3D 打印机主板	Ramps1.4	1 个	控制板 MKS Gen V1.1 RepRap Ramps1.4
智能控制器	LCD12864	1 个	含液晶控制屏
步进电机驱动器	A4988	5 个	绿板
NTC 电阻 100K	100kΩ	4 个	100kΩ
直线光轴	直径 10mm	4 根	普通切割长度 512mm
直线光轴	直径 10mm	2 根	普通切割长度 508mm
直线光轴	直径 8mm	1 根	普通切割长度 548mm
直线光轴	直径 8mm	1 根	普通切割长度 52mm
滚轮滚针轴承	螺栓型 CF8 外径 19mm	3 个	外径 19mm
加长箱式直线滑块	SU10LUU 加长内径 10mm	2 个	加长内径 10mm
卧式带座轴承	KFL08 内径 8mm	4 个	KFL08 内径 8mm

（续表）

项目	规　　格	数量	备　　注
立式光轴支撑座	SK10 内径 10mm	10 个	SK10 内径 10mm
闭口同步带	2GT，宽 6mm		
周长规格 1140mm	1 条		
开口同步带	LL-2GT-6 开口带		
每条 1200mm	2 条		
同步带轮	20-2GT-6-P8 20 齿内径 8mm	6 个	
同步带轮	20-2GT-6-P5 20 齿内径 5mm	4 个	
42 步进电机	42×48 机身	3 个	

2. 非标件的订购与制造

（1）网上定制和订购零件

充分利用网络的便捷性在淘宝网上订购标准件和定制非标零件，在一定程度上节省了实物样机的制作成本，定制的非标零件包括热床、导热板、粘结板和玻璃板。定制时需要给委托制作方详细的非标件工程图纸。

（2）3D 打印零件制作

在实物样机的加工制作过程中，使用实验室桌面 3D 打印机，制做外形复杂、传统工艺难以加工、几何尺寸较小且非受力的零部件，从而减小制作成本，并缩短制作时间。

3D 打印制作零件的具体过程如下：

① 在 CAD 软件中下设计零件的三维数字化模型。

② 导出零件模型的 STL 文件格式。

③ 启动桌面 3D 打印机在控制软件中加载零件的 STL 文件，分层生产代码，开始打印。

使用桌面 3D 打印机制作所研制的 3D 打印机零件，原型零件如图 4-31 所示。

图 4-31　中型桌面 3D 打印机零件

3. 样机装配与调试

（1）样机装配

采用铝合金挤出成型型材作为 3D 打印机的基础骨架，完成 3D 打印机机架的装配，如图 4-32 所示。然后再逐步装配喷头机构、运动机构和控制系统主控板、元器件的零部件，完成 3D 打印机实物样机的装配，如图 4-33 所示。

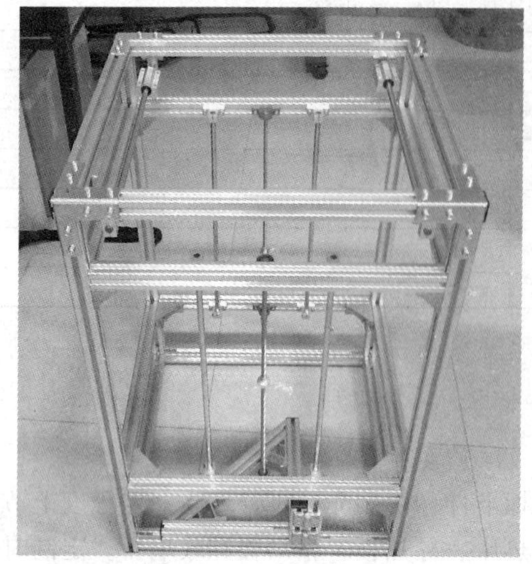

图 4-32　3D 打印机机架装配

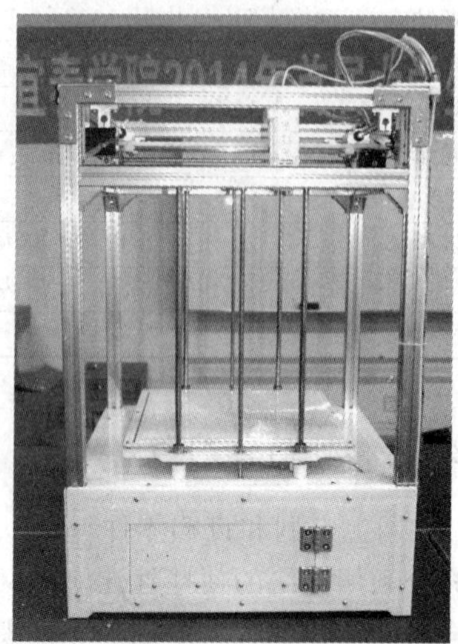

图 4-33　装配完成的实物样机

（2）固件写入

在进行 Malin 固件相关参数的设置后，通过专用数据线和个人计算机连接，在 Arduino _ IDE 环境下编译，并写入到 3D 打印主控制板中。Arduino _ IDE 环境界面如图 4-34 所示。

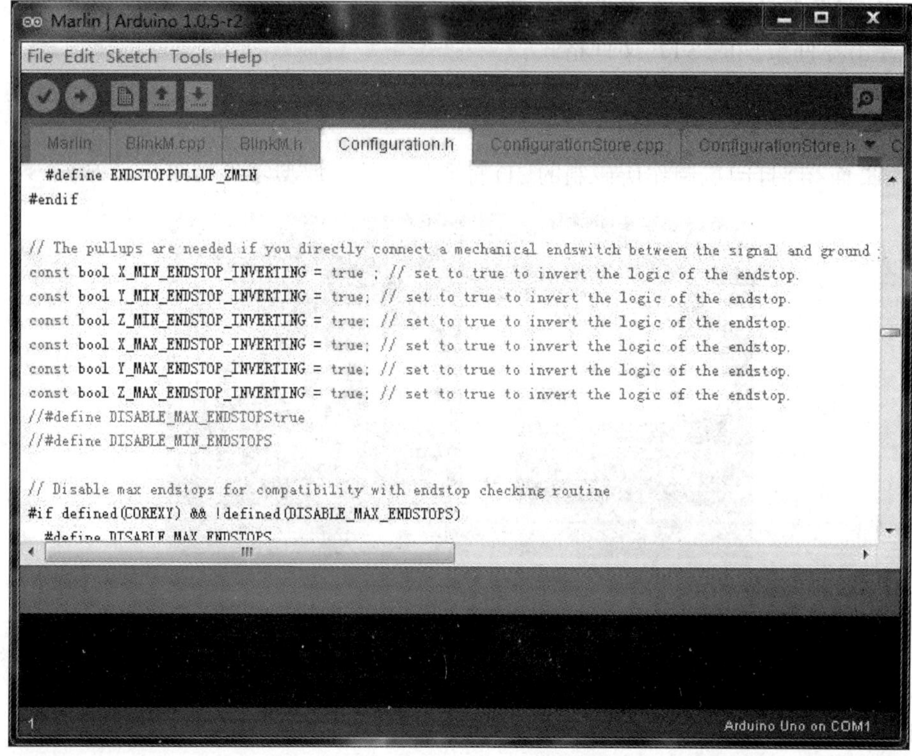

图 4-34　Arduino _ IDE 环境界面

(3) 联机调试

完成 Malin 固件写入、Repetier-Host 控制软件相关参数的设置、3D 打印机与计算机的连接后，启动 3D 打印机准备调试，Repetier-Host 控制界面如图 4-35 所示。具体步骤如下：

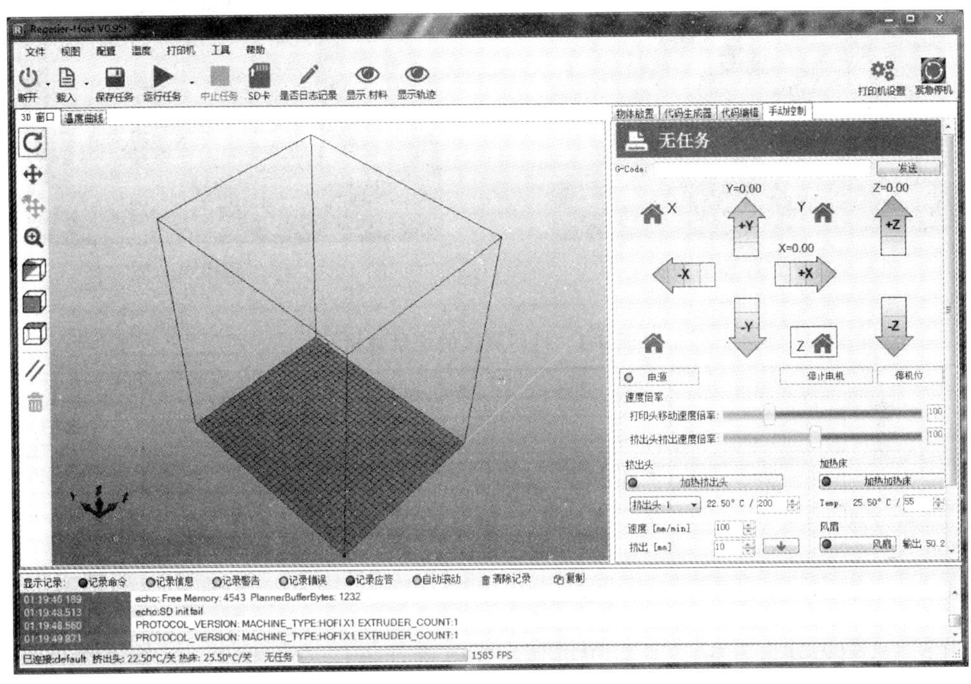

图 4-35　Repetier-Host 控制界面

① 测试 X、Y、Z 轴三个步进电机运动方向是否正确，喷头机构的 X 轴横梁运动是否有卡顿现象，零点限位开关是否有效。

② 测试喷头机构的步进电机是否正常工作，转向是否正确，丝材的挤出、回退是否有效，有无卡死现象。

③ 测试热床升降运动是否到位、灵活，有无卡顿现象。

④ 测试热床加热，启动热床加热 3min，观察温度是否达到软件设定的温度，并记下当前温度。

⑤ 测试挤出头加热，启动挤出头加热 3min，观察温度是否到达设定的温度，并记下当前温度。

完成以上步骤后，返回 Malin 固件参数设置界面，调整相关参数再进行测试，直至 3D 打印机的工作状态达到最佳时为止。

4. 打印测试

完成上述工作以后，为测试设备总体打印效果，如图 4-36 所示在 Repetier-Host 软件中进行数据处理，打印制作完成的原型零件，如图 4-37 所示。

在 3D 打印过程对 3D 打印机的热床、挤出头、主板芯片和开关电源相关参数进行测试，进行为期 5 个小时的记录，记录数据见表 4-4。

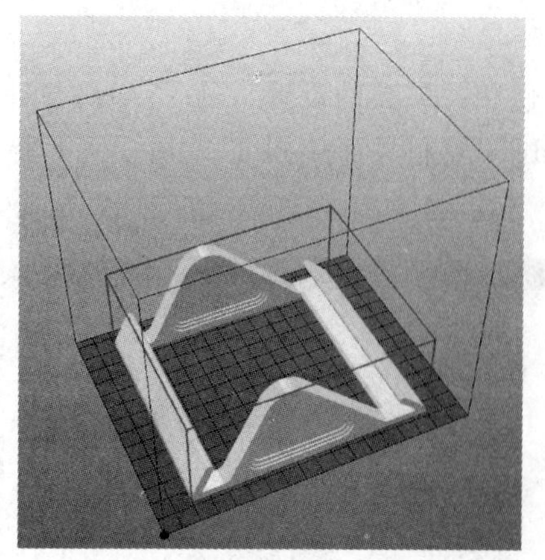

图 4-36　测试模型的数据处理

图 4-37　打印制作完的原零件

表 4-4　打印测试的记录数据

项　　目	初始温度/℃	设定温度/℃	稳态温度/℃	稳态时间/s	波动范围/℃
热床	17.5	230	232	90	±2
挤出头	17.5	60	61.5	180	±2
主控芯片	17.5	17.5	45	120	±3
驱动芯片	17.5	17.5	55	360	±3
电源	17.5	17.5	40	360	±3

由表 4-4 数据分析可知，3D 打印机在工作时硬件运行状态正常，设备达到长时间工作的基本要求。

5. 3D 打印制作齿动之心模型

“齿动之心”模型由于模型外形复杂，难以用传统加工方式加工，故采用所研制的 3D 打印机加工制作。

第一步：先用纸折出齿动之心模型验证其运动的可行性，如图 4-38 所示。

第二步：基于 Pro/Engineer 创建三维数字装配模型，如图 4-39 所示。

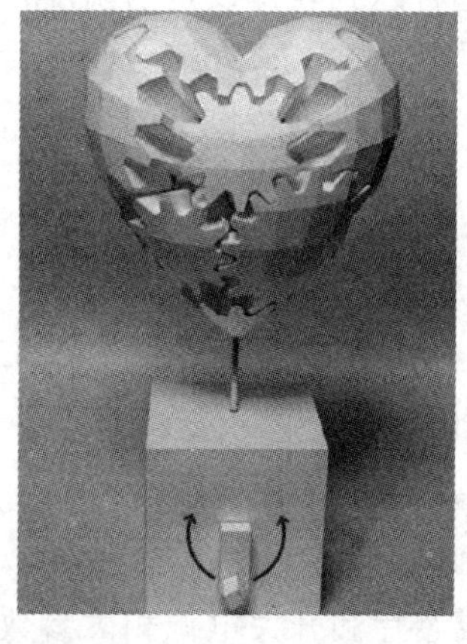

图 4-38　齿动之心模型的纸折模型

图 4-39　创建“齿动之心”三维数字装配模型

第三步：完成三维数字装配模型的创建后，导出每个零件的 STL 格式文件，在 3D 打印机中逐个完成每个零件的原型打印制作，最后完成实物模型的装配，如图 4-40 所示。

图 4-40　齿动之心 3D 打印模型

6. 产品的分析及优化

在完成一系列的相关测试、分析之后，本设计在解决 3D 打印翘起、成型较大尺寸及缩短打印时间方面，都取得良好的测试效果。为进一步提高打印的产品质量，提出如下四个设计优化方案。

① 导热板可以设计成“米”字形状，进一步增加热床温度分布的均匀程度。

② 选择转矩较大的步进电机做为 X 轴方向和喷头机构的步进电机，可以进一步提高打印速度。

③ X 轴方向光轴、直线轴承可以更换成导轨、滑块，进一步提高 3D 打印机的成型精度。

④ 粘结板更换耐热的 PCB 材质，防止其翘曲变形，进一步提高 3D 打印机的成型精度。

4.5　项目总结

本产品的研发，旨在提高这种熔融沉积程序 3D 打印机的打印速度、成型尺寸和稳定性，加速 3D 打印技术的推广及应用。实践表明本项目所研制的新型 3D 打印机，其结构精巧、成本低、噪声小、成型精度高、操作简单、维护方便，尤其适合在家庭和办公室中使用，便于推广。通过与现有同类型的产品相比，主要具备以下优点：

① 本产品将机架设计成开放式框架，既能为整机提供稳定可靠的支撑，加大了加工

尺寸，大大简化了结构，从而降低了制造成本，同时提高了机器的可操作性和可维护性。

② 本产品 Z 轴运动机构采用双边丝杆驱动和光轴稳固，使竖直方向承载能力增加而且运动更加平稳，同时丝杆传动精度高、噪声低。本产品 Y 轴运动机构和 Z 轴运动机构均采用双边支撑，避免了目前普遍采用的单臂悬身结构，提高了系统的刚度和稳定性。本产品的 Z 轴运动机构中连接电机轴与丝杆的同步带采用一对张紧轮张紧，提高了运动的精准性和改善了对同步带的适应性。

③ 本产品的工作台机构中固定平衡板的螺柱上套有压簧，可方便地通过螺柱调节成型基板的水平，使成型精度提高。在平衡板下装有一块纯铜导热板，有效的改善了产品翘曲现象。

本产品在制作后期调试时发现打印精度达到预期的要求，正常工作打印出的零件精度达到 0.1mm 左右，但是机器的稳定性没达到预期的要求，尤其在散热方面没有充分考虑，导致电源位置局部温度偏高，在机器长时间工作时可能对机器的稳定性有所影响，热床加热方案有待改进增大其受热的均匀性。

第 5 章　注塑模具新产品研发的项目实践

5.1　遥控器盒外壳注塑模设计

本项目是针对遥控器盒壳体的注塑模具设计，该外壳材料为 PC＋ABS。利用 Pro/Plastic Advisor 进行模流分析，确定最佳浇口数量与位置。通过塑件的工艺性分析、成型设备的选择、模塑工艺规程的编制、注塑模的结构设计以及注塑机相关参数的校核，完成该注塑模的设计。经企业生产实践证明，塑件尺寸、形位公差符合要求。

5.1.1　塑件的工艺性分析

本设计的塑件 3D 图如图 5-1 所示。塑件的工艺性分析包括塑件的原材料分析、塑件的尺寸精度分析、塑件外观质量和塑件的结构工艺性分析。

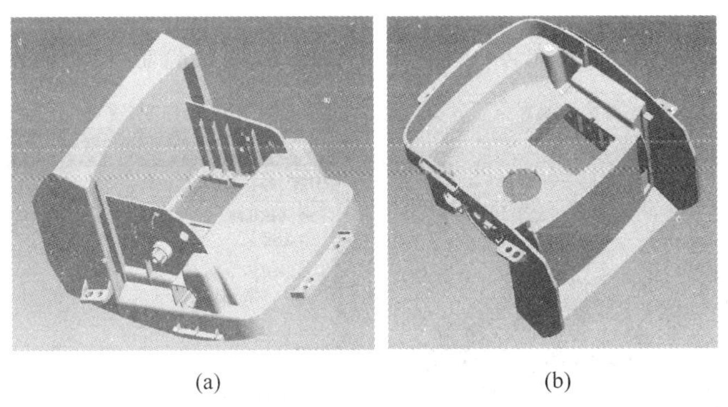

(a)　　(b)

图 5-1　遥控器盒外壳零件 3D 图

1. 塑件的原材料分析

本塑件的材料为 PC＋ABS，即聚碳酸酯和丙烯腈-丁二烯-苯乙烯共聚物的混合物。

查相关手册可知，该材料的特性如下。

注塑模工艺条件：干燥处理，加工前的干燥处理是必需的。湿度应小于 0.04%，建议干燥条件为 90～110℃，2～4h。熔化温度为 230～300℃。模具温度为 50～100℃。注塑压力取决于塑件。注塑速度尽可能地高。

化学和物理特性：PC＋ABS 具有 PC 和 ABS 两者的综合特性。例如 ABS 的易加工特性和 PC 的优良机械特性和热稳定性。二者的比率将影响 PC＋ABS 材料的热稳定性。

PC+ABS这种混合材料还显示了优异的流动特性。

结论：熔融温度较高，加工温度范围较宽，熔体黏度中等，一般采用螺杆式注塑机成型，模具温度可控制在50～100℃；吸湿性强，含水量应小于0.04%，必须充分干燥。

2. 塑件的结构工艺性分析

从图纸上分析，该塑件的主体壁厚均匀，且符合最小壁厚要求。塑件外形尺寸不是很大，但属于深高型的产品；而且两侧有多处倒勾需采用侧抽芯机构；内部又多为碰穿与插穿，整个模具结构较复杂。综上所述，该塑件可采用注塑成型加工。

3. 塑件的尺寸精度分析

塑件零件图给出塑件的部分尺寸公差，未标注公差等级的取公差为MT5。

4. 塑件的表面质量分析

该塑件要求外形美观，色泽鲜艳，外表面没有注塑成型缺陷，表面粗糙度 R_a 可取 0.4μm。而塑件内部没有较高的粗糙度要求。

5.1.2 成型设备的选择与模塑工艺规程的编制

1. 成型设备的选择

充分利用三维设计软件的优势，在Pro/Engineer中计算塑件的体积，如图5-2所示。

图5-2 遥控器盒外壳零件的体积测量

在Pro/Engineer软件中计算塑件的质量，如图5-3所示。计算塑件质量的目的是为了选择注塑机及确定模具的型腔数目。根据有关手册查得材料的密度为1.1g/cm³。所以，塑件的质量为159.514g。

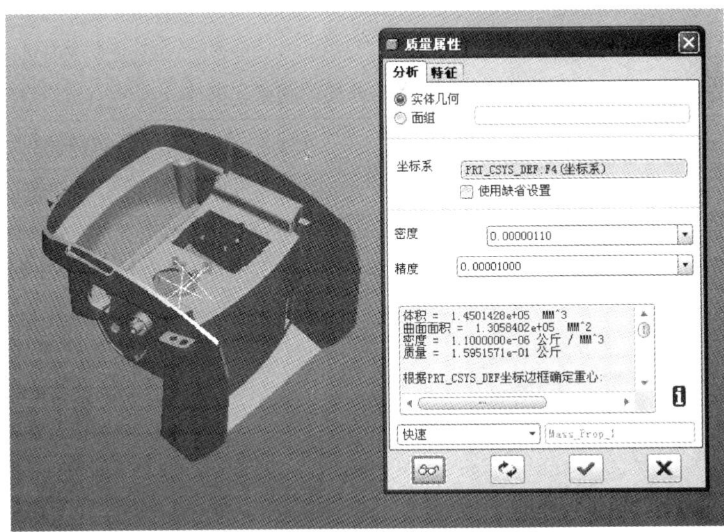

图 5-3　遥控器盒外壳零件的质量测量

由于该塑件的两侧面有多处倒扣，需要采用侧抽芯机构。且其外形尺寸较大，因此应采用一模一腔的模具结构。考虑塑件属于深高型产品，整个模具的高度势必较高，因此不能单纯地依据塑件的重量以及分型面上的锁模力来选择注塑机。经 2D 排位，估算出模高，再做出选择。经以上分析，可选用海天 HTF250X-A 型的注塑机。

2. 编制模塑工艺规程

PC+ABS 注塑成型工艺参数见表 5-1，企业实际试模时，可根据实际情况对参数进行适当调整。

表 5-1　PC+ABS 注塑成型工艺参数

工艺参数	规　　格	
预热与干燥	温度：90～110℃	
	时间：2～4h	
料筒温度/℃	后段	160～180
	中段	180～230
	前段	230～300
喷嘴温度/℃	180～230	
模具温度/℃	50～100	
注塑压力 p/MPa	80～120	
成型时间/s	注塑时间	20～30
	保压时间	0～5
	冷却时间	20～30
	总周期	40～70
螺杆转速		45～66
后处理	方法	红外线灯
	温度/℃	鼓风烘箱 100
	时间/h	2～4

填写模塑成型工艺卡，外壳模塑工艺卡见表 5-2。

表 5-2 遥控器盒外壳的模塑工艺卡

		塑料注塑成型工艺卡			资料编号	
车间					共 1 页	第 1 页
零件名称	外壳	材料牌号		PC＋ABS	设备型号	XS-Z-60
装配图号		材料定额			每模件数	1 件
零件图号		单件质量/g		159.514	工装号	
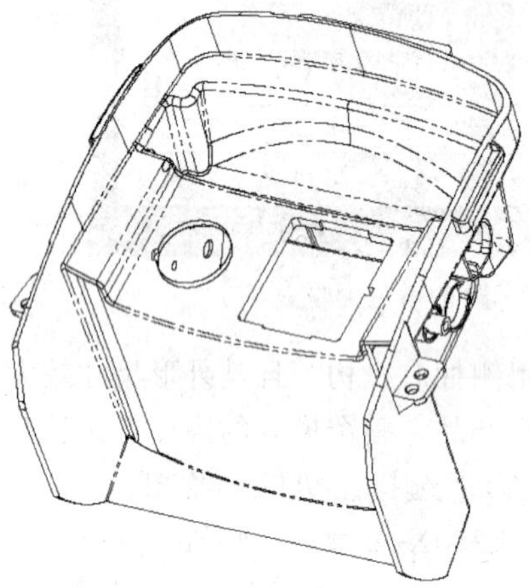				材料干燥	设备	
					温度/℃	90～110
					时间/h	2～4
				料筒温度/℃	后段	160～180
					中段	180～230
					前段	230～300
					喷嘴	180～230
				模具温度/℃		50～100
				时间/s	注塑	20～30
					保压	0～5
					冷却	20～30
				压力/MPa	注塑压力	80～120
					背压	
后处理	温度/℃	鼓风烘箱 100		时间定额/min	辅助	
	时间/h	2～4			单件	
检验						
编制	校对	审核	组长	车间主任	检验组长	主管工程师

5.1.3 注塑模的结构设计

注塑模的结构设计包括分型面的选择、模具型腔数目的确定、型腔的排列、浇注系统的设计、型芯和型腔结构的确定、脱模机构的设计、侧抽芯机构的设计、模具结构零件设计、模架选择等内容。遥控器盒外壳的两侧有倒扣，因此还需要设计侧向抽芯机构。

1. 选择分型面

该塑件为外壳零件，外形要求美观、无斑点和无熔接痕，表面质量要求较高。在选择分型面时，根据分型面的选择原则：

① 能碰穿，不插穿（插穿结构会影响模具寿命，而且不好配模）；

② 能做成平面的，不做成曲面（这样好加工，好配模）；

③ 分型面应通过产品的最大外形轮廓线；

④ 分型面应该在模具开模时把产品留在后模；

⑤ 分型面的选择应考虑到模具的结构——应使模具的结构简化，好加工。

根据以上原则，该塑件的分型面为图 5-4 中的蓝色面，这样侧抽芯机构在动模部分，简化了模具的结构。假若侧抽芯机构做在定模部分，即要做前模滑块，这样模具结构更复杂。

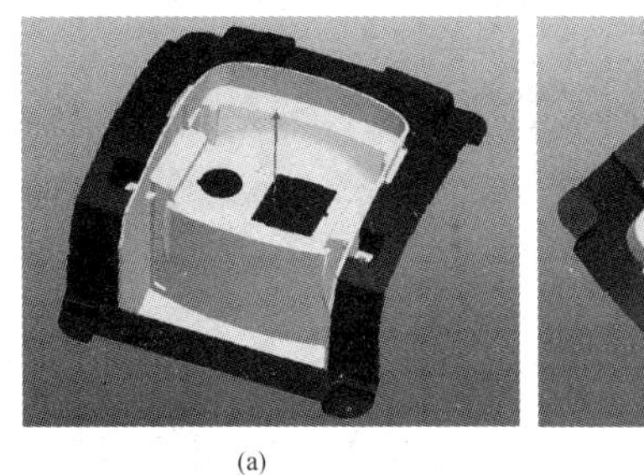
(a)

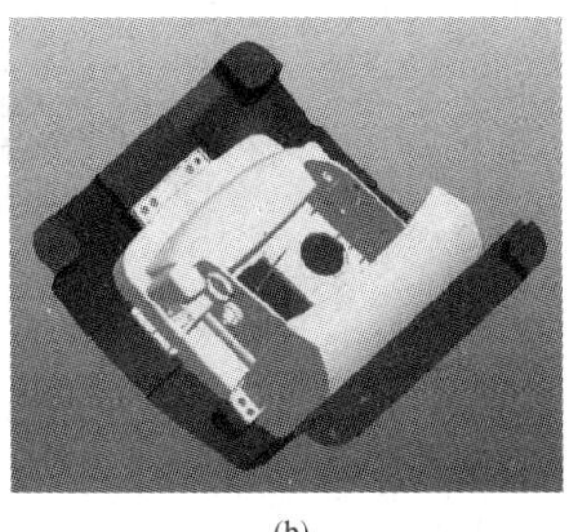
(b)

图 5-4　模型分型面的创建

2. 确定模具型腔数目

考虑到该塑件两侧有多处倒扣，因此要采用两面侧抽芯，而且塑件本身质量较大，若要采用一模多腔，势必要用更大的注塑机，因此采用一模一腔，如图 5-5 所示。此方案不仅有利于浇注系统的排列和模具的平衡，还简化了成型模具的结构，缩短了模具的成型周期。

3. 浇注系统设计

模具的浇注系统，通常根据工程师的工程经验设计。本注塑模属于典型的侧浇口类的模具。为了减少设计中的失误，采用 Pro/Plastic Advisor 进行模流充填模拟分析，以确定合理的流道尺寸、布置以及最佳的浇口数量、位置和形状。根据经验，预先在塑件方孔的两侧设了两个进料口，如图 5-6 所示。应用 Pro/Plastic Advisor 进行模流充填模拟分析，分析结果见图 5-7。由图 5-7 可知塑料件的最佳浇口位置，故塑件方孔两侧进胶点的位置选择正确。

图 5-5　确定模具型腔数目

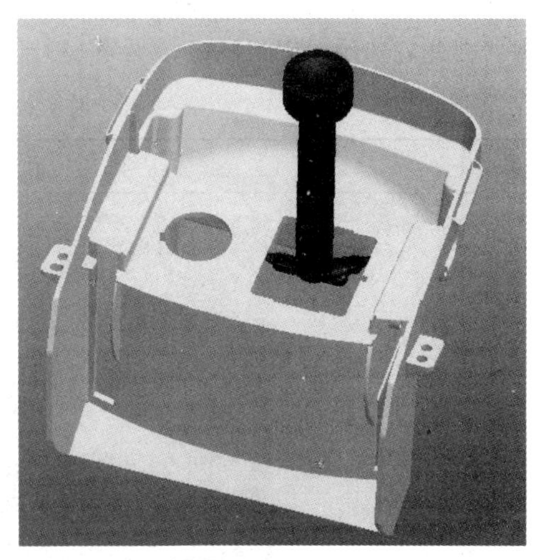

图 5-6　浇注系统浇口设计

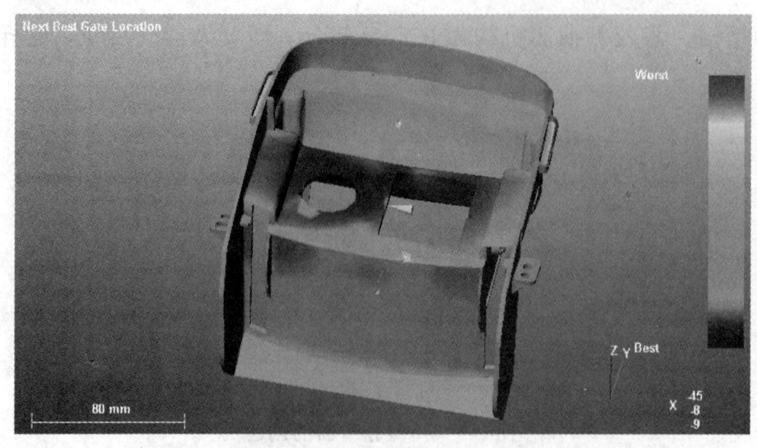

图 5-7　模流仿真分析最佳浇口位置选择

(1) 主流道设计

根据有关手册查得海天 HTF250X-A 型注塑机喷嘴的有关尺寸。再依据本模具的特点，来选取浇口套，浇口套的尺寸参见其零件图纸。

(2) 分流道的设计

分流道的形状及尺寸与塑料制件的体积、壁厚、形状的复杂程度、注塑速率等因素有关。该塑件的体积比较大，形状较复杂，而且有较深的骨位，因此可考虑采用多点进料方式，缩短分流道长度，以减少压力损失，这样更有利于塑件的成型和外观质量。本例从加工工艺上考虑，采用截面形状为 U 形的分流道。U 形流道加工简单，且塑料熔体的热量散失、流动阻力均不大。U 形分流道的截面尺寸如图 5-8 所示。

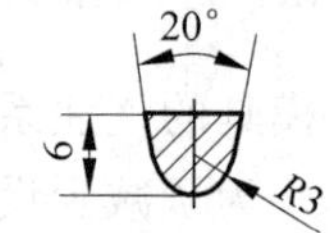

图 5-8　流道截面尺寸

(3) 浇口设计

两板模的浇口的类型有直接浇口、侧浇口、轮辐式浇口、潜伏式浇口和牛角浇口等。由于该塑件外观质量要求较高，而且结构较复杂，填充比较困难，因此不能选用潜伏式浇口和牛角浇口，因为这些浇口形式会使注塑压力损失较大，而直接浇口又会影响产品的外观。因此应选用轮辐式浇口，见表 5-3。

表 5-3　浇口形式的选择

类型	图　示	特　点
轮辐式浇口		注塑压力损失小，成型性好；加工简单；浇口位置选择自由度大；修正容易

4. 成型零件结构设计

型芯、型腔可以采用整体式或组合式结构。

(1) 整体式型芯、型腔是在模具的型腔板上直接加工而成的，因此具有较高的强度和刚度。但是零件尺寸较大时，加工和热处理都比较困难。整体式型芯的结构牢固，成型塑料制件质量好，但尺寸较大，消耗贵重模具钢材较多，而且不便于加工和热处理。整体式结构适用于形状较为简单的中小型塑件。

(2) 组合式型芯、型腔由许多拼块镶制而成，机械加工和热处理比较容易，能满足大型塑件的成型需要。组合式型芯可节省贵重模具钢，便于机加工和热处理，修理更换方便。同时也有利于型芯冷却和排气。

应用 3D 软件将该塑件的型芯与型腔分出，可以很直观的看到型芯、型腔的结构，在保证整体强度和刚度的基础上，以易于加工为目的，型芯应为整体式结构，型腔为组合式结构。而型腔若不拆出那块镶件，将有两个骨位（加强筋）无法加工，除非应用五轴 CNC。拆出这个镶件，即可将镶件平放，应用电极放电，加工出这两个骨位（加强筋）。成型零件结构如图 5-9 所示。

(a) 成型零件结构图

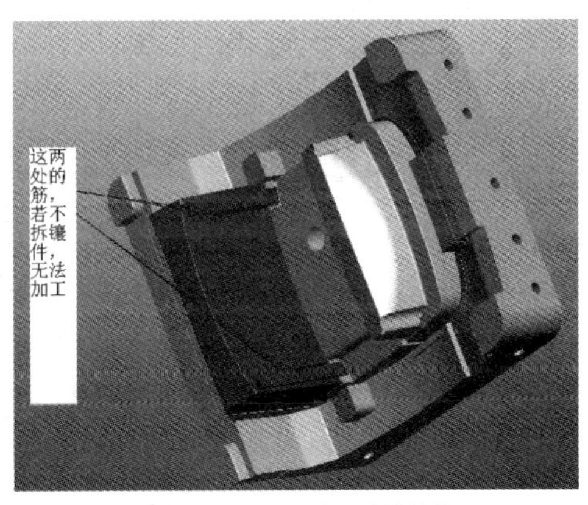

(b) 型腔未拆出那块镶件时的结构图

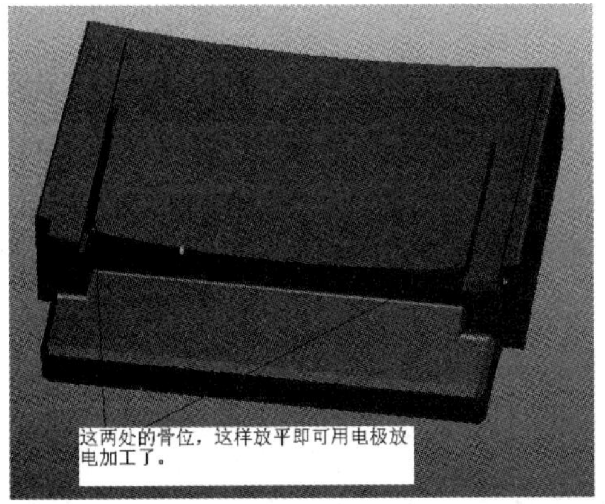

(c) 拆出的镶件图

图 5-9　成型零件的结构设计

5. 脱模机构设计

根据塑件的形状特点，模具的侧抽芯机构及大部分型芯在动模部分。注塑模开模后，塑件留在动模，并包裹着中间的型芯，其推出机构可选择推杆顶出或推板推出。若采用推板推出，只能推外围部分，而中间的型芯抱紧部分没有推力，这样势必会将塑件推变形，而且推板结构较复杂，还浪费原材料。推杆顶出，结构简单，推出平稳可靠，虽然推出时会在塑件上留下推杆顶出痕迹，但是不会影响到产品的外表面质量。

从以上分析得出：该塑件应采用推杆脱模机构。推杆排布的原则是推杆应排在制品的四周，骨位的附近，以及难于脱模的位置。因此推杆的位置可设置为如图 5-10 所示。

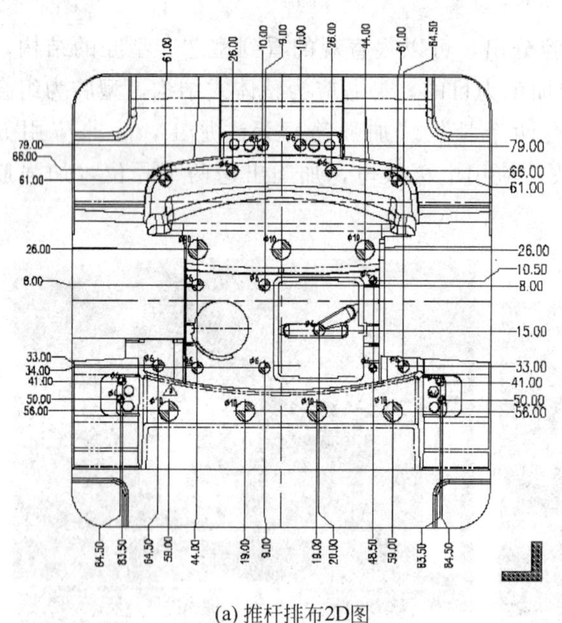

(a) 推杆排布2D图

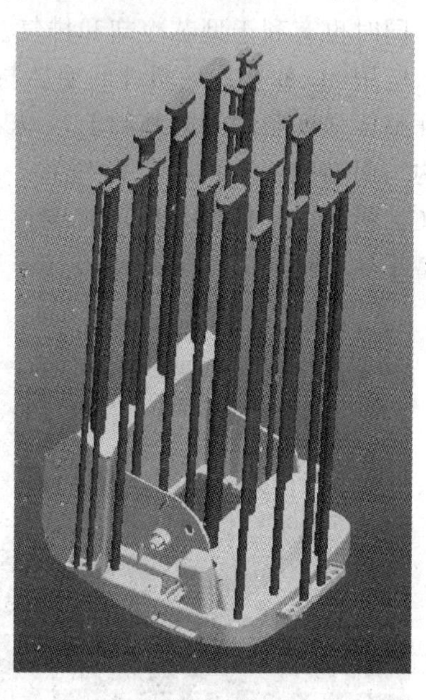

(b) 推杆3D效果图

图 5-10　脱模机构的设计

6. 侧抽芯机构设计

该塑件的两侧有多处内侧凸，它垂直于脱模方向，阻碍成型后塑件从模具中脱落。因此，成型塑件两侧内侧凸的型芯必须做成活动的型芯，即滑块抽芯。常见的滑块抽芯机构有斜导柱抽芯和油缸（汽缸）抽芯机构。斜导柱抽芯就是利用前后模开模的垂直运动转换成水平运动，处理制品外部内侧凸的机构。因该塑件两侧内侧凸尺寸不是很大，考虑到减少模具成本，所以该模具选用斜导柱式的滑块。

滑块的设计要点如下：

① 滑块的行程＝内侧凸尺寸＋（2～6）mm；（塑件最大内侧凸尺寸为 19，本模具的滑块行程为 25，符合要求）

② 斜导柱的角度范围 10°～25°（经验值）：斜导柱的角度（图 5-11 中为 18°）若太大，则会减少它作用在滑块上的横向分力

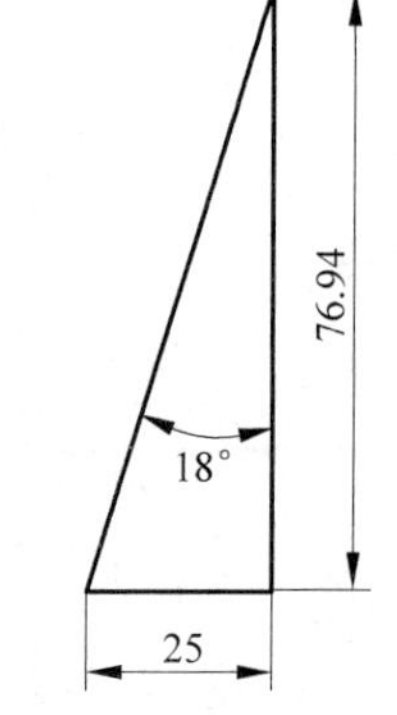

图 5-11　滑块行程的计算

(F_b)。而滑块滑出时，所需的力已确定。此时斜导柱的角度越大，它受的力（F_a 的反作用力）也就越大，也就越容易损坏。本模的两个斜导柱均取 18°，符合要求。

③ 当斜导柱取 18°时，验算滑块行程如图 5-12 所示，由该图可知当上下模打开 76.94mm 时滑块就已经滑出，而斜导柱在开模时对滑块有作用力的距离为 78mm，因此滑块的行程没有问题。

锁紧块的角度＝斜导柱的角度＋2°，这样可以减少楔紧块与滑块之间的摩擦。本模具的锁紧块是直接在定模板上加工出的，角度为 20°，设计的侧抽芯机构如图 5-12 所示。

(a)

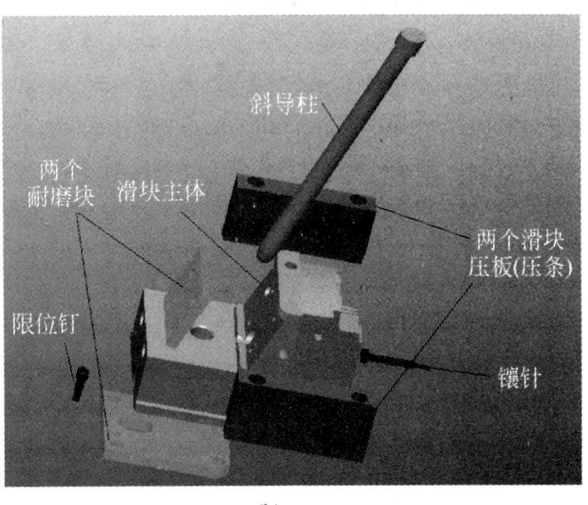

(b)

图 5-12　侧抽芯机构的设计

7. 温度调节系统的设计

注塑成型时，大部分塑料是在 200℃ 左右时将融料注入模腔内，固化后模温降到 60° C 左右时取出制品。这个温差控制不好，会出现以下问题：

① 模温过底。会填充不足，制品强度差，表面有皮纹、熔接线。

② 模温过高。翘曲变形，成型周期长，制品的收缩会更大。

③ 模温不均匀。尺寸不稳定，翘曲变形，不易脱模。

因此，为了更好地控制这个温差，必须为模具设置冷却系统。冷却系统一般是指存在于型芯、型腔等部分，通过冷却水的流量及流速来控制模具温度的冷却管水道。冷却水道能缩短产品的成型周期，提高生产效率，提高制品的质量。

一般注塑模冷却水道设置的要点如下：

① 因为模坯结构原因，冷却水道一般采取横向布置。（竖向容易与回位杆、吊模螺丝等相干涉）

② 冷却水道一般离制品 10～20mm，离镶件、推杆最小 4mm，离螺丝最小 5mm。

③ 冷却水道的直径一般是 8mm 和 10mm（6mm 和 12mm 很少采用），水道之间的间距为直径的 5 倍左右。

④ 当动模仁、定模仁较厚时，应在其上钻水井，水井中间塞隔水片，从而让冷却水道距离融料更近，加快降低模仁的温度。水井的直径一般为 ϕ12mm、ϕ16mm、ϕ20mm、

ϕ25mm。（本模具取 ϕ12mm、ϕ16mm 的水道）

根据以上，动模仁、定模仁的冷却水道设置如图 5-13 和图 5-14 所示。

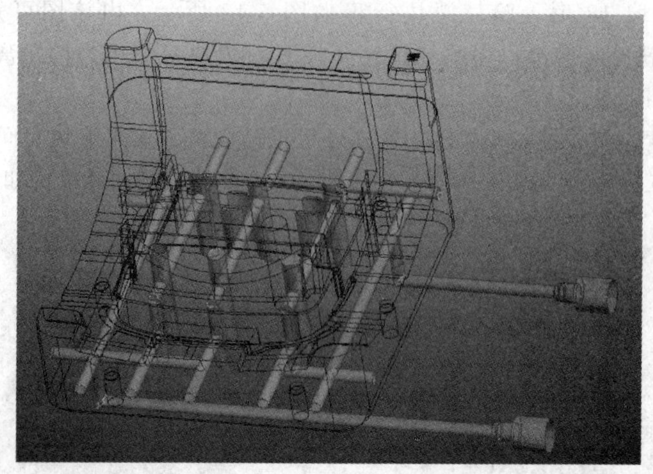

图 5-13　定模仁水路

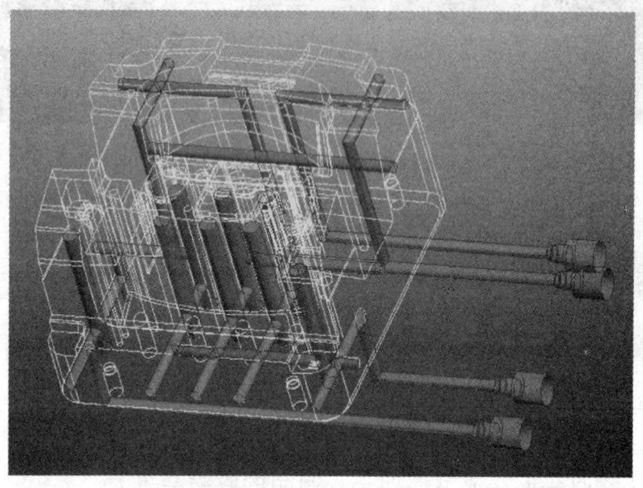

图 5-14　动模仁的水路

本项目中，两个滑块上的胶位较多，而且滑块整体尺寸较大，因此也要对滑块设置冷却水道。两滑块的冷却系统 3D 效果图如图 5-15 所示，2D 尺寸参见滑块零件图。

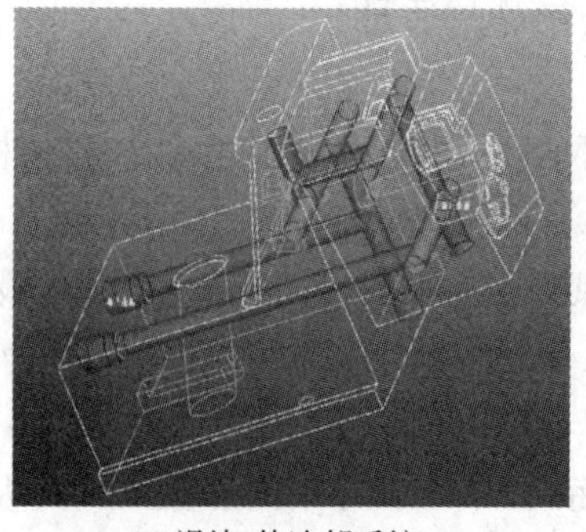

(a) 滑块1的冷却系统

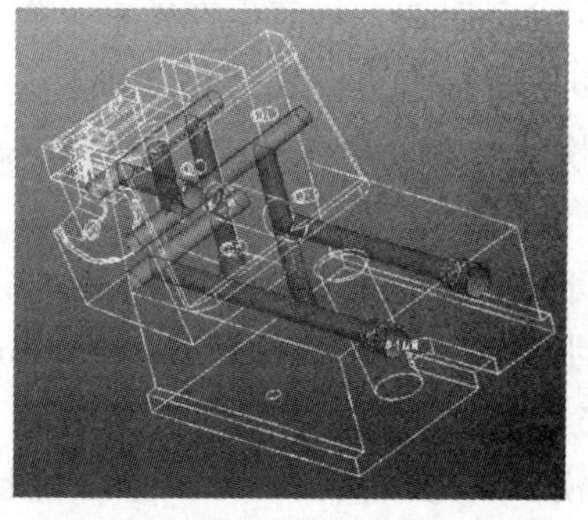

(b) 滑块2的冷却系统

图 5-15　滑块冷却系统设计

8．标准模架选择

首先测出产品的最大外形为 173.27mm×171.27mm×122.1mm（考虑塑件的收缩率，准备 3D 分模的尺寸）。此时即可以初步估算没有滑块时，动模仁、定模仁的大小，并画出模仁外形。接着可以大概画出两滑块；滑块确定后，就可以完整地确定动模仁、定模仁的尺寸。模仁的尺寸确定后，即可确定模架各板的尺寸：

① 定模板的尺寸。定模板是定模型腔板，依据上模仁的厚度以及冷却水道对尺寸的要求，定模板厚为 140mm。

② B 板的尺寸。动模板为型芯固定板，因动模板受力要比定模板大，通常，动模板厚＝定模板厚＋（20～40）mm；所以可确定动模板厚为 160mm。

③ 垫块尺寸。垫块厚＝（顶出行程＋推杆面板厚＋推杆底板厚＋垃圾钉厚）mm＝（90＋25＋30＋5）mm，初步选垫块厚为 150mm。

经上述尺寸计算，模架已确定，选用龙记的标准模架，标记为 CI-4545-A140-B160-C150。应用 CAD 画出的模架如图 5-16 所示。

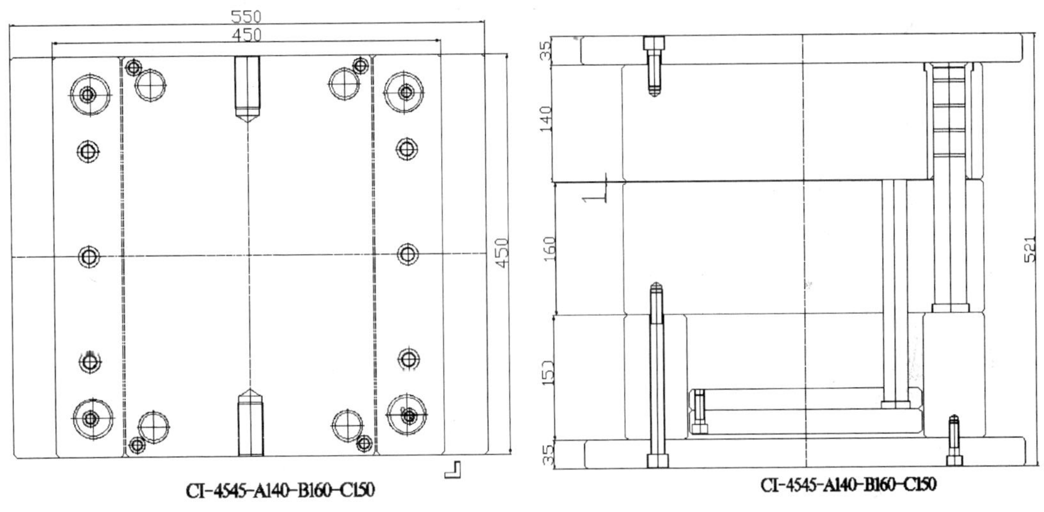

图 5-16　标准模架选用

5.1.4　注塑模设计的尺寸计算

现在的模具加工，CNC 已经完全取代了普通机床。CNC 加工精度更高，速度更快，在一定程度上缩短了模具的制造周期。产品三维模型的尺寸，符合 CNC 加工的技术要求，则由产品三维模型设计出的模具的尺寸，一般不会有问题。将模具零件的三维模型导入到 CNC 编程软件中，编写出 NC 程式，CNC 机床根据 NC 程式加工出模具零件。

综上所述，成型零件的尺寸公差与 CNC 机床有着密切关系。CNC 机床的加工精度一般在 0.05mm 以内。所以，无配合要求的，成型零件的尺寸公差均可以取 0.05mm。有配合要求的，公差为 0.02mm。例如，对于动模板、定模板与动模仁、定模仁的配合公差，动模板、定模板座框的长宽取上偏差＋0.01mm，动模仁、定模仁的长宽取下偏差－0.01mm。

5.1.5 注塑机相关参数的校核

1. 模具闭合高度校核

根据模具的标准模架尺寸以及模具设计时其他零件的尺寸，确定上固定板的高度为35mm，定模板的高度为140mm，动模板的高度为160mm，模角高度为150mm，下固定板高度为35mm。

同时为了让动模仁、定模仁闭合的更紧，动模板与定模板之间留1mm的间隙，所以模具的闭合高度为521mm。该注塑机所允许的模具的最小厚度为220mm，最大厚度为570mm，即模具闭合高度能满足$H_{min} \leqslant H_{闭合} \leqslant H_{max}$安装条件。

2. 模具安装部分的校核

模具的外形尺寸为450mm×550mm，而注塑成型机拉杆内间距为570mm×570mm，故能满足安装要求。

模具定位圈的直径$\phi 160$=注塑机法兰的直径$\phi 160$，满足安装要求。

浇口套的球面半径为$SR_1 = SR +$（5－10）＝20mm满足要求。

浇口套小端直径$D_1 = D +$（0.5－1）＝3＋0.5＝3.5mm满足要求。

3. 模具开模行程校核

校核公式：

$$H_{模} = H_1 + (20 \sim 30) \leqslant H_{注}$$

$H_{模}$——模具的开模行程（mm）；

$H_{注}$——注塑机移模行程（mm）；

H_1——包括流道凝料在内的制品的高度（mm）。

代入数据得$S \geqslant H_1 +$（20～30）mm＝202＋（20～30），HTF250X-A型的注塑机的最大开模行程为540mm，满足出件的要求。

4. 锁模力的校核

校核公式：

$$F \geqslant KAP_{m}$$

F——注塑机的额定压力（kN），查相关手册可知F＝2500kN；

A——制件和流道在分型面上的投影面积之和（mm^2），应用Pro/Engineer测得投影面积之和为18957 mm^2，参见图5-17。

P_m——型腔的平均压力（MPa），通常取注塑压力的20%～40%；查手册，可知PC＋ABS的注塑压力80～120MPa，因此可取P_m＝30MPa。

K——安全系数，通常取K＝1.1～1.2。

将数据代入公式得：

$$KAP_{m} = 1.15 \times 18957 \times 10^{-6} \times 30 \times 10^{6} = 6.54 \times 10^{5}\text{N} = 654\text{kN}$$

$$F = 2500\text{kN} \geqslant KAP_{m}$$

所以注塑机的锁模力满足要求。

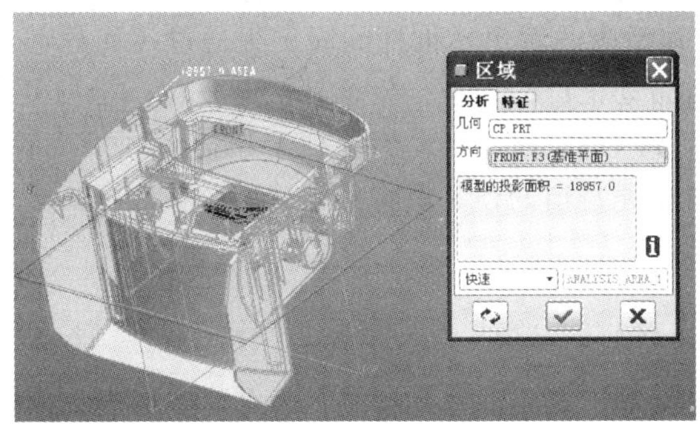

图 5-17　塑件在分型面上的投影面积

5. 注塑压力的校核

校核公式：

$$p_{max} \geqslant K'p_0$$

p_{max}——注塑机的额定注塑压力（MPa）；

p_0——注塑成型时的所需调用的注塑压力（MPa）；

K'——安全系数。

将数据代入公式得：

$$K'p_0 = 1.3 \times 100 = 130\text{MPa}$$

$$p_{max} = 205\text{MPa} > 130\text{MPa}$$

满足要求。

5.1.6　模具的工作原理及特点

1. 工作原理

模具完成注塑成型后，见图 5-18（a），在注塑机的带动下，动模板、定模板打开，在此过程中，两根斜导柱拨动两滑块侧向移动，当模具主分型面打开 76.94 mm 时，滑块侧向移动了 25mm；此时波仔螺丝的弹珠，刚好进入到滑块上的凹槽中，对滑块起到了限位的作用。动、定模板移动到 300mm 时，停止移动，见图 5-18（b）；接着，注塑机顶棍通过 KO 孔推动推杆固定板，使推杆上移，将塑件顶出，见图 5-18（c）。

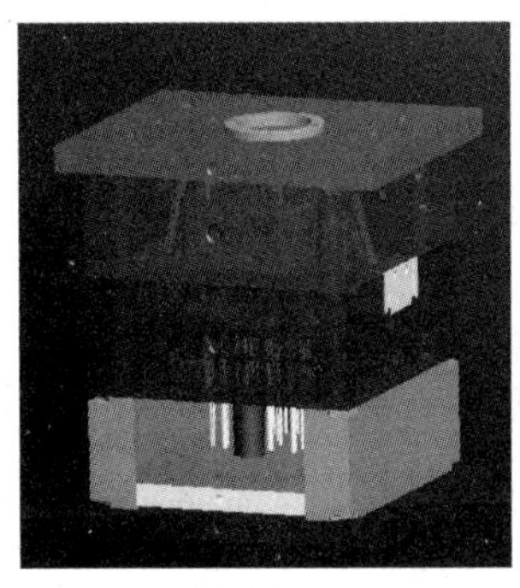

(a) 合模

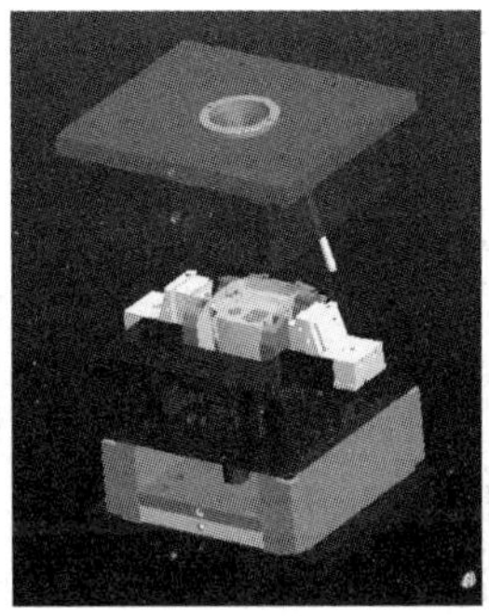

(b) 开模

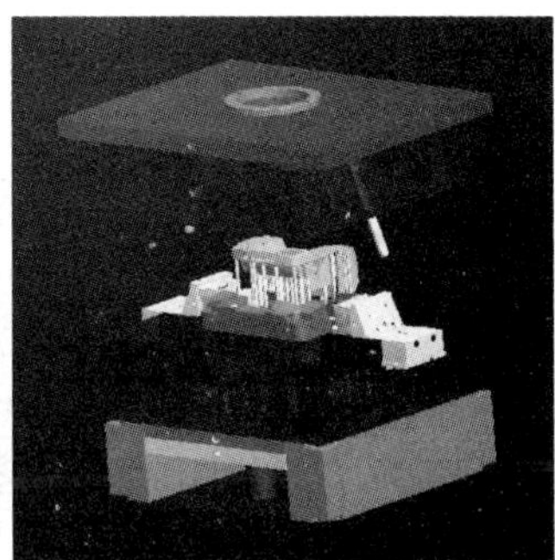

(c) 脱模

图 5-18　注塑模 3D 装配图

从 3D 装配图上可以清晰的看出，推杆的固定板通过拉回杆与注塑机的顶棍相连接。合模时，注塑机的顶棍带动推杆固定板，使推杆强制复位。推杆复位后，动、定模合模；当动、定模的距离移动到 76.94mm 时，斜导柱开始插入到滑块孔中，从而拨动滑块复位。滑块复位后，由上模原身留的锁紧块将其锁紧。合模完成后，注塑机注入熔融塑件，开始下一个注塑成型循环。

2. 本模具的特点

该模具的整体尺寸较大，在选择注塑机时，若只从注塑量上分析，会发现此设计选择的注塑机太大，有点浪费。首先，塑件属于深高型的产品，这就需要用较厚的动模仁、定模仁，模仁较厚，那么定模板的厚度也就自然地要加大。再者，塑件的两侧有多处内侧凸，而且最大倒扣距离达到了 19mm，这使得滑块的尺寸以及滑块的行程都很大；滑块的行程，直接影响到动、定模板的长宽。

经过以上分析可知，该模具的外形尺寸是合理的。在设计此模具时，为了尽量避免选更大的注塑机，已在两处有所改进。首先，动模板的厚应再加大 20～30mm，以保证动模板在注入熔融塑料时，有足够的强度，而不会发生轻微的弯曲变形。但为了避免整个注塑模的高度有所增加，我们增加两个支承柱，来提高后模板的抗弯强度。

再者，依据该塑件的特点，顶出行程并没有按一般塑件那样将塑件完全顶出一段距离。将塑件顶出 90mm 时，塑件已基本上脱离了下模，如图 5-19 所示，只要开模行程大于塑件＋主流道的高度，就可以拿出塑件。这样就节省了顶出行程，从一定程度上来讲，不仅减小了整个模具的高度，而且还提高了塑件的生产效率。

图 5-19　模具结构特点

该模具推杆的复位采用了顶棍带动式的强制复位。这样的复位方式，比复位杆上加弹簧的复位方式更安全可靠，而且加工方便。

5.1.7 项目小结

本项目主要是针对遥控器盒外壳的注塑模具进行设计，该外壳材料为 PC＋ABS（聚碳酸酯和丙烯腈-丁二烯-苯乙烯共聚物和混合物）。利用 Pro/Plastic Advisor 进行充型模拟，确定最佳浇口数量与位置。通过对塑件进行工艺的分析，最终设计出一副注塑模。经企业生产实践证明，塑件尺寸、形位公差符合要求。

5.2　塑料活塞注塑模设计

本项目是活塞的注塑模具设计，该活塞材料为聚甲醛。从产品结构工艺性分析、注塑模的结构设计出发，对模具的浇注系统、成型零件的结构、模架、脱模机构、温度调节系统、侧向抽芯机构和三板模顺序分型机构进行了详细的设计。

5.2.1　活塞的设计要求以及成型工艺分析

1. 产品基本要求

最大几何尺寸：ϕ44.00mm×77.00mm。

精度要求：一般精度（MT6 级）。

外观要求：表面光洁，无成型缺陷。

其他要求：机械强度好，耐磨性优越，具有自润滑性能。

根据上文叙述可知，塑件需具有良好的机械性能、耐磨性、自润滑性，且还应具有较好的流动性，以满足成型要求。

2. 塑件形状以及结构的设计

根据活塞塑件 2D 图纸，用 Pro/Engineer 进行建模。产品 3D 模型非常直观地表现了活塞的造型，可以从每个视角对产品进行观察，可以利用软件模型进行测量而且还可以根据 3D 模型数据使用 Pro/Engineer 进行模块分析。塑件 3D 图如图 5-20 所示。

图 5-20　活塞塑件 3D 图

3. 活塞塑件材料选择

此塑件用作活塞，首先需要具备较好的机械性能，能够承载一定的作用力；应具有相对比较低的摩擦系数和优良的几何稳定性。经过力学性能、化学性能、经济性能多方面的比较（过程从略），最后材料选定为 POM，其性能指标见表 5-4。

表 5-4　POM 性能指标

密度/（g/cm^3）	1.42	吸水率/%	0.2
熔点/℃	175	计算收缩率/%	2.2
干燥温度/℃	80～100	屈服强度/MPa	63
弹性模量/MPa	2800	摩擦系数	0.3

4. 成型方法及其工艺选择

塑件所选材料为 POM，根据塑件的外形特征和使用要求，最佳的成型方式为注塑成型。

5. 成型工艺分析

外观要求：此塑件为圆柱形塑件，较规则，要求塑件表面光滑，无裂纹等成型缺陷。精度等级：此塑件对精度等级要求不高，采用未标注公差等级为 MI5，脱模斜度为 0.5°。

6. 注塑成型工艺过程及工艺参数

成型前的准备：对 POM 的色泽、粒度和均匀度进行检测。注塑过程：充模、压实、保压、倒流和冷却五个阶段。塑件的后处理：处理的介质为空气和水，处理温度为 110～120℃，处理时间为 16～20s。

POM 的工艺参数：料筒温度，前段为 190～210℃，中段为 175～220℃，后段为 160～210℃；喷嘴温度为 175～220℃；模具温度为 50～90℃；注塑压力为 70～120MPa。

5.2.2 选择注塑机及相关参数的校核

在对活塞进行材料选择、结构工艺分析、大致选定成型工艺参数的基础上，根据塑件生产的数量和精度要求就可以确定型腔数目和排列方式，根据塑件活塞的注塑质量，选择注塑机的型号及确定注塑机的安装尺寸。

1. 型腔数量及排列方式选择

此活塞属小型塑件，形状比较规则，尺寸精度要求不高，且为中等批量生产，塑件侧面有侧凹，同时还存在侧孔，需进行侧抽芯，所以采用一模一腔的型腔布置。

2. 选择注塑机型号

1）注塑量的计算

通过 Pro/Engineer 建模分析，如图 5-21 所示，塑件体积 $V_1=12.66\text{cm}^3$，POM 的密度取 $\rho=1.42\text{g/cm}^3$，塑件的质量 $m_1=17.98\text{g}$。浇注系统凝料具体参数不能确定，所以以塑件质量的 20%计算。

注塑量为：

$$m_{总} = (1+20\%)\times 17.98\text{g} = 21.576\text{g}$$

$$V_{总} = 15.194\text{cm}^3$$

2）选择注塑机

单次注入模具的塑料总体积不能大于注塑机公称注塑量的 80%，则注塑机最小公称注塑量为 $15.194\text{cm}^3/80\%=19\text{cm}^3$。

根据以上计算，初步选定公称注塑量为 66cm^3，注塑机型号为海天 HTF58X-A。该注塑机的技术参数见表 5-5。

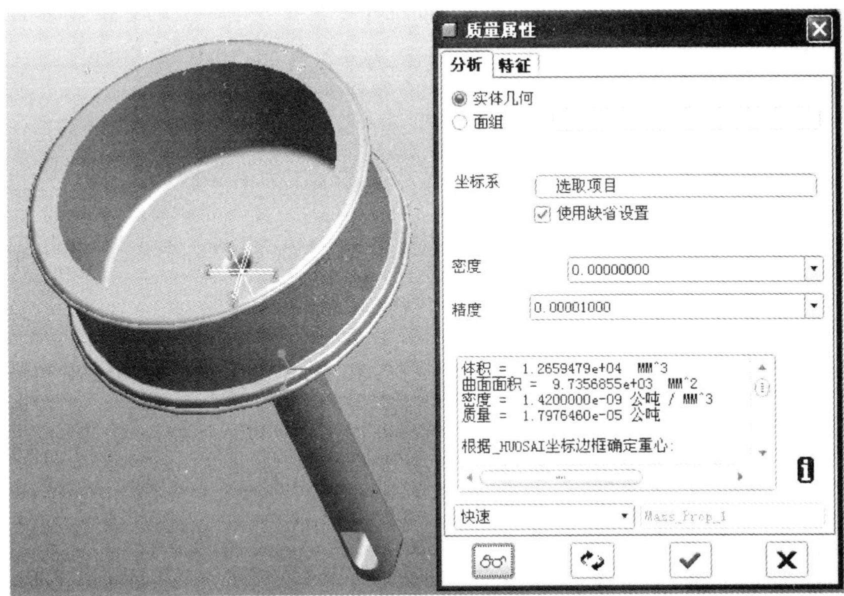

图 5-21　塑件质量分析图

表 5-5　海天 HTF58X-A 注塑机主要技术参数

螺孔直径/mm	26	顶出行程/mm	70
公称注塑量/cm^3	66	顶出力/kN	22
注射量/g	60	最大泵压力/MPa	17.5
注射速度/(mm/s)	114.5	马达输出功率/kW	11
塑化能力/(g/s)	7	加热器输出功率/kW	5.15
注射压力/MPa	245	贮料器容量/kg	25
螺旋回转数/(r/min)	255	料筒体积/L	180
锁模力/kN	800	最大模具厚度/mm	320
锁模行程/mm	270	最小模具厚度/mm	120
法兰直径/mm	ϕ100	炉嘴型号/mm	ϕ2-SR10
拉杆间距/mm	310×310	合模行程/mm	70

3）注塑机相关参数的校核

（1）注塑压力的校核

查手册可知，POM 所需注塑压力为 100～120MPa，这里取 $P_0=120$MPa，该注塑机的公称注塑压力 $P_{公}=245$MPa，注塑压力安全系数 $k_1=1.25\sim1.4$，取 $k_1=1.4$，则有：

$$k_1 P_0 = 1.4 \times 120 = 168\text{MPa}$$

所以，注塑机注塑压力合格。

（2）锁模力的校核

活塞在分型面上的投影面积 $A_{塑}$ 为

$$A_{塑} = \pi R^2 = \pi \times \left(\frac{47}{2}\right)^2 = 3.14 \times \frac{47^2}{4} = 1734\text{mm}^2$$

浇注系统在分型面上的投影面积 $A_{浇}$ 不易计算。$A_{浇}$ 选取为 $A_{塑}$ 的 0.2～0.5。本注塑

模具为一模一腔，取 $A_{浇}=0.3A_{塑}$。活塞产品和浇注系统在分型面上的总投影面积 $A_{总}$，则

$$A_{总} = A_{塑} + A_{浇} = 1.3 \times A_{塑} = 1.3 \times 1734 = 2254.2\text{mm}^2$$

模具型腔内的胀型力 $F_{胀}$，则

$$F_{胀} = A_{总} P_{模} = 2254.2 \times 73.5 = 165683.7\text{N} = 165.6837\text{kN}$$

式中，$P_{模}$ 是型腔的平均计算压力值，通常取注塑压力的 20%～40%，这里取注塑压力的 30%为 73.5MPa。

注塑机的公称锁模力 $F_{锁}=800\text{kN}$，锁模力安全系数为 $k_2=1.1\sim1.2$，取 $k_2=1.2$，则 $k_2F_{胀}=1.2\times165.68=198.816<F_{锁}$，所以注塑机锁模力满足要求。

对于安装尺寸的校核需等到标准模架确定以后再进行校核。

5.2.3 分型面位置的确定

通过对塑件结构进行分析，同时考虑活塞上部存在环形侧凹，因此其分型面选择如图 5-22 所示。

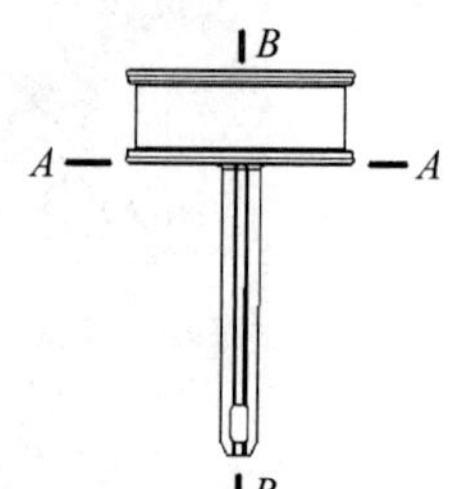

图 5-22 塑件的分型面

5.2.4 浇注系统的设计

本模具的浇注系统如图 5-23 所示。

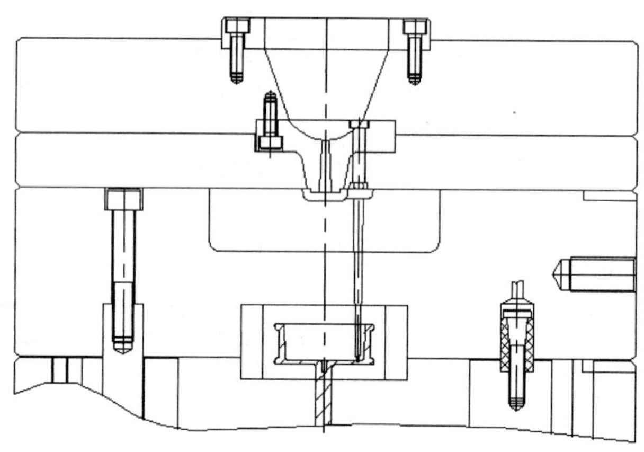

图 5-23 模具的浇注系统设计

1. 主流道的设计

模具主流道是注塑机的喷嘴和模具分流道的一段通道。主流道的尺寸如下。

① 主流道长度：$L_{主}$ 应尽量小于 60mm，本模具初取 34mm 进行设计。

② 主流道小端直径：d=注塑机喷嘴尺寸＋（0.5～1.5）mm＝3.5mm。

③ 主流道大端尺寸：$d'=d+2L_{主}\tan\alpha\approx6\text{mm}$，式中 $\alpha=6°$。

④ 主流道球面半径：SR_0=注塑机喷嘴球头半径＋（1～2）mm＝12mm。

⑤ 主流道的凝料体积：

$$V_{主}=\frac{\pi}{3}L_{主}(R_{主}^2+r_{主}^2+R_{主}r_{主})=\frac{3.14}{3}\times 34\times(3.5^2+1.75^2+3.5\times 1.75)$$
$$=762.9\text{mm}^3=0.7629\text{cm}^3。$$

⑥ 主流道当量半径：$R_n=\frac{1.75+3.5}{2}=2.625\text{mm}$。

2. 分流道的设计

结合模具的结构布局，分流道为 Y 形平衡式分布。水平分流道采用 U 形截面，如图 5-24 所示；垂直分流道为圆锥形分流道，如图 5-25 所示。

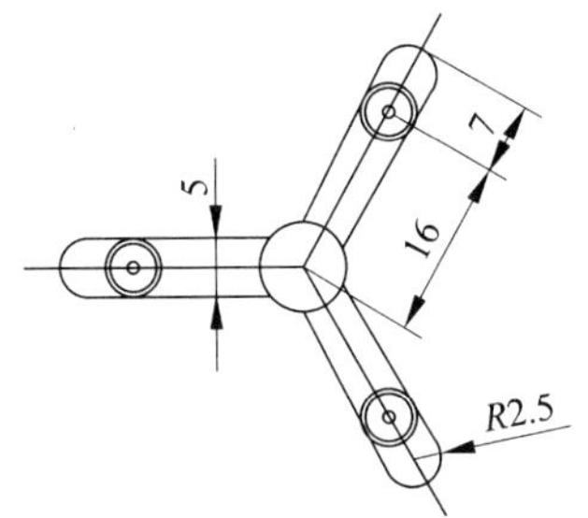

图 5-24　水平分流道

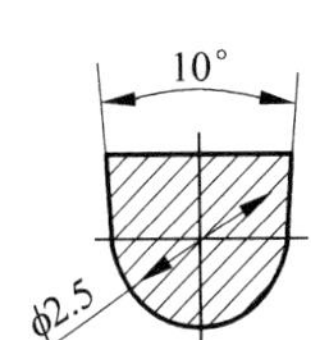

图 5-25　U 形横截面流道

1）分流道的各项参数

分流道的长度越短越好，所以水平分流道的长度取 $L_{水平}=23\text{mm}$，垂直分流道的长度取 $L_{垂直}=72\text{mm}$。

分流道的单向长度为 $L'_{分}=95\text{mm}$，总长度为 $L_{分}=285\text{mm}$。

分流道当量直径 $R_{分}=\frac{4.6}{2}=2.3\text{mm}$。

因为活塞塑件的质量是 17.98g<200g，所以

$$D_{分}=0.2654\sqrt{m_{塑}}\sqrt[4]{L_{分}}=0.2654\times\sqrt{17.98}\times\sqrt[4]{285}\approx 4.6\text{mm}，取 D_{分}=5\text{mm}。$$

2）凝料体积

$$V_{分}=3(V_{水平}+V_{垂直})=3\times(20\times 23+327)=2361\text{mm}^3=2.361\text{cm}^3$$

3）校核剪切速率

确定注塑时间，查手册，可取 $t=1\text{s}$。

计算分流道体积流量：$q_{分}=\frac{V_{分}+V_{塑}}{t}=\frac{2.361+12.66}{1}=15.021\text{cm}^3/\text{s}$。

剪切速率：$\dot{r}_{分}=\frac{3.3q_{分}}{\pi R_{分}^3}=\frac{3.3\times 15021}{3.14\times\left(\frac{4.6}{2}\right)^3}=1.3\times 10^3\text{s}^{-1}$，该分流道的剪切速率在主流道与分流道的最佳剪切速率 $5\times 10^2\sim 5\times 10^3\text{s}^{-1}$ 之间，所以模具分流道的剪切速率合格。

3. 浇口的设计

该塑件要求表面光洁，无注塑成型缺陷（欠注、凹陷、披峰、流痕等），采用一模一腔注塑，所示塑件主体结构为圆形，同时存在侧凹，不能设计侧浇口，可以考虑设计轮辐

式浇口，但是产品不存在碰穿面，只能设计成点浇口，如图 5-26 所示。

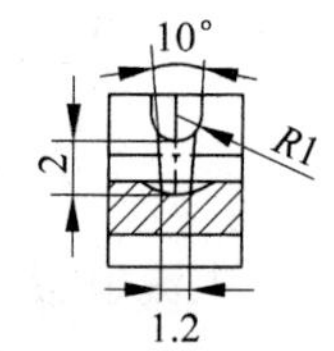

图 5-26　点浇口的设计

1）点浇口尺寸的确定

查有关手册，选取长度 $l=2\text{mm}$，直径 $\phi=1.2\text{mm}$，如图 5-27 所示。

2）点浇口剪切速率的校核

确定注塑时间：查手册，取 $t=1.6\text{s}$。

计算浇口的体积流量：$q_{浇}=\dfrac{V_{塑}}{t}=\dfrac{12.66}{1.6}=7.9125\text{cm}^3/\text{s}=7912.5\text{mm}^3/\text{s}$。

计算浇口的剪切速率：

$$\dot{r}_{浇}=\frac{3.3q_{浇}}{\pi R_{浇}^3}=\frac{3.3\times 7912.5}{3.14\times 0.6^3}=38498.54\text{s}^{-1}=3.8498.54\times 10^4\text{s}^{-1}。$$

该模具点浇口的剪切速率在浇口与分流道的最佳剪切速率 $5\times 10^3\sim 5\times 10^4\text{s}^{-1}$之间，所以浇口的剪切速率校核合格。

3）校核主流道的剪切速率

塑件的体积、主流道的体积、分流道的体积和主流道的当量半径都已经求出，主流道熔体的剪切速率也可以校核。

计算主流道的体积流量：

$$q_{主}=\frac{V_{主}+V_{分}+V_{塑}}{t}=\frac{0.7629+2.361+12.66}{1.6}=9.8649375\text{cm}^3/\text{s}=9864.9375\text{mm}^3/\text{s}。$$

计算主流道的剪切速率：

$$\dot{r}_{主}=\frac{3.3q_{主}}{\pi R_{主}^3}=\frac{3.3\times 9864.9375}{3.14\times 2.625^3}=573.18\text{s}^{-1}=5.7348\times 10^2\text{s}^{-1}。$$

主流道内熔体的剪切速率处于浇口和分流道的最佳剪切速 $5\times 10^2\sim 5\times 10^3\text{s}^{-1}$之间，所以主流道的剪切速率校核合格。

5.2.5　成型零件的结构设计及计算

1. 成型零件的结构设计

本模具成型零件包括公模仁、滑块、母模仁、母模仁镶件、滑块镶件和公模仁镶件，如图 5-27 所示，零件具体部位可参考 3D 零件图和 2D 零件图。

凹模是塑件外轮廓的零件，它的结构形式有整体式、整体嵌入式、组合式和镶嵌式。本模具属于整体嵌入式凹模。

凸模是塑件内表面的零件，一般分为整体式和组合式两种。本模具属于组合式凸模。

2. 成型零件的尺寸计算

计算凹模径向尺寸的公式为

$$L_{\text{M}}=[(1+S_{\text{cp}})l_{\text{s}}-x\Delta]^{+\delta_z}$$

计算型芯径向尺寸的公式为

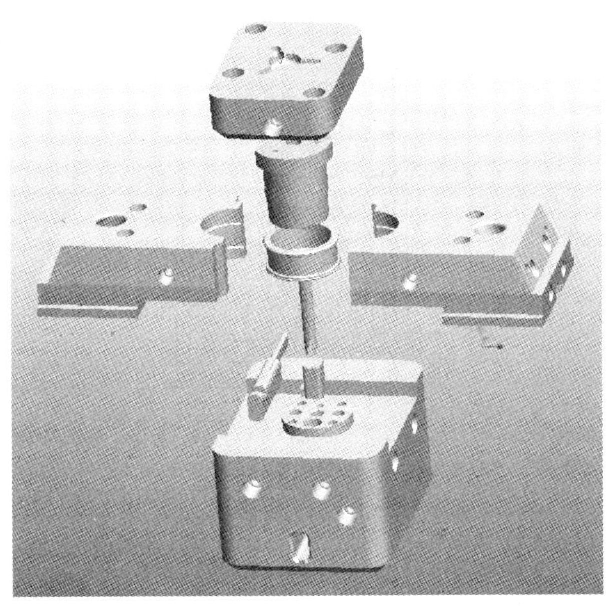

图 5-27　成型零件 3D 图

$$l_M = [(1+S_{cp})l_s + x\Delta]_{-\delta_z}$$

计算凹模深度尺寸公式为

$$H_M = [(1+S_{cp})H_s - x\Delta]^{+\delta_z}$$

计算型芯高度尺寸公式为

$$h_M = [(1+S_{cp})H_s + x\Delta]_{-\delta_z}。$$

转换塑件外部径向尺寸：$l_{s1}=\phi 7.60\pm 0.19$mm$=\phi 7.79_{-0.38}$ mm，$l_{s2}=\phi 47.00\pm 0.47mm=\phi 47.47_{-0.94}$ mm。相应的塑件制造公差 $\Delta_1=0.38$mm，$\Delta_2=0.94$mm。$L_{M1}=[(1+S_{cp})\ l_{s1}-x_1\Delta_1]^{+\delta_{z1}}=[(1+0.022)\times 7.79-0.6\times 0.38]^{+\frac{1}{6}\times 0.38}=7.73^{+0.063}$ mm，$L_{M2}=[(1+S_{cp})\ l_{s2}-x_2\Delta_2]^{+\delta_{z2}}=[(1+0.022)\times 47.47-0.6\times 0.94]^{+\frac{1}{6}\times 0.94}=47.95^{+0.157}$mm。其中，POM 的收缩率 $S_{cp}=2.2\%$；x_1、x_2 是系数；x 一般在 0.5～0.8 之间，这里取 $x_1=x_2=0.6$；Δ_1 和 Δ_2 分别是活塞上对应的尺寸公差（下同）；δ_{z1} 和 δ_{z2} 是活塞对应尺寸的制造公差，对于本产品取 $\delta_z=\frac{1}{6}\Delta$（下同）。

转换塑件高度方向尺寸：$H_M=58.00\pm 0.65=58.65_{-1.30}$ mm，相对应的 $\Delta=1.30$mm。$H_M=[(1+S_{cp})\ H_s-x\Delta]^{+\delta_z}=[(1+0.022)\times 58.65-0.6\times 1.30]^{+\frac{1}{6}\times 1.30}=59.16^{+0.217}$ mm。

型芯径向尺寸转换：$l_M=\phi 38.00\pm 0.40=\phi 37.60^{+0.80}$ mm，相对应的 $\Delta=0.80$mm。$l_M=[(1+S_{cp})\ l_s+x\Delta]_{-\delta_z}=[(1+0.022)\times 37.60-0.6\times 0.80]_{-\frac{1}{6}\times 0.80}=37.94_{-0.133}$ mm。

5.2.6　模架的确定

根据模具型腔布局和成型零件的尺寸，模架选用龙记模架（KLM）DCI2930，如图 5-28 所示，其余尺寸参照 2D 图纸。对模具的安装尺寸（拉杆间距、模具闭合高度、顶出行程、开模行程）进行相应的校核，结果表明选用注塑机合理。

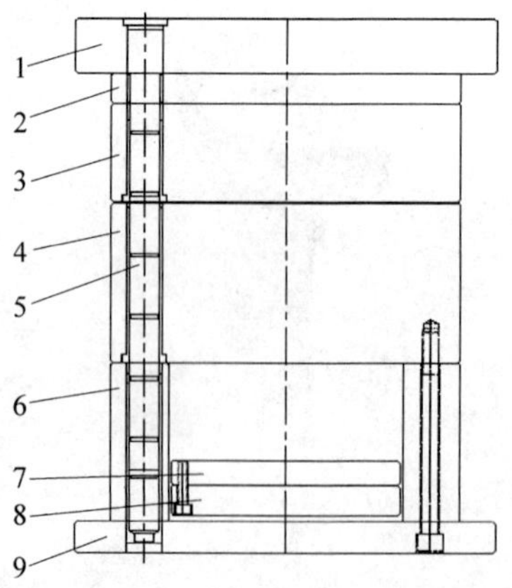

1—定模座板；2—流道板；3—定模板；4—动模板；5—导柱及导套；6—垫块；7—推杆固定板；8—推杆垫板；9—动模座板

图 5-28　模架 2D 图

5.2.7　脱模机构的设计

1. 推出方式的确定

根据塑件的结构及其模具成型零件的结构，确定模具的脱模方式为推杆脱模，如图 5-29 所示。脱模的推杆排布位置如图 5-30 所示。

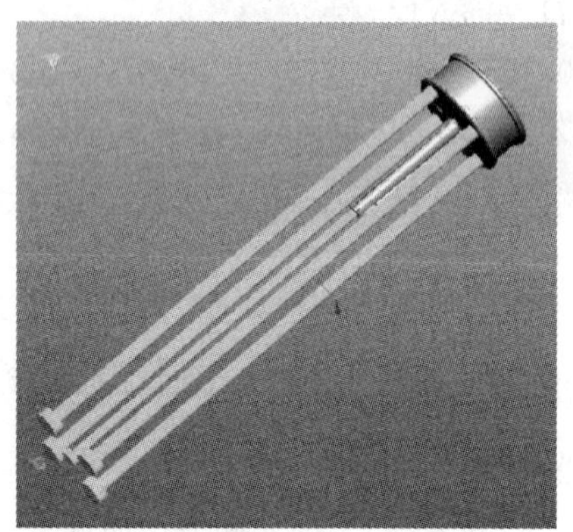

图 5-29　推杆脱模机构

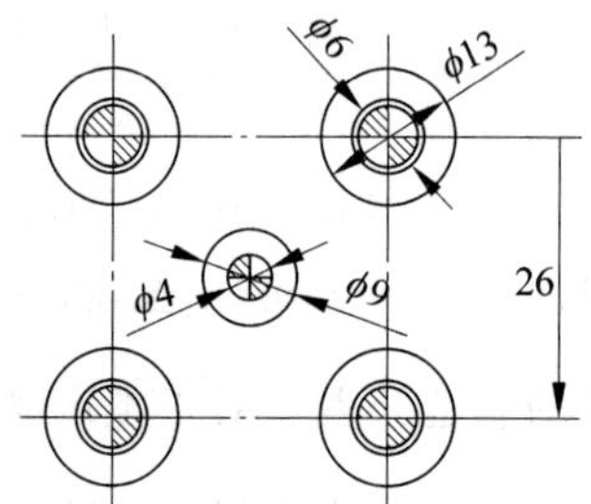

图 5-30　脱模的推杆排布位置

2. 脱模力的计算

该活塞壁厚不是很均匀，取平均壁厚为 4.5mm。因为塑件内孔半径与壁厚之比 $\lambda=\frac{r}{t}=\frac{19}{4.5}=4.22<10$，所以该塑件为厚壁塑件。

脱模力：

$$F=\frac{2\pi rESL\ (f-\tan\varphi)}{(1+\mu+K_1)\ K_2}+0.1A=\frac{2\times3.14\times19\times2800\times2.2\%\times17\times\ (0.3-\tan0.5^{\circ})}{(1+0.3+3.7731)\ \times1.0026}+$$

$0.1\times3.14\times23.5^2\approx7328\text{N}<22\text{kN}$，所以注塑机的顶出力足够。

上式中塑料的弹性模量 $E=2800\text{MPa}$，塑料的平均收缩率 $S=2.2\%$，被包型芯长度 $L=17\text{mm}$，塑料的泊松比 $\mu=0.3$，脱模斜度 $\varphi=0.5°$，塑料与钢材之间的摩擦系数 $f=0.3$，塑件在与开模方向垂直的平面上的投影面积 $A=\pi r^2$，

$$K_1=\frac{2\lambda^2}{\cos^2\varphi+2\lambda\cos\varphi}=\frac{2\times4.22^2}{\cos^2 0.5°+2\times4.22\times\cos 0.5°}=3.7731,$$

$$K_2=1+f\sin\varphi\text{con}\varphi=1+0.3\times\sin0.5°\times\cos0.5°=1.0026。$$

5.2.8　温度调节系统的设计

POM 的成型温度、模具温度和脱模温度分别为 200℃、50～90℃、90～120℃。所以模具温度初选为 60℃，无须设计加热装置。塑件要从 200℃需要降到 90℃，必须设置冷却系统，用常温水对该模具进行冷却。需要设置冷却水道的模具零件有滑块、公模仁和动模板，其冷却水道分布如图 5-31、图 5-32、图 5-33 所示。为了可以充分冷却及提高生产效率，将冷却水道设计为两层冷却。根据塑件和模具零件的结构特点，滑块的水道直径取 6mm，公模仁和动模板的水道直接取 8mm，具体尺寸参照模具零件图。

图 5-31　滑块冷却水道分布图

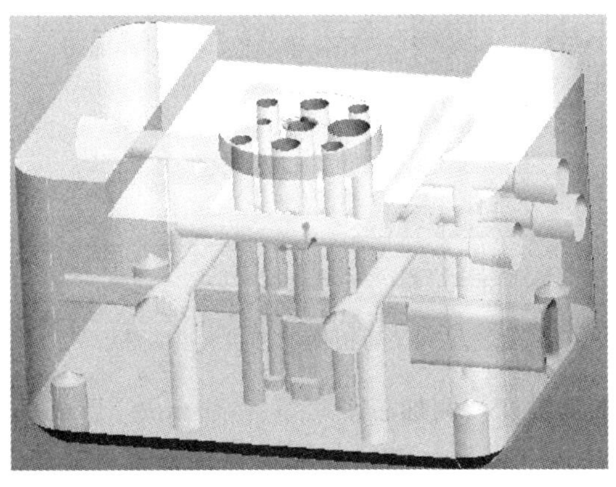

图 5-32　公模仁冷却水道分布图

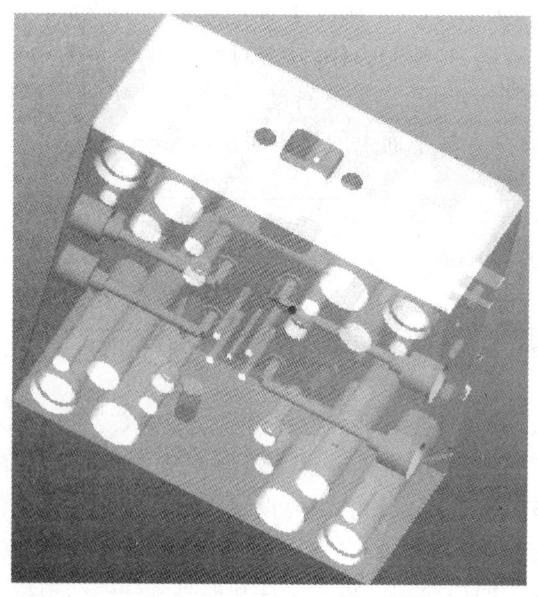

图 5-33　动模板冷却水道分布图

5.2.9　侧向抽芯机构的设计

该塑件为活塞，通过对其结构分析，由于产品上部存在整体侧凹，活塞杆存在侧孔，因此需要设置 2 个侧抽芯机构。活塞上部整体侧凹结构简单、稳定可靠，因此采用斜导柱侧抽芯机构；活塞杆上的孔，考虑模具内部空间有限，且抽芯行程较短，故采用弯销侧抽芯。弯销侧抽芯机构具体设计如图 5-34 和图 5-35 所示，其中各部件名称参考 2D 装配图。

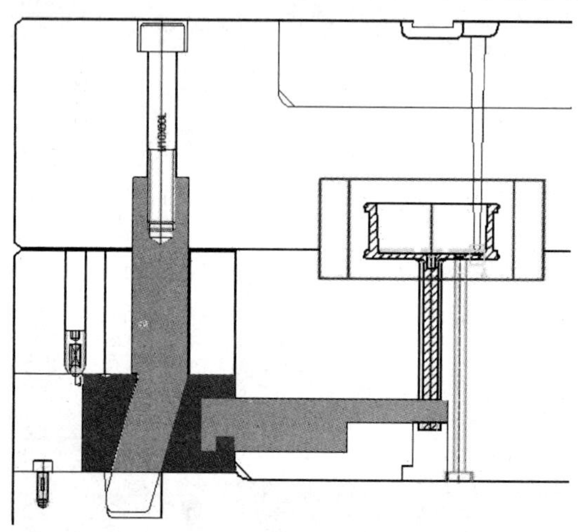

图 5-34　弯销侧抽芯机构 2D 图

参考 2D 装配图的数据可知，侧抽芯距离 $S_{抽}=11\mathrm{mm}$。当定模板向上运动时，带动锁紧块向上运动，进而挤压滑块向左运动，从而使侧抽芯离开塑件，当滑块碰到限位螺钉时，停止运动。

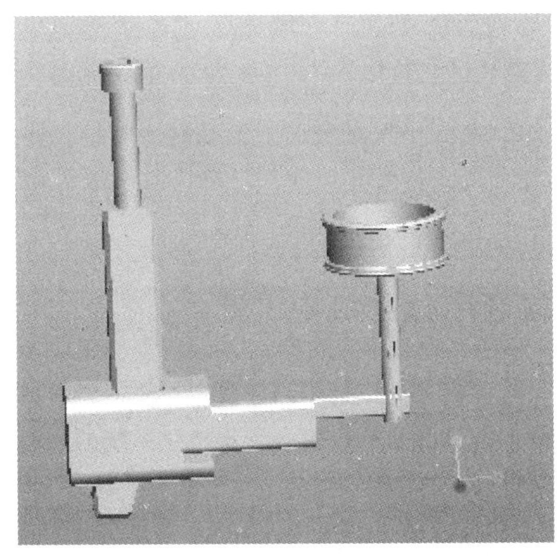

图 5-35　弯销侧抽芯机构 3D 图

斜导柱侧抽芯机构设计如图 5-36、图 5-37 所示，其中各部件名称参考 2D 装配图。

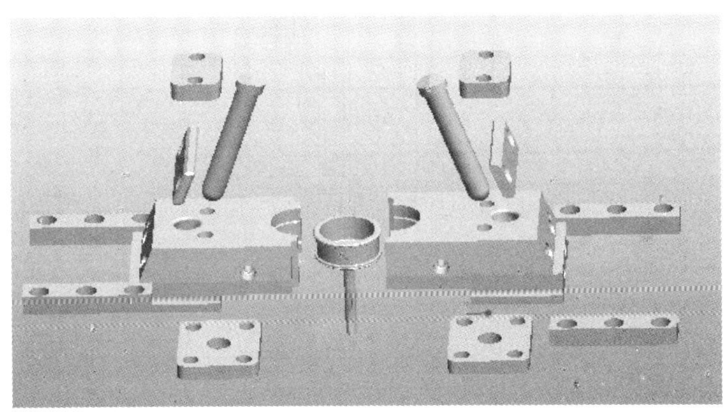

图 5-36　斜导柱侧抽芯机构分解图

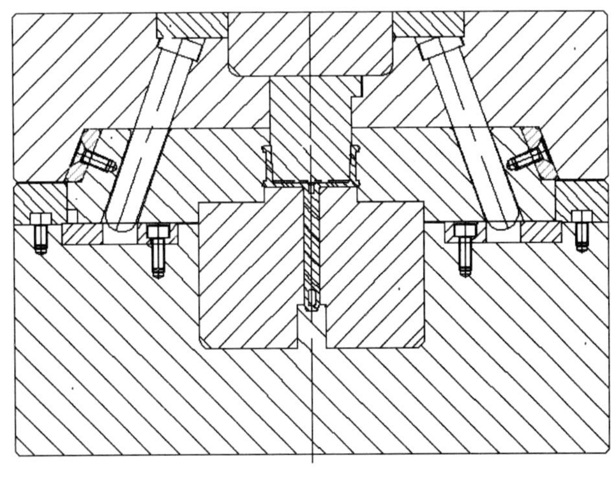

图 5-37　斜导柱侧抽芯 2D 图

斜导柱开模行程为12.5mm，斜导柱的倾角为20°，根据三角形公式可计算出斜导柱深入滑块的长度 $L=\frac{12.5}{\sin 20^{\circ}}\approx 36.5\text{mm}$，如图5-38所示，侧抽芯距离 $S_{抽}=12.5\text{mm}$。当A板向上运动时，由斜导柱挤压滑块向两边运动，从而使侧抽芯离开塑件。当滑块向两边运动碰到限位螺钉时，停止运动。

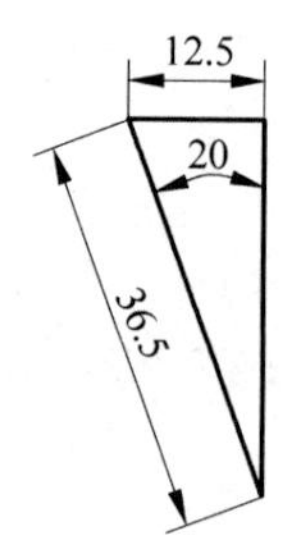

图5-38 斜导柱行程

5.2.10 三板模顺序分型机构设计

三板模的开模原理与两板模开模原理不同，且三板模通常有两个分型面。三板模的开模动作比两板模开模动作多，原因是三板模必须将浇注系统的凝料从流动板和定模板中完成脱出。三板模顺序分型机构如图5-39所示。三板模顺序分型机构工作过程如下：

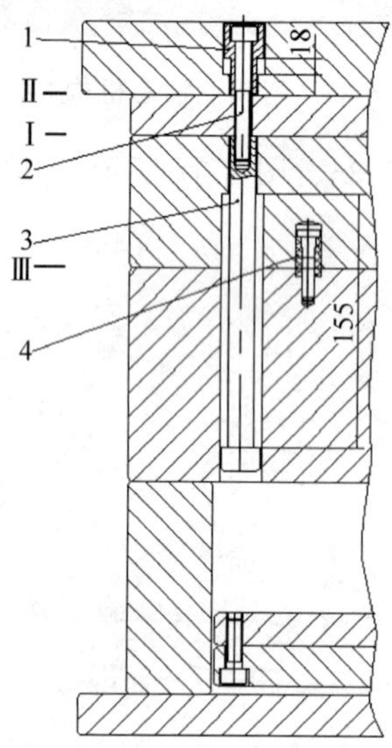

1—定距衬套；2—定距螺钉；3—定距拉杆；4—圆形拉模扣

图5-39 顺序分型机构设计

① 模具开模第一次分型时，利用注塑机的动模固定板带动模具的动模侧移动，由于圆形拉模扣摩擦力的作用，主分型面Ⅲ不能打开，在装在复位杆上的四个压缩弹簧的作用下，位于定模侧的Ⅰ分型面打开，一级分流道凝料（U形截面）和二级分流道（圆锥形截面）在拉料杆的作用下拉断点浇口，二级分流道凝料从定模板和定模仁中脱出；继续开模，当定模板与流道板分开到一定距离时，由于定距拉杆和螺钉的作用，Ⅱ分型面打开，装在定距螺钉上的定距衬套移动10mm，从而使流道板在开模方向移动10mm，从而使得拉料杆的锥形端从一级分流道的凝料中脱出，同时主流道凝料从浇口套中脱出10mm，整个浇注系统凝料自动脱落，且定模板在拉料杆和定距螺钉的作用下，当Ⅱ分型面打开145mm距离时将停止运动，浇注系统凝料的总高度为104mm，Ⅱ分型面打开的距离能够满足凝料取出的需要。在开模力的作用下，克服圆形拉模扣的摩擦力，此时Ⅲ分型面打开。

② 模具继续开模，此时定模板与动模板在Ⅲ分型面打开。动模板的运动，带动侧抽芯斜导柱驱动使大滑块向两侧运动，弯销的驱动使得小滑块向左侧运动，实现侧型芯的侧向脱模。注塑机顶辊推动推杆固定板，推杆固定板推动推杆，推杆推出产品行程为40mm，产品完成脱模，可取出塑件。

③ 模具利用复位机构即复位杆实现合模时脱模机构的复位，合模时斜导柱和弯销驱动侧滑块复位，准备下一个零件的注塑成型生产。

5.2.11 项目小结

根据活塞的设计要求，分析其结构及成型工艺性，进行了模具结构设计，并校核其各项参数，保证其能够生产出符合设计要求的活塞塑件。另外，本模具采用的是三板模，虽然结构较为复杂，但相比起两板模，它具有精度高、容易成型、无明显浇口痕迹等优点。在实际生产过程中，该模具容易实现自动化生产，能达到设计前预想的生产效果。

第 6 章　粉末冶金模具新产品研发的项目实践

6.1　汽车双联齿轮粉末冶金成型模设计

粉末冶金是一项以较低的成本制造高性能铁基粉末冶金制品的新技术。本项目通过粉末冶金汽车双联齿轮成型模设计的开发实例，进行粉末冶金模具 CAD 的应用研究与实践，并基于 Pro/ Moldesign 探索三维 CAD 技术在粉末冶金成型模设计中的应用。

6.1.1　设计任务分析

我国汽车工业特别是轿车工业的蓬勃发展，给粉末冶金铁基制品带来了前所未有的发展机遇。汽车制造业中使用的铁基粉末冶金零件日益增多，扩大粉末冶金汽车零件应用的有效途径是开发和研制中高性能的铁基粉末冶金结构零件。本项目以具有复杂结构的汽车用粉末冶金铁基双联齿轮的模具开发为例，详细阐述高性能铁基粉末冶金齿轮的成型模设计过程。

本项目所开发的双联齿轮产品零件图见图 6-1，其主要齿轮参数和精度分别见表 6-1 与表 6-2。根据双联齿轮的使用工况分析其主要失效形式是轮齿折断和齿面磨损，同时该零件必须具有较高强度与良好的耐磨性。解决此问题的主要措施是采用粉末冶金材料或合金钢热处理及表面处理技术。

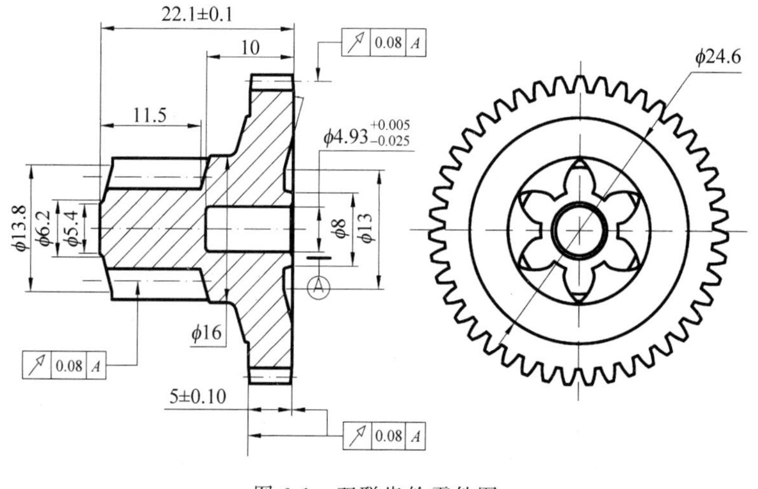

图 6-1　双联齿轮零件图

表 6-1　双联齿轮参数

渐开线齿轮参数		齿轮 1	齿轮 2
齿数	z	43	6
模数	m	0.75	1.75
变位系数	χ	−0.069	0
压力角	α	20°	20°
分度圆直径/mm	d	32.25	10.50
齿顶径直径/mm	d_a	$33.635_{-0.1}^{0}$	$15.575_{-0.1}^{0}$
齿根径直径/mm	d_f	$30.171_{0}^{+0.1}$	$8.65_{0}^{+0.1}$
公法线长度/mm	l_n	$10.38_{-0.1}^{-0.04}$	$8.67_{-0.1}^{0}$
跨测齿数	n	5	2
精度等级		8 GB10095—88	

表 6-2　双联齿轮精度

渐开线齿轮		齿轮 1	齿轮 2
齿距累积公差	F_p	0.04	0.04
齿距极限偏差	$\pm f_{pt}$	±0.015	±0.015
齿形公差	f_f	0.04	0.04
齿向公差	f_β	0.04	0.04

6.1.2　基于 Pro/ Moldesign 的模具 CAD 技术

Pro/Engineer 软件采用面向对象的统一数据库和参数化造型技术，具备概念设计、基础设计和详细设计的功能，为模具的 CAD/CAE/CAE 集成提供了优良的平台。Pro/Moldesign 是 Pro/Engineer 系统中的一个模块，提供了方便实用的三维环境下塑料模具设计与分析工具。利用这些工具可以由塑料制件的三维实体模型建立起模具装配模型，设计分型面、浇注系统及冷却系统，生成模具成型零件的三维实体模型，从而方便、准确地完成塑料模具核心部分的设计工作；再利用 Pro/Engineer 系统的布局及装配模块（Pro/Assembly），我们还可以进行模具的顶出系统和三维总装配设计，并最终利用工程图模块生成二维模具工程图。

鉴于目前高端的 CAD/CAE/CAM 集成软件没有专用的粉末冶金模具设计模块，本项目基于 Pro/Moldesign 进行粉末冶金模具 CAD 的应用研究与实践，Pro/Moldesign 在粉末冶金成型模设计中的应用体现在：

① 进行复杂形状成型模冲的结构优化设计。

② 用于模具装配的干涉检查，实现模具开模仿真。

③ 计算成型零件体积、面积和质量等，进行阴模型腔的结构设计。

④ 由模具成型零件生成可交付使用的二维模具零件图。

⑤ 成型模模冲的三维参数化实体模型可用于数控加工。

⑥ 通过软件的二次开发，实现模具零件的参数化及自动化设计。

应用 Pro/Moldesign 模块，进行粉末冶金成型模具结构设计的基本过程是：

① 创建粉末冶金零件的三维实体模型；

② 根据零件的三维模型建立模具的装配模型；
③ 创建工件模型，用来定义所有模具元件的体积；
④ 根据成型方案创建上、下模冲的分型面；
⑤ 根据所创建的分型面分割与抽取模具体积块；
⑥ 建立模具成型零件三维实体模型；
⑦ 生成所有模具零件的二维工程图；
⑧ 根据加工需要，生成零件的 NC 代码。

6.1.3 基于 Pro/Engineer 的成型模具设计

1. 成型模齿轮型腔的设计

成型模齿轮型腔设计是粉末冶金齿轮制品模具开发的设计重点，将直接决定粉末冶金齿轮制品的制造精度。成型模齿轮型腔参数设计的主要方法有以下几种。

(1) 变位设计

变位设计认为齿轮在压制过程中的工艺参数的变化类似齿轮加工中的变位。根据齿轮的齿顶圆直径，可以确定阴模内齿轮齿顶圆直径，求出变位系数。变位齿轮与未变位齿轮在分度圆上的压力角和模数均为标准值，它们的齿廓渐开线均为同一基圆上发生的同一渐开线，具有相同的分度圆直径和基圆直径。

(2) 变模数设计

变模数设计原理认为在齿轮各加工过程中，基圆直径、分度圆直径同齿根圆、齿顶圆直径一样都是按照一定的比率变化，等同于简单套筒类零件的径向尺寸变化。对于一个齿轮，如果齿数确定，则加工过程中分度圆的变化可以认为是模数的变化。

(3) 变模数与压力角设计

根据试验中成品齿轮齿形与模具齿形的变化情形可知，实际加工过程中的齿廓曲线变化情况，证明齿轮模数与压力角均发生变化。

根据试验测定，变位设计的齿轮压坯齿廓曲线严重偏离预期齿轮压坯齿廓曲线。用变位设计法设计齿轮压坯的实际齿形不能与预期的渐开线吻合，齿面易发生断裂，严重影响了制品质量。变模数设计的齿轮压坯齿形与预期基本重合，变模数法在理论上不存在设计误差。应用这种方法，阴模的精度易于控制，制品质量得到提高。但由于模数与标准齿轮发生了变化，不再是标准值，用变模数法设计的齿轮成型阴模用传统机加工方法不可能加工出来，只能借助 CAD/CAM 技术来实现。产品成型模型腔的齿轮参数见表 6-3。

表 6-3 成型模型腔的齿轮参数

齿 轮 参 数	计 算 公 式	齿轮 1 值	齿轮 2 值
模数	$m_c=(mz-\delta+\Delta)/[(1-c)(1+e)z]$	0.749629	1.74913
基圆直径/mm	$d_{cb}=m_c z\cos\alpha$	30.29	9.861891
分度圆直径/mm	$d_c=(mz-\delta+\Delta)/[(1-c)(1+e)]$	32.23404	10.49481
齿顶径直径/mm	$d_{ca}=[m(z+2h_a^*+2x)-\delta+\Delta]/[(1-c)(1+e)]$	33.62985	13.99307
齿根径直径/mm	$d_{cf}=[m(z-2h_a^*-2c^*+2x)-\delta+\Delta]/[(1-c)(1+e)]$	30.25650	6.12970

备注：h_a^*—齿顶高系数；c^*—顶隙系数；c—烧结收缩率；e—压制回弹率；δ—整形回弹率；Δ—整形余量；x—变位系数。

2. 成型模的结构设计

1）成型模结构方案的确定

根据不等高粉末冶金制品模具设计原理，结合所开发产品的结构特征考虑采用“上二下二”的组合模冲模具成型方案，即采用两个上模冲与两个下模冲成型。双联齿轮采用阴模浮动双向压制，实现粉末移动成型，保证齿轮齿部具有较高的密度，并且其整体密度均匀。模具的结构合理，全自动粉末冶金机械式压机可以保证具有复杂结构的双联齿轮制品压坯的压制成型质量。

2）双联齿轮的参数化精确建模

在 Pro/Engineer 环境下建立双联齿轮的三维实体模型，其中齿轮的参数化精确建模的具体过程为：在公制单位下新建一零件—设置齿轮的主要参数—草绘四个同心圆—分别建立分度圆、齿顶圆、齿根圆和基圆的关系式以实现四个同心圆的参数化驱动—利用渐开线参数方程创建渐开线齿廓曲线—通过基准轴与基准点创建镜像平面—通过镜像平面镜像齿廓曲线—进入草绘界面草绘齿廓图元—选取齿根圆图元创建拉伸特征—选取齿廓图元创建齿部的拉伸特征—通过特征操作旋转复制 1 个齿部的拉伸特征—阵列 $z-1$（z 为齿轮齿数）个齿部的拉伸特征—创建其他辅助特征。所创建的双联齿轮的三维实体参数化模型如图 6-3 所示。

3）成型模模具零件设计

在 Pro/Moldesign 中进行粉末冶金成型模具结构设计：根据零件实体模型建立模具装配模型—建立工件模型—创建成型模冲的分型面—根据相应分型面分割与抽取模具体积块—生成模具成型零件的实体模型—创建成型零件的辅助特征。其中，所创建的分型面如图 6-2 所示。所创建的粉末冶金模具零件的实体模型分别如图 6-4 至图 6-8 所示。

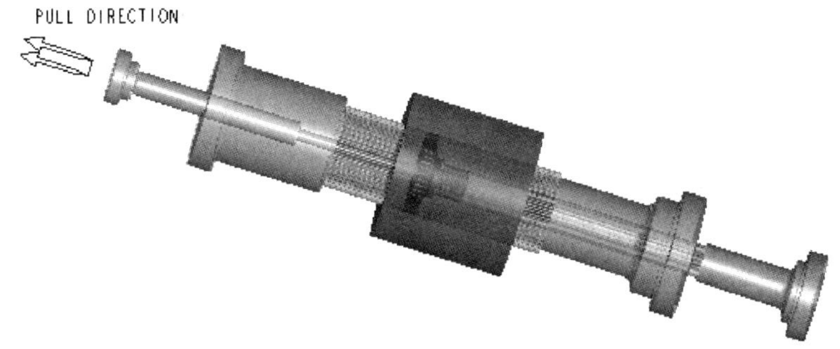

图 6-2　粉末冶金模冲的分型面

成型阴模采用双层组合圆筒阴模，由阴模和模套组成。成型模模冲采用凸缘式的自动模冲结构，芯棒采用凸缘式的结构。上外模冲内孔配合上内模冲，外齿配合阴模；下外模冲以内齿为基准配合下内模冲，外齿配合阴模；下内模冲外齿配合下外模冲，并保证相应的配合间隙值为 0.01～0.03mm，配合种类参考粉末冶金模具设计手册。成型模零件结构尺寸的确定具体见表 6-4，并进行成型阴模的强度和刚度校核。

图 6-3　三维实体模型

图 6-4　组合圆筒阴模

图 6-5　上内模冲

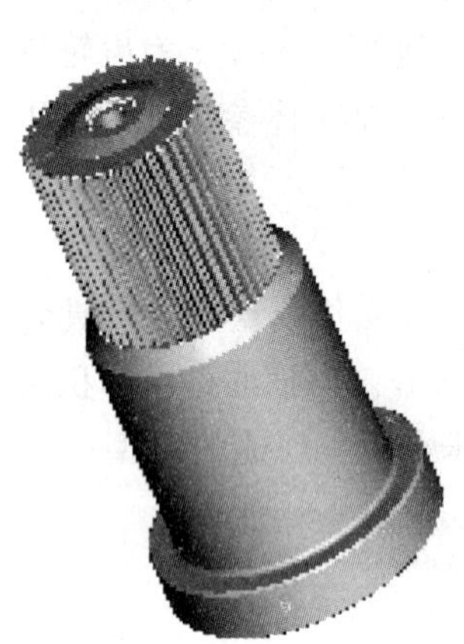
图 6-6　上外模冲

图 6-7　下外模冲

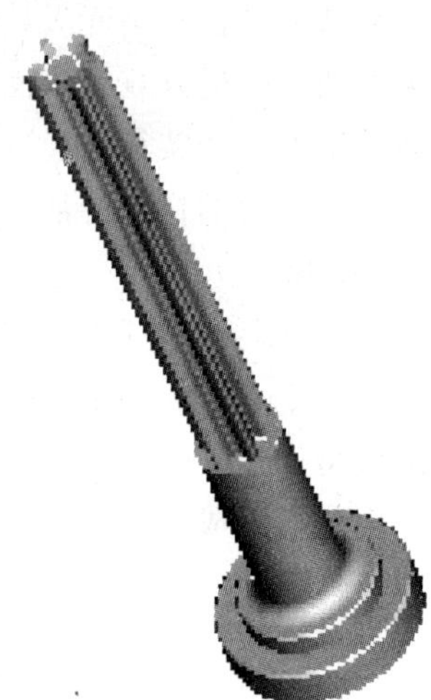
图 6-8　下内模冲

表 6-4　成型模零件结构尺寸的确定

结构尺寸	计算公式	计算值	备　注
阴模的高度	$H_f = H_0 + H_1$	60mm	H_0—装粉高度；H_1—下模冲定位高度
组合圆筒阴模外径	$D = 3.2d$	110mm	d—齿轮压坯的齿顶圆直径
组合圆筒阴模中径	$d_b = 1.8d$	60mm	d—齿轮压坯的齿顶圆直径
下外模冲的高度	$H_2 = H_f + 30$	90mm	模冲齿部的长度 55mm
下内模冲的高度	$H_3 = H_f + 80$	90mm	模冲齿部的长度 110mm
上内模冲的外径	$d_f = d_0\ (1 + c - e)$	4.92mm	d_0—产品的内孔尺寸
阴模逃粉槽的高度	$h_t = (V_x - kV_y)\ /s_t$	8mm	
阴模逃粉槽的外径	$d_t = 48\text{mm}$	48mm	

4）成型模逃粉槽设计

双联齿轮的台阶结构决定模具下模冲采用的是组合模冲结构设计，粉末压制成型时下内模冲先接触到粉末并开始压制，最后才是下外模冲部分接触粉末并压制，这会造成产品径向密度分布不均，严重时甚至产生翘曲变形和裂纹。逃粉槽是解决径向密度分布的常用方法。

逃粉槽设计考虑质量守恒，压坯的松装体积为 V，考虑粉末的压缩比可得：

$$V = kV_y, \quad V_x = h_t s_t + V, \quad V_x = h_t s_t + kV_y, \quad h_t = (V_x - kV_y)/s_t$$

式中：V_x——型腔的体积；

V_y——压坯的体积；

k——压缩比；

s_t——逃粉槽的面积；

h_t——阴模逃粉槽的高度。

6.1.4　项目小结

（1）基于 Pro/Engineer 软件的 Pro/Moldesign 模块详述铁基粉末冶金双联齿轮的成型模具设计过程，产品装机试验表明成功开发出高性能铁基粉末冶金双联齿轮，实物如图 6-9 所示。

图 6-9　双联齿轮实物

（2）根据变模数设计法进行粉末冶金模具型腔齿轮参数的设计，所开发的汽车双联齿轮达到 GB10095—88 精度等级 8 级。实践证明变模数设计法可以提高粉末冶金齿轮制品的精度，达到预期精度要求。

（3）基于 Pro/Moldesign 的粉末冶金模具 CAD 的应用研究与实践，探索了三维 CAD 技术在粉末冶金成形模设计中的应用，对企业工程实践中复杂结构的粉末冶金齿轮制品成型模设计具有极高的借鉴意义。

6.2　粉末冶金铁基直齿轮的成型模设计

粉末冶金是一门制造金属与非金属粉末和以其为原料，经过压制、烧结及各种后续处理工艺制取金属材料和制品的科学技术，它是一项以较低的成本制造高性能铁基粉末冶金制品的技术。应用粉末冶金工艺制造齿轮制品可以大幅度地降低生产成本，并保证齿轮的形位误差与尺寸误差。本项目根据不等高粉末冶金制品成型模具的设计原理，并通过具有台阶结构和薄壁特征的粉末冶金直齿轮成型模设计开发实例，进行了粉末冶金齿轮制品的成型模具设计应用研究，详细阐述铁基粉末冶金直齿轮的成型模设计过程。本模具所开发的齿轮制品轮齿折断试验和装机耐久性试验结果表明，所研制的直齿轮耐磨性好、强度和精度高，并满足使用要求。

6.2.1 产品分析

本项目所开发的直齿轮产品零件见图 6-10，其主要齿轮参数及数据见表 6-5。根据该齿轮的使用工况分析，其主要失效形式是轮齿折断和齿面磨损，同时该零件必须具有较高强度与良好的耐磨性，解决此问题的主要措施是采用粉末冶金工艺制造。

图 6-10 直齿轮零件图

表 6-5 渐开线直齿轮参数

渐开线直齿轮参数		
齿数	z	53
模数	m	1.06
变位系数	χ	0
压力角	α	20°
分度圆直径/mm	d	56.18
齿顶径直径/mm	d_a	$58.208_{-0.17}^{-0.02}$
齿根径直径/mm	d_f	$53.642_{-0.20}^{0}$
公法线长度/mm	l_n	$17.97_{-0.06}^{0}$
跨测齿数	n	6

6.2.2 不等高制品成型模具设计原理

1. 压制速度相等原则

由不等高制品的粉末运动规律可知，在台阶状的不等高制品中，无论台阶的数量是多少，若要保证各台阶密度相等，各台阶在压制过程中必须满足压缩前后粉末质量守恒：

$$H_n S d_0 = h_n S d \tag{6-1}$$

式中：H_n 为第 n 个台阶的装粉高度，mm；h_n 为 n 个台阶的压坯高度，mm；S 为压坯截面积，cm^2。

对于不等高制品的任何台阶，因压缩比 k 相等，各区的装粉高度的关系为：

$$\frac{H_1}{h_1} = \frac{H_2}{h_2} = \cdots = \frac{H_n}{h_n} = k \tag{6-2}$$

粉末的压缩比是粉末压缩前后高度的比值：

$$k = d/d_0 \tag{6-3}$$

式中：k 为粉末的压缩比；d 为粉末的压制密度，g/cm^3；d_0 为粉末的充填密度，g/cm^3。

由式（6-1）、式（6-2）和式（6-3）得

$$H_n = kh_n = \frac{d}{d_0}h_n \tag{6-4}$$

式（6-4）是模具设计时计算装粉高度、模具高度和模冲高度的基本公式。

各台阶的压制速度或压制压力之间应符合速度平衡方程，即符合：

$$\frac{H_{n-1}}{H_n} = \frac{v_{n-1}}{v_n} \tag{6-5}$$

式中：H_{n-1}，H_n 为任意高度区 $n-1$、n 的装粉高度，cm；v_{n-1}，v_n 为任意高度区 $n-1$、n 的压制速度，m/s。

如果压制起始时间不同，即使压制速度相同，不同高度区的粉末会侧向移动，因此，各区的压制起始时间相同并且压制速度满足的原则，称为压制速度相等的原则。

2. 压制速率相等原则

压制速率就是指单位时间内粉末被压缩掉的体积与原粉末体积的比。任意一区域内粉末的压制速率方程为

$$\eta_{p_n} = (H_n - h_n)/H_n t = v_n/H_n \tag{6-6}$$

式中：η_p 为粉末压制速率，$s-1$；H_n 为粉末压缩前的高度，cm；h_n 为粉末压缩后的高度，cm；t 为粉末压制时间。

在不等高台阶制品，任何高度内都有：

$$v_n = \eta_{p_n} H_n \tag{6-7}$$

$$\frac{v_{n-1}}{v_n} = \frac{\eta_{p_{n-1}} H_{n-1}}{\eta_{p_n} H_n} \tag{6-8}$$

由式（6-5）代入式（6-8）可得：

$$\eta_{p_1} = \eta_{p_2} = \cdots = \eta_{p_{n-1}} = \eta_{p_n} \tag{6-9}$$

因此，压制速率相等的原则，即是指不等高制品的各高度区都是在同一时刻开始压制，而且所用的压制速率均相等。只要不等高制品在压制过程中，各区都按照压制速率相等的原则进行压制，则各区的平均密度必定相等。

6.2.3　成型模具结构设计

1. 成型模齿轮型腔的设计

成型模齿轮型腔设计是粉末冶金齿轮制品模具开发的重点，将直接决定粉末冶金齿轮制品的制造精度。直齿轮模具型腔的齿轮参数见表 6-6。

表 6-6 直齿轮模具型腔的齿轮参数

齿轮参数	计算公式	齿轮 1 值
模数	$m_c = (mz-\delta+\Delta)/[(1-c)(1+e)z]$	1.178
基圆直径/mm	$d_{cb}=m_c z\cos\alpha$	25.478
分度圆直径/mm	$d_c = (mz-\delta+\Delta)/[(1-c)(1+e)]$	62.422
齿顶径直径/mm	$d_{ca} = [m(z+2h_a^*+2x)-\delta+\Delta]/[(1-c)(1+e)]$	64.778
齿根径直径/mm	$d_{cf} = [m(z-2h_a^*-2c^*+2x)-\delta+\Delta]/[(1-c)(1+e)]$	59.478

备注：h_a^*—齿顶高系数；c^*—顶隙系数；c—烧结收缩率；e—压制回弹率；δ—整形回弹率；Δ—整形余量；x—变位系数。

2. 成型模的结构设计

1）成型模结构方案确定

根据不等高粉末冶金制品的模具设计原理，结合所开发齿轮的结构特点，在齿轮部位具有薄壁特征，考虑采用“上二下二”的组合模冲模具成型方案，即采用两个上模冲与两个下模冲成型，直齿轮采用阴模浮动双向压制，实现粉末侧向移动送粉，保证齿轮薄壁齿部具有较高的密度，并且其整体密度均匀。模具的结构合理，进口的全自动粉末冶金机械式压机可以保证具有薄壁结构的直齿轮制品压坯的压制成型质量。

2）成型模模具零件设计

直齿轮的台阶结构决定模具下模冲采用的是组合模冲结构设计，成型阴模采用双层组合圆筒阴模，由阴模和模套组成。成型模模冲采用凸缘式的自动模冲结构，芯棒采用凸缘式的结构。上模冲Ⅱ内孔配合上模冲Ⅰ，外齿配合阴模；下模冲Ⅱ以内齿为基准配合下模冲Ⅰ，外齿配合阴模；下模冲Ⅰ外齿配合下模冲Ⅱ，并保证相应的配合间隙值为 0.01～0.03mm，配合种类参考粉末冶金模具设计手册。成型模模具零件的主要高度尺寸计算参考上述公式。

3）成型模工作原理

本模具采用机械式粉末自动成型压机，模架结构可使压坯每个台阶部分的装粉比相同，并同时保证在压制过程中每个台阶部分的密度保持均匀，且便于操作人员调整和操作。

如图 6-11 所示，上模冲Ⅰ和下模冲Ⅰ分别固定在上模板Ⅰ和下模板Ⅰ上，上模冲Ⅱ和下模冲Ⅱ分别固定在上模板Ⅱ和下模板Ⅱ上，上模冲与阴模保持一定距离以便送粉装粉。装粉时，阴模 9 上升至所需装粉高度，下模冲Ⅰ通过压机辅助汽缸和弹簧作用上升至一定高度，并由螺母调节限位保证其装粉高度，通过送料机构使送粉靴沿阴模上面送粉并装粉，加料完毕推出。成型时，上模冲Ⅰ下降（同时上模冲Ⅱ相连的汽缸下端进气，使上模冲Ⅱ处于向上回升状态），进入阴模 9，压缩金属粉末，下模冲Ⅰ受压下浮至模具垫块，阴模 9 在所受粉末摩擦力超过压机调整的浮动力后下浮，实现双向压制，在上下模冲、阴模 9 和芯棒 16 所形成的密闭区域，最终粉末压制成型，如图 6-12 局部放大所示。脱模时，上模冲Ⅰ回升，此时上模冲Ⅱ汽缸上端进气，使上模冲Ⅱ伸出，并将压坯上台阶从上模冲Ⅰ脱出，下缸下行使阴模 9 下降，通过螺钉带动下模冲Ⅱ下行脱模，此时芯棒 16 在汽缸活塞拉力作用下脱出压坯。

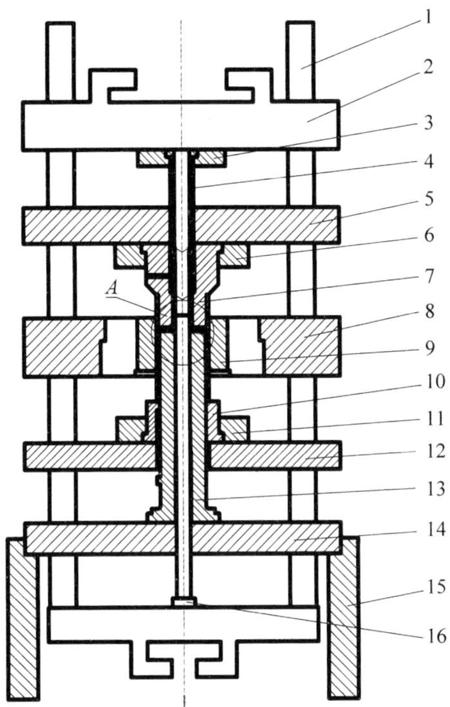

图 6-11　模具示意图（粉末压缩状态）

1—导柱；2—上模板Ⅰ；3—上模盖Ⅰ；4—上模冲Ⅰ；5—上模板Ⅱ；6—上模盖Ⅱ；7—上模冲Ⅱ；8—阴模盖；9—阴模；10—下模冲Ⅰ；11—下模盖Ⅰ；12—下模板Ⅰ；13—下模冲Ⅱ；14—下模板Ⅱ；15—支撑板；16—芯棒

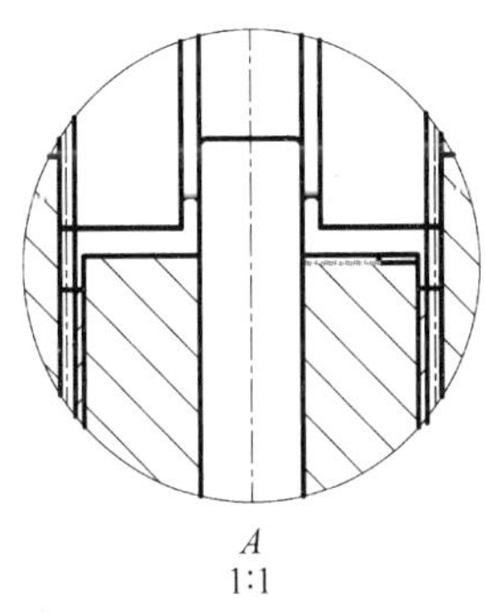

图 6-12　局部放大视图

6.2.4　项目总结

本项目根据不等高粉末冶金制品成型模具的设计原理，即粉末压制过程的压制速度、速率相等原则，以具有台阶结构和薄壁特征的粉末冶金铁基直齿轮的模具开发为例，详细阐述了铁基粉末冶金直齿轮的成型模设计过程。所研制的产品经过 1 万小时装机负载耐久性试验测试和轮齿折断试验，齿轮齿部无明显的凹陷、擦伤和点蚀，直齿轮耐磨性好、强度和精度高，并满足使用要求。本项目的设计思想与开发过程在企业粉末冶金齿轮模具设计开发中具有一定的借鉴意义。

第 7 章　新产品研发报告与专利申请

7.1　新产品研发报告

7.1.1　新产品研发报告撰写要求

产品研发报告是对整个新产品研发过程的全面整理和详细总结，是新产品设计思路的说明，也是图纸设计的理论根据及评价审核设计结果的主要技术文件。通过撰写新产品研发报告，可以培养开展新产品研发工作者的表达、归纳和总结能力。

新产品研发的撰写要求如下：

① 按照项目研发过程编写，文字简洁，条理清晰，论述清楚，计算正确，图文并茂。

② 对于自成单元的内容，都应有大小标题，使其醒目突出。

③ 报告中的名词术语要统一，以免混淆，对于第一次出现的专业术语要进行解释或定义。

④ 在设计方案分析中，应清楚、突出地阐述设计方案的优缺点及其创新之处，并分析其作用及价值。

⑤ 计算内容的书写，应列出计算公式，再代入数据，最后写出计算结果并标明单位，不必写推导过程。对计算过程中所引用的重要计算公式和数据，应注明来源。

⑥ 对重要的计算结果，应写出简短的结论，如满足强度要求、在允许范围内等。

⑦ 为了清楚地书写设计内容，报告中还应给出与文字叙述和计算内容有关的必要简图，如机构运动简图、受力分析图、工作原理图等。

⑧ 设计报告要严格按照统一规定的结构和格式来撰写和装订。

7.1.2　新产品研发报告的内容和规范

1. 新产品研发报告内容

研究报告的内容一般要有摘要，报告的内容包括研制的目的和意义，基本思路，制作过程，技术关键和主要性能指标，作品的科学性和先进性，作品的设计、制作、试验，作品的适合范围和应用前景预测，参考文献，存在哪些问题和不足，下一步需要完成的工作等。

1）封面

新产品研发项目名称：要求简洁、确切、鲜明。

新产品研发项目成员：填写所有研发项目成员的姓名。

指导教师：填写指导教师姓名。

起止时间：填写新产品研发项目的起止日期。

题目应该简短、明确，要有概括性，让人看后能大致了解文章的确切内容、专业的特点和学科的范畴。题目的字数要适当，一般不宜超过 25 字。

2）摘要及关键词

摘要也称内容提要，应简洁地概述新产品研发的主要内容、方法和观点，以及取得的主要成果和结论，应反映整个论文的精华。摘要至少要回答 4 个问题：做什么？为什么做？怎么做的？做的怎么样？

中文摘要约 300 字左右为宜，同时要求写出 250 个实词左右的外文摘要。关键词 3～5 个。摘要应写得扼要、准确，一般在毕业论文全文完成后再写摘要。在写作中要注意以下几点：

① 用精练、概括的语言表达，每项内容均不宜展开论证。

② 要客观陈述，不宜加主观评价。

③ 成果和结论性意见是摘要的重点内容，在文字上用量较多，以加深读者的印象。

④ 要独立成文，选词用语要避免与全文尤其是前言和结论雷同。

⑤ 既要写得简短扼要，又要行文活泼，在词语润色、表达方法和章法结构上要尽可能写得有文采，以唤起读者对全文的阅读兴趣。

3）目录

目录是新产品研发报告的提纲，也是新产品研发报告组成部分的章节标题排序。新产品研发报告编写完成后，为了醒目和便于读者阅读，可为论文编写一个目录。目录可分章节，每一章节之后应编写页码。

4）引言

应说明本次新产品研发项目的目的、意义、范围及应达到的技术要求；简述本研发项目在国内（外）的发展概况及存在的问题；本研发项目的指导思想；阐述本研发项目应解决的主要问题。

引言是全篇新产品研发报告的开场白，它包括：

① 选题的缘由。

② 对本课题已有研究情况的评述。

③ 说明所要解决的问题和采用的手段、方法。

④ 概括成果及意义。

5）正文

正文是作者对自己新产品研发工作的详细表述，它占全文的较多篇幅，主要内容包括研究工作的基本前提、假设和条件；模型的建立，实验方案的拟定；基本概念和理论基础；设计计算的主要方法和内容；实验方法、内容及其结果和意义的阐明；理论论证，理论在实际中的应用等。根据项目的性质，正文允许包括上述部分内容。正文的写作要求：

① 理论分析部分应写明所作的假设及其合理性，所用的分析方法、计算方法、实验

方法等哪些是别人用过的，哪些是自己改进的，哪些是自己创造的，以便指导教师审查和纠正。这部分所占篇幅不宜过多，应以简练、明了的文字概略表达。

② 课题研究的方法与手段分别用以下几种方法说明。

- 用实验方法研究课题，应具体说明实验用的装置、仪器、原材料的性能是否标准，并应对所有装置、仪器、原材料做出检验和标定。对实验的过程或操作方法，力求叙述得简明扼要，对人所共知的或细节性的内容不必详述。
- 用理论推导的手段和方法达到研究目的的，这方面内容一定要精心组织，做到概念准确，判断推理符合客观事物的发展规律，符合人们对客观事物的认识习惯与程序。换言之，要做到言之有序，言之有理，以论点为中枢，组织成完整而严谨的内容整体。
- 用调查研究的方法达到研究目的的，调查目标、对象、范围、时间、地点、调查的过程和方法等，这些内容与研究的最终结果有关系，但不是结果本身，所以，一定要简述。但对调查所提供的样本、数据、新的发现等则应详细说明，这是结论产生的依据。若写得抽象、简单、结论就立之不牢，分析就难以置信，写作中应特别予以重视。

③ 结果与讨论是全文的心脏，一般要占较多篇幅。在写作时，应对研究成果精心筛选，把那些必要而充分的数据、现象、样品、认识等挑选出来，写进去，作为分析的依据，应尽量避免事无巨细，把所得的结果和盘托出。在对结果作定性和定量分析时，应说明数据的处理方法以及误差分析，说明现象出现的条件及其可观性，交代理论推导中认识的由来和发展，以便别人以此为依据进行核实验证，对结果进行分析后所得的结论和推论，也应说明其使用的条件与范围。恰当运用表和图作结果与分析，是新产品研发报告通用的一种表达方式。

6）新产品研发总结

概括说明本次新产品研发项目的情况和价值，分析其优点、特色，有何创新，性能达到何水平，并指出其中存在的问题和今后的改进方向，对工作中遇到的重要问题要着重指出，并提出自己的见解。

新产品研发总结包括对整个研究工作进行归纳和综合而得出的总结；所得结果与已有结果的比较以及在本课题的研究中尚存在的问题；对进一步开展研究的见解与建议。它集中反映作者的研究成果，表达作者对所研究课题的见解和主张，是全文的思想精髓，是文章价值的体现。一般写得概括、篇幅较短。撰写时应注意下列事项：

① 结果要简单、明确。在措辞上应严密，容易被人领会。

② 结果应反映个人的研究工作，属于前人和他人已有过的结论可不提。

③ 要实事求是地介绍自己研究的成果，切忌言过其实，在无充分把握时，应留有余地。

7）参考文献

列出作者直接阅读过、在报告中被引用过、正式或非正式发表的刊物、文献及资料。参考文献一律放在设计报告结论后，不得放在各章之后。

8）致谢

简述自己通过本次新产品研发的心得体会，并对指导老师和协助完成设计的有关人员表示谢意。这不仅是一种礼貌，也是对他人劳动的尊重，是治学者应有的思想作风。

9）附录

将各种篇幅较大的图纸、数据表格、计算机程序等作为附录附于报告之后。

2. 新产品研发报告书写格式要求

（1）字体

标题采用三号黑体字，署名采用五号宋体字，中英摘要标题为五号宋体，中英文摘要正文用五号楷体，正文小标题采用小四号黑体字，正文采用小四号宋体字。

（2）版面

页面设置为：单面打印、上 2cm，下 2cm，左 2.5cm，右 1.5cm，装订线 0.5m，选择“不对称页边距”，页眉 1.2cm，页脚 1.5cm。

页眉设置为：居中，以小 5 号字宋体键入“××××新产品研制研究报告”。

页脚设置为：插入页码，居中。格式可根据全文一次打印输出。

正文选择格式段落为：固定值，22 磅，段前、段后均为 0 磅。标题可适当选择加宽，如设置为：段前、段后均为 3 磅。

（3）段落小标题

1（一级标题）；

1.1（二级标题）；

1.1.1（三级标题）。

（4）图纸规范

图纸尺寸按国家标准选取，图面整洁，布局合理，线条粗细均匀，圆弧连接光滑，尺寸标注规范，文字注释用工程字书写，图表须按规定要求或工程要求绘制。

（5）参考文献

参考文献以引用先后顺序编号（使用“[1]”方式注于正文相应处），必须引用直接阅读的原文文献，已录用待发表的文章需引用时，必须注明刊物名称。请在文献题目后给出文献类型标识（如专著［M］、论文集［C］、学位论文［D］、报告［R］、期刊［J］、标准［S］、专利［P］）。

各类参考文献的内容排序如下。

著作：［序号］著者．书名［M］．版次（初版省略）．出版地：出版社，出版年．页码．

期刊：［序号］作者．题名［J］．刊名，出版年，卷号（期号）：页码．

报纸：［序号］作者．题名［N］．报纸名称，年-月-日（版次）．

论文集：［序号］作者．篇名［A］．主编者．论文集名［C］．出版地：出版者，出版年．页码．

科学技术报告集：［序号］作者．题名［R］．报告题名，编号．出版地：出版者，出版年．页码．

学位论文：［序号］作者．题名［D］．保存地点：保存单位，授予年．

专利文献：［序号］专利所有者．题名［P］．国别：专利号，出版日期．

在参考文献中，作者为 3 人及以下时必须全写，名字间用逗号隔开；超过 3 人时，只写 3 人，后面写等字。

（6）设计文件

按设计文件管理规范对新产品研发项目中的设计文件，如 3D 文件、2D 文件、产品视频文件等进行统一命名和存档。

（7）打印要求

新产品研发报告应使用 A4 纸双面打印。

设计图纸根据需要可采用 A0、A1、A2、A3 或 A4 纸打印。

7.1.3 新产品研发答辩

1. 整理研发资料

整理新产品研发相关资料，包括立项申请书、调研报告、研究报告、设计说明书；各种调研资料原始文档；设计绘制的所有二维和三维图纸；编制的计算程序、演示视频动画等。

2. 开展答辩评审

① 全面、系统地回顾整个新产品研发过程，总结、检查研发团队的全部工作。

② 对所做的项目进行分析并做出评价，包括项目的优缺点、创新点及存在的问题。

③ 搞清楚新产品研发中设计计算的步骤、理论依据、公式、数据等资料的来源。

④ 明确项目总体方案的确定、受力分析、材料的选择、零件的主要参数和尺寸的确定、图纸设计中视图的表达、公差配合的选取、零件的加工工艺性和使用维护等。

⑤ 以组为单位进行答辩，每组的答辩时间为 30～60min，其中每组汇报时间为 20min，每人答辩 5～10min。

⑥ 答辩时，简要阐述新产品研发过程和新产品研发成果，总结任务完成情况，分析新产品研发过程中存在的优缺点，然后回答评委的提问和质疑。答辩时尽量做到语言规范、反应敏捷、陈述得当、回答完整。

⑦ 需要提前制作答辩 PPT，积极使用新产品的 3D 装配图、2D 工程图和视频动画演示来辅助答辩。

⑧ 答辩之间，研发团队成员可以自己组织开展模拟答辩，理清思路和明确分工；答辩过程中，研发团队成员可以自由发言，主动回答评委的提问。

7.2 专利申请的基本知识

1. 专利的定义

专利是专利权的简称，它是指一项发明创造，向国家知识产权主管机关提出专利申请，经依《专利法》审查合格后，向专利申请人授予的在规定的时间内对该项发明创造享有的专有权。

2. 专利的类型

1）发明专利

我国《专利法》第二条第一款对发明的定义是：发明是指对产品、方法或者其改进所提出的新的技术方案。

所谓产品是指工业上能够制造的各种新制品，包括有一定形状和结构的固体、液体、气体之类的物品。所谓方法是指对原料进行加工，制成各种产品的方法。发明专利并不要求它是经过实践证明可以直接应用于工业生产的技术成果，它可以是一项解决技术问题的方案或是一种构思，具有在工业上应用的可能性，但这也不能将这种技术方案或构思与单纯地提出课题、设想相混同，因单纯地课题、设想不具备工业上应用的可能性。

发明是指对产品、方法或者其改进所提出的新的技术方案，主要体现新颖性、创造性和实用性。取得专利的发明又分为产品发明（如机器、仪器设备、用具）和方法发明（制造方法）两大类。

2）实用新型专利

我国《专利法》第二条第二款对实用新型的定义是：实用新型是指对产品的形状、构造或者其结合所提出的适于实用的新的技术方案。同发明一样，实用新型保护的也是一个技术方案。但实用新型专利保护的范围较窄，它只保护有一定形状或结构的新产品，不保护方法以及没有固定形状的物质。实用新型的技术方案更注重实用性，其技术水平较发明而言，要低一些，多数国家的实用新型专利保护的都是比较简单的、改进性的技术发明，可以称为“小发明”。

实用新型是指对产品的形状、构造或者其结合所提出的适于实用的新的技术方案，授予实用新型专利不需经过实质审查，手续比较简便，费用较低。因此，关于日用品、机械、电器等方面的有形产品的小发明，比较适用于申请实用新型专利。

实用新型与发明的相同之处在于实用新型也必须是一种技术方案，而不能是抽象的概念或者理论表述。实用新型与发明的不同之处在于：第一，实用新型只限于具有一定形状的产品，不能是一种方法，例如生产方法、试验方法、处理方法和应用方法等，也不能是没有固定形状的产品，如药品、化学物质、水泥等；第二，对实用新型的创造性要求不太高，而实用性较强。

3）外观设计专利

我国《专利法》第二条第三款对外观设计的定义是：外观设计是指对产品的形状、图案或其结合以及色彩与形状、图案的结合所作出的富有美感并适于工业应用的新设计。并在《专利法》第二十三条对其授权条件进行了规定、授予专利权的外观设计，应当不属于现有设计；也没有任何单位或者个人就同样的外观设计在申请日以前向国务院专利行政部门提出过申请，并记载在申请日以后公告的专利文件中。相对于以前的专利法，最新修改的专利法对外观设计的要求提高了。

外观设计与发明、实用新型有着明显的区别，外观设计注重的是设计人对一项产品的外观所作出的富于艺术性、具有美感的创造，但这种具有艺术性的创造，不是单纯的工艺品，它必须具有能够为产业上所应用的实用性。外观设计专利实质上是保护美术思想，而发明专利和实用新型专利保护的是技术思想。虽然外观设计和实用新型与产品的形状有关，但两者的目的却不相同，前者的目的在于使产品形状产生美感，而后者的目的在于使具有形态的产品能够解决某一技术问题。例如一把雨伞，若它的形状、图案、色彩相当美观，那么应申请外观设计专利，如果雨伞的伞柄、伞骨、伞头结构设计精简合理，可以节省材料又有耐用的功能，那么应申请实用新型专利。

外观设计专利的保护对象，是产品的装饰性或艺术性外表设计，这种设计可以是平面图案，也可以是立体造型，更常见的是这二者的结合，授予外观设计专利的主要条件是新颖性。

外观设计与实用新型都可以涉及产品的形状，但不同的是，实用新型是一种技术方案，它所涉及的形状是从产品的技术效果和功能的角度出发的；而外观设计是一种设计方案，它所涉及的形状是从产品美感的角度出发的。

外观设计具有下述特点：

① 只有与产品相结合的外观设计才是我国专利法意义上的外观设计。

② 必须能够在产业上应用，也就是能够为生产经营目的而制造，如果产品的形状或图案不能用工业的方法复制出来，或者不能达到批量生产的要求，就不是我国专利法意义上的外观设计。

③ 能给人以美的享受，即“富有美感”。

授予外观设计专利的目的主要是促进商品外观的改进，既增强竞争能力，又美化人民生活。随着国际市场的扩大、国内外市场竞争的日趋激烈和人类生活水平的不断提高，对产品的外观设计给予有效保护的必要性已变得更为突出。这是因为改善外观设计与扩大商品销售有着密不可分的关系，当产品的质量和性能相同时，外观设计的好坏能直接影响消费者的选择，影响产品的销售量。事实证明，一个企业可能因为快速、大量生产在外观上适合公众爱好的产品而获得显著的经济效益；反之，产品将难于销售。正因为如此，工业界和各国政府都在努力加强对产品外观设计的保护。

3. 专利的特征

专利权是由国务院专利行政部门依照法律规定，根据法定程序赋予专利权人的一种专有权利。它是无形财产权的一种，与有形财产相比，具有以下主要特征。

(1) 具有独占性

所谓独占性亦称垄断性或专有性。专利权是由政府主管部门根据发明人或申请人的申请，认为其发明成果符合专利法规定的条件，而授予申请人或其合法受让人的一种专有权。它专属权利人所有，专利权人对其权利的客体（发明创造）享有占有、使用、收益和处分的权利。

(2) 具有时间性

所谓专利权的时间性，即指专利权具有一定的时间限制，也就是法律规定的保护期限。各国的专利法对于专利权的有效保护期均有各自的规定，而且计算保护期限的起始时间也各不相同。我国《专利法》第四十二条规定：发明专利权的期限为二十年，实用新型专利权和外观设计专利权的期限为十年，均自申请日起计算。

（3）具有地域性

所谓地域性，就是对专利权的空间限制。它是指一个国家或一个地区所授予和保护的专利权仅在该国或地区的范围内有效，对其他国家和地区不发生法律效力，其专利权是不被确认与保护的。如果专利权人希望在其他国家享有专利权，那么，必须依照其他国家的法律另行提出专利申请。除非加入国际条约及双边协定另有规定之外，任何国家都不承认其他国家或者国际性知识产权机构所授予的专利权。

4. 申请专利需要主要的三个问题

（1）优先权的含义

优先权原则源自 1883 年签订的《保护工业产权巴黎公约》，目的是为了便于缔约国国民在其本国提出专利或者商标申请后向其他缔约国提出申请。所谓“优先权”是指，申请人在一个缔约国第一次提出申请后，可以在一定期限内就同一主题向其他缔约国申请保护，其后来申请的日期可在某些方面被视为是在第一次申请的申请日提出的。换句话说，在一定期限内，申请人提出的在后来的申请与其他人在其首次申请日之后就同一主题所提出的申请相比，享有优先的地位，这就是优先权一词的由来。

（2）申请日的重要性

根据《专利法》第二十八条的规定，国务院专利行政部门收到专利申请文件之日为申请日。如果申请文件是邮寄的，以寄出的邮戳日为申请日。申请日在法律上具有十分重要的意义：它确定了提交申请时间的先后，按照先申请原则，在有相同内容的多个申请时，申请的先后决定了专利权授予谁；它确定了对现有技术的检索时间界限，这在审查中对决定申请是否具有专利性关系重大；申请日是审查程序中一系列重要期限的起算日。

（3）授予专利权的实质条件

《专利法》第二十二条规定：授予专利权的发明和实用新型，应当具备新颖性、创造性和实用性。

新颖性，是指该发明或者实用新型不属于现有技术；也没有任何单位或者个人就同样的发明或者实用新型在申请日以前向国务院专利行政部门提出过申请，并记载在申请日以后公布的专利申请文件或者公告的专利文件中。

创造性，是指与现有技术相比，该发明具有突出的实质性特点和显著的进步，该实用新型具有实质性特点和进步。

实用性，是指该发明或者实用新型能够制造或者使用，并且能够产生积极效果。

所以，具备新颖性、创造性和实用性是授予发明和实用新型专利权的实质性条件。授予专利权的发明和实用新型，应当具备新颖性、创造性和实用性。

同时，《专利法》第二十三条规定：授予专利权的外观设计，应当不属于现有设计，也没有任何单位或者个人就同样的外观设计在申请日以前向国务院专利行政部门提出过申请，并记载在申请日以后公告的专利文件中。授予专利权的外观设计与现有设计或者现有设计特征的组合相比，应当具有明显区别。授予专利权的外观设计不得与他人在先取得的合法权利相冲突。所称现有设计，是指申请日以前在国内外为公众所知的设计。

7.3　专利权的申请

1. 申请流程

(1) 综述

依据《专利法》，发明专利申请的审批程序包括：受理、初步审查阶段、公布、实审以及授权5个阶段，实用新型和外观设计申请不进行早期公布和实质审查，只有3个阶段。

(2) 受理阶段

专利局收到专利申请后进行审查，如果符合受理条件，专利局将确定申请日，给予申请号，并且核实过文件清单后，发出受理通知书，通知申请人。如果申请文件未打字、印刷或字迹不清、有涂改的，或者附图及图片未用绘图工具和黑色墨水绘制、照片模糊不清有涂改的，或者申请文件不齐备的，或者请求书中缺申请人姓名或名称及地址不详的，或专利申请类别不明确或无法确定的，以及外国单位和个人未经涉外专利代理机构直接寄来的专利申请不予受理。

(3) 初步审查阶段

经受理后的专利申请按照规定缴纳申请费的，自动进入初审阶段。初审前发明专利申请首先要进行保密审查，需要保密的，按保密程序处理。

在初审时要对申请是否存在明显缺陷进行审查，主要包括审查内容是否属于《专利法》中不授予专利权的范围，是否明显缺乏技术内容不能构成技术方案，是否缺乏单一性，申请文件是否齐备及格式是否符合要求。若是外国申请人，还要进行资格审查及申请手续审查。不合格的，专利局将通知申请人在规定的期限内补正或陈述意见，逾期不答复的，申请将被视为撤回。经答复仍未消除缺陷的，予以驳回。发明专利申请初审合格的，将发给初审合格通知书。对实用新型和外观设计专利申请，除进行上述审查外，还要审查是否明显与已有专利相同，不是一个新的技术方案或者新的设计，经初审未发现驳回理由的。将直接进入授权秩序。

(4) 公布阶段

发明专利申请从发出初审合格通知书起进入公布阶段，如果申请人没有提出提前公开的请求，要等到申请日起满15个月才进入公开准备程序。如果申请人请求提前公开的，则申请立即进入公开准备程序。经过格式复核、编辑校对、计算机处理、排版印刷，大约3个月后在专利公报上公布其说明书摘要并出版说明书单行本。申请公布以后，申请人就获得了临时保护的权利。

(5) 实质审查阶段

发明专利申请公布以后，如果申请人已经提出实质审查请求并已生效的，申请人进入实审程序。如果发明专利申请自申请日起满三年还未提出实审请求，或者实审请求未生效的，该申请即被视为撤回。

在实审期间将对专利申请是否具有新颖性、创造性、实用性以及专利法规定的其他实质性条件进行全面审查。经审查认为不符合授权条件的或者存在各种缺陷的，将通知申请人在规定的时间内陈述意见或进行修改，逾期不答复的，申请被视为撤回，经多次答复申请仍不符合要求的，予以驳回。实审周期较长，若从申请日起两年内尚未授权，从第三年起应当每年缴纳申请维持费，逾期不缴的，申请将被视为撤回。

实质审查中未发现驳回理由的，将按规定进入授权程序。

(6) 授权阶段

实用新型和外观设计专利申请经初步审查以及发明专利申请经实质审查未发现驳回理由的，由审查员作出授权通知，申请进入授权登记准备，经对授权文本的法律效力和完整性进行复核，对专利申请的著录项目进行校对、修改后，专利局发出授权通知书和办理登记手续通知书，申请人接到通知书后应当在 2 个月之内按照通知的要求办理登记手续并缴纳规定的费用。按期办理登记手续的，专利局将授予专利权，颁发专利证书，在专利登记簿上记录，并在 2 个月后于专利公报上公告；未按规定办理登记手续的，视为放弃取得专利权的权利。

2. 专利申请文件

《专利法》第二十六条规定了申请发明或者实用新型专利的具体文件。

申请发明或者实用新型专利的，应当提交请求书、说明书及其摘要和权利要求书等文件。

请求书应当写明发明或者实用新型的名称，发明人的姓名，申请人姓名或者名称、地址，以及其他事项。

说明书应当对发明或者实用新型作出清楚、完整的说明，以所属技术领域的技术人员能够实现为准；必要的时候，应当有附图。摘要应当简要说明发明或者实用新型的技术要点。

权利要求书应当以说明书为依据，清楚、简要地限定要求专利保护的范围。

依赖遗传资源完成的发明创造，申请人应当在专利申请文件中说明该遗传资源的直接来源和原始来源；申请人无法说明原始来源的，应当陈述理由。

《专利法》第二十七条规定了申请外观设计专利的具体文件。

申请外观设计专利的，应当提交请求书、该外观设计的图片或者照片以及对该外观设计的简要说明等文件。申请人提交的有关图片或者照片应当清楚地显示要求专利保护的产品的外观设计。

根据具体情况，申请发明专利、实用新型专利和外观设计专利的，如果是通过专利代理机构申请的话还需要提交专利代理委托书，如果申请费用减缓的话还需要费用减缓请求书，申请发明专利的还需实质审查请求书。

3. 申请文件的撰写

1) 说明书的撰写

(1) 说明书的法律依据

《专利法》第二十六条第四条款：说明书应当对发明或者实用新型作出清楚、完整的说明，以所属技术领域的技术人员能够实现为准；必要的时候，应当有附图。摘要应当简要说明发明或者实用新型的技术要点。

《专利法实施细则》第十七条款规定：发明或者实用新型专利申请的说明书应当写明发明或者实用新型的名称，该名称应当与请求书中的名称一致。说明书应当包括下列内容。

（一）技术领域：写明要求保护的技术方案所属的技术领域。

（二）背景技术：写明对发明或者实用新型的理解、检索、审查有用的背景技术；有可能的，并引证反映这些背景技术的文件。

（三）发明内容：写明发明或者实用新型所要解决的技术问题以及解决其技术问题采用的技术方案，并对照现有技术写明发明或者实用新型的有益效果。

（四）附图说明：说明书有附图的，对各幅附图作简略说明。

（五）具体实施方式：详细写明申请人认为实现发明或者实用新型的优选方式；必要时，举例说明；有附图的，对照附图。

发明或者实用新型专利申请人应当按照前款规定的方式和顺序撰写说明书，并在说明书每一部分前面写明标题，除非其发明或者实用新型的性质用其他方式或者顺序撰写能节约说明书的篇幅并使他人能够准确理解其发明或者实用新型。

发明或者实用新型说明书应当用词规范、语句清楚，并不得使用“如权利要求……所述的……”一类的引用语，也不得使用商业性宣传用语。

实用新型专利申请说明书应当有表示要求保护的产品的形状、构造或者其结合的附图。

（2）说明书的撰写方法

① 专利的名称。

- 专利的名称应当清楚、简要，写在说明书首页正文上方居中位置；
- 专利的名称应当与请求书名称保持一致，一般不得超过 25 个字，最多 40 个字（如化学领域）；
- 采用所属技术领域通用的技术术语；
- 清楚、简要、全面地反映要求保护的主题和类型；
- 不得使用人名、地名、商标、型号、商品名称、商业性宣传用语。

本部分惯用语是：一种……方法（或装置）。

② 说明书正文部分。

说明书正文部分应当包括下列内容：技术领域、背景技术、发明内容、附图说明、具体实施方式。

③ 技术领域。

技术领域是发明直接所属或直接应用的具体技术领域，应体现要求保护的发明的主题和类型，不应写成广义的或相邻的技术领域，也不应写成发明本身（不能写入区别技术特征）。

本部分惯用语是：本发明（实用新型）涉及一种……方法（或装置），特别涉及一种……。

④ 背景技术。

写明对发明或者实用新型的理解、检索、审查有用的背景技术，并且尽可能引证反映这些背景技术的文件。

对背景技术的描述应包括三方面内容：注明其出处，通常可采用引证现有技术文件的方式；简要说明该现有技术的主要结构和原理，客观地指出存在的主要问题，主要问题是指与发明所解决问题相关的、且发明所能解决的问题；切忌采用诽谤性语言。

引证文件应当满足以下要求：公开出版物（纸件、电子出版物等形式）；专利文件或非专利文件均可；引证的非专利文件和外国专利文件的公开日应当在本申请的申请日之前；所引证的中国专利文件的公开日不能晚于本申请的公开日；引证外国文件的，应当用原文写明文件的出处及相关信息，必要时给出中文译文，并将译文放置在括号内。

本部分惯用语是：×××××公开了一种方法（或装置），其方法（构成）是……，不足之处（缺点）是……。

⑤ 发明内容。

• 所要解决的技术问题。

发明所要解决的技术问题，是指要解决现有技术中存在的技术问题。发明专利申请公开的技术方案应当能够解决这些技术问题。该部分的内容相对于前面的“背景技术”和后面的“技术方案”，起到一个承上启下的作用，因此其要解决的问题一定是背景技术部分提到的现有技术中存在的问题，且该问题能够采用本发明的技术方案进行解决。

“要解决的技术问题”的具体要求：针对现有技术中存在的缺陷或不足；用正面的、尽可能简洁的语言，客观而有根据地反映要解决的技术问题；不得采用广告式宣传用语。

本部分惯用语是：本发明（实用新型）克服了现有技术的不足（或缺点），提供了一种……方法（或装置）。

• 技术方案。

技术方案部分首次从总体上公开发明。通过阅读发明的技术方案，可以从总体上了解发明为解决其要解决的技术问题所采取的技术手段，了解发明的核心。

应当能够解决在“所解决的技术问题”中描述的那些技术问题。（至少、先写）独立权利要求的技术方案，（还可以、后写）进一步改进的技术方案，应当与权利要求所限定的相应技术方案的表述相一致，如果一件申请中有几项发明或者几项实用新型，应当说明每项发明或者实用新型的技术方案。

清楚、完整、准确地概括发明的技术方案，包括全部必要技术特征，与各项独立权利要求分别对应；可进一步分层次记载附加技术特征，与从属权利要求对应；可以包括必要的原理性或功能性的说明，比权利要求记载的内容更详细具体，易于理解，不得引用权利要求和附图。

• 有益效果。

客观、清楚地撰写，不能仅是断言式、广告用语、商业成功。

⑥ 附图说明。

发明或者实用新型的几幅附图应当按照“图 1，图 2，……”顺序编号排列。发明或者实用新型说明书文字部分中未提及的附图标记不得在附图中出现，附图中未出现的附图标记不得在说明书文字部分中提及。申请文件中表示同一组成部分的附图标记应当一致。附图中除必需的词语外，不应当含有其他注释。

附图是说明书的一个组成部分，其用图形补充说明书文字部分的描述，帮助本领域技术人员直观形象地理解发明的技术方案和各技术特征。

多幅图应用阿拉伯数字顺序编号，一幅图一编号。

附图标记与文字部分一致，同一部件在不同的图中应用同样的标记，文字部分未提及的附图标记不得在图中出现，附图中未出现的标记不得在文字部分提及。

⑦ 具体实施方式。

具体实施方式是说明书的重要组成部分，对于充分公开、理解和再现发明，支持和解释权利要求都十分重要；该部分是应试者正确理解发明、了解发明的细节所必须认真阅读的部分。

一般至少描述一个实施例，通常有多个实施例，特别是独立权利要求采用概括性/功能性技术特征时应给出足够多的实施方式。

结合附图描述时应引用附图标记，引用时应当与附图一致，放在相应的特征后，不加括号。

产品：应当描述产品的机械构成、电路构成或者化学成分，说明组成产品的各部分之间的相互关系。

方法：应当写明其步骤，包括可以用不同的参数或者参数范围表示的工艺条件。

当权利要求相对于背景技术的改进涉及数值范围时，通常应给出两端值附近（最好是两端值）的实施例，当数值范围较宽时，还应当给出至少一个中间值的实施例。

2）权利要求书的撰写

在说明书的基础上，用体现发明或者实用新型的技术手段的技术特征所构成的技术方案。权利要求中所有技术特征的总和构成了该权利要求所要求保护的技术方案。

（1）权利要求书的法律依据

① 权利要求书的撰写要求。

《专利法》第二十六条第四条款：权利要求书应当以说明书为依据，清楚、简要地限定要求专利保护的范围。

《专利法实施细则》第十九条款：权利要求书应当记载发明或者实用新型的技术特征。权利要求书有几项权利要求的，应当用阿拉伯数字顺序编号。权利要求书中使用的科技术语应当与说明书中使用的科技术语一致，可以有化学式或者数学式，但是不得有插图。除绝对必要的外，不得使用“如说明书……部分所述”或者“如图……所示”的用语。权利要求中的技术特征可以引用说明书附图中相应的标记，该标记应当放在相应的技术特征后并置于括号内，便于理解权利要求。附图标记不得解释为对权利要求的限制。

《专利法实施细则》第二十条：权利要求书应当有独立权利要求，也可以有从属权利要求。独立权利要求应当从整体上反映发明或者实用新型的技术方案，记载解决技术问题的必要技术特征。从属权利要求应当用附加的技术特征，对引用的权利要求作进一步限定。

② 独立权利要求的撰写要求。

《专利法实施细则》第二十一条：发明或者实用新型的独立权利要求应当包括前序部分和特征部分，按照下列规定撰写。

（一）前序部分：写明要求保护的发明或者实用新型技术方案的主题名称和发明或者实用新型主题与最接近的现有技术共有的必要技术特征。

（二）特征部分：使用“其特征是……”或者类似的用语，写明发明或者实用新型区别于最接近的现有技术的技术特征。这些特征和前序部分写明的特征合在一起，限定发明或者实用新型要求保护的范围。发明或者实用新型的性质不适于用前款方式表达的，独立权利要求可以用其他方式撰写。一项发明或者实用新型应当只有一个独立权利要求，并写在同一发明或者实用新型的从属权利要求之前。

③ 从属权利要求的撰写要求。

《专利法实施细则》第二十二条：发明或者实用新型的从属权利要求应当包括引用部分和限定部分，按照下列规定撰写。

（一）引用部分：写明引用的权利要求的编号及其主题名称。

（二）限定部分：写明发明或者实用新型附加的技术特征。从属权利要求只能引用在前的权利要求。引用两项以上权利要求的多项从属权利要求，只能以择一方式引用在前的权利要求，并不得作为另一项多项从属权利要求的基础。

（2）权利要求书的格式要求

每一项权利要求只允许在其结尾处使用句号。

权利要求书有一项以上权利要求的，应当用阿拉伯数字顺序编号。

权利要求中使用的科技术语应当与说明书中使用的科技术语一致。

权利要求中可以有化学式或者数学式，但是不得有插图。

除绝对必要外，权利要求中不得使用“如说明书……部分所述”或者“如图……所示”等类似用语。

权利要求中的技术特征可以引用说明书附图中相应的标记，这些标记应当用括号括起来，放在相应的技术特征后面，附图标记不得解释为对权利要求保护范围的限制。

权利要求中通常不允许使用表格，除非使用表格能够更清楚地说明发明或者实用新型要求保护的主题。

通常一项权利要求用一个自然段表述，也可以用分行或者分小段的方式描述。

7.4　专利申请文件撰写实例

1. 实用新型专利的撰写实例——一种晒场谷物装载机

说明书摘要

本实用新型提供了一种晒场谷物装载机，包括车架和发动机，其特征在于，车架下方设置有车轮，车架的上方安装有倾斜设置的输送装置，输送装置的前端设前传动辊、后端设后传动辊，后传动辊的高度大于前传动辊的高度，车架的前端设有螺旋轴，螺旋轴上居中设置有输送装置的前传动辊，螺旋轴上位于前传动辊的左右两侧设有左螺旋叶片和右螺旋叶片，螺旋轴的一端设大链轮，发动机通过传动装置带动大链轮转动，输送装置的后传动辊位置处设出料口。本实用新型的晒场谷物装载机，具有结构简单、装袋效率高、加工成本低、使用和维护方便等特点。

权利要求书

1. 一种晒场谷物装载机，包括车架和发动机，其特征在于，车架下方设置有车轮，车架的上方安装有倾斜设置的输送装置，输送装置的前端设前传动辊、后端设后传动辊，后传动辊的高度大于前传动辊的高度，车架的前端设有螺旋轴，螺旋轴上居中设置有输送装置的前传动辊，螺旋轴上位于前传动辊的左右两侧设有左螺旋叶片和右螺旋叶片，螺旋轴的一端设大链轮，发动机通过传动装置带动大链轮转动，输送装置的后传动辊位置处设出料口。

2. 根据权利要求 1 所述的晒场谷物装载机，其特征在于，输送装置的前传动辊和后传动辊之间装有输送带，输送带上设有刮板。

3. 根据权利要求 2 所述的晒场谷物装载机，其特征在于，车架的上方设有花纹板，花纹板设在出料口的正下方，花纹板用以承载装谷物的袋子，所述装谷物的袋子连接在出料口上。

4. 根据权利要求 3 所述的晒场谷物装载机，其特征在于，所述输送装置上设有谷物槽。

5. 根据权利要求 1 至 4 任一项所述的晒场谷物装载机，其特征在于，发动机通过传动装置带动大链轮转动，所述传动装置包括大带轮Ⅰ、小带轮、大带轮Ⅱ、小链轮，发动机带动大带轮Ⅰ，大带轮Ⅰ通过高速轴带动小带轮，小带轮通过传动带带动大带轮Ⅱ，大带轮Ⅱ通过低速轴带动小链轮，小链轮通过链条带动大链轮。

6. 根据权利要求 1 至 4 任一项所述的晒场谷物装载机，其特征在于，车架的上方设有用以支撑输送装置的支撑柱。

7. 根据权利要求 1 至 4 任一项所述的晒场谷物装载机，其特征在于，所述发动机为柴油机或汽油机。

说明书

一种晒场谷物装载机

技术领域

本实用新型涉及一种农业谷物装载机，尤其是一种在晒场上晒干的谷物装袋的机器，该晒场谷物装载机具有结构简单、装袋效率高、加工成本低、使用和维护方便等特点。

背景技术

目前我国农业上晒干的谷物装袋基本上是全靠人工来完成，现有设备中还没有专门用于晒干的谷物装袋设备。在炎热的夏天，晒干的谷物人工装袋不仅劳动强度大而且效率也很低。特别是对于我国中小型农田承包户，丰收时大量晒干的谷物急需装袋，其效率的提高和劳动强度的降低是急需解决的问题。

发明内容

本实用新型目的在于提供一种晒场谷物装载机，以实现我国农民在丰收的季节，轻松高效地将晒干的谷物装袋。

为实现上述目标，本实用新型所采用的技术方案是：一种晒场谷物装载机，包括车架和发动机，其特征在于，车架下方设置有车轮，车架的上方安装有倾斜设置的输送装置，输送装置的前端设前传动辊、后端设后传动辊，后传动辊的高度大于前传动辊的高度，车架的前端设有螺旋轴，螺旋轴上居中设置有输送装置的前传动辊，螺旋轴上位于前传动辊的左右两侧设有左螺旋旋叶片和右螺旋旋叶片，螺旋轴的一端设大链轮，发动机通过传动装置带动大链轮转动，输送装置的后传动辊位置处设出料口。

进一步地，输送装置的前传动辊和后传动辊之间装有输送带，输送带上设有刮板。

进一步地，车架的上方设有花纹板，花纹板设在出料口的正下方，花纹板用以承载装谷物的袋子，所述装谷物的袋子连接在出料口上。

进一步地，所述输送装置设有谷物槽。

进一步地，发动机通过传动装置带动大链轮转动，所述传动装置包括大带轮Ⅰ、小带轮、大带轮Ⅱ、小链轮，发动机带动大带轮Ⅰ，大带轮Ⅰ通过高速轴带动小带轮，小带轮通过传动带带动大带轮Ⅱ，大带轮Ⅱ通过低速轴带动小链轮，小链轮通过链条带动大链轮。

进一步地，车架的上方设有用以支撑输送装置的支撑柱。

优选地，所述发动机为柴油机或汽油机。

同现有技术相比，本实用新型的晒场谷物装载机具有以下优点：实现了在行走时进行谷物的收集和装载，结构简单，装袋效率高，加工成本低，使用和维护简单，不受作业地点制约，广泛的适用于谷物、饲料的晾晒装载，是谷粮装载的专用设备。

附图说明

图 7-1 为本实用新型的晒场谷物装载机的结构示意图。

具体实施方式

下面结合附图对本实用新型加以详细说明，应指出的是，所描述的具体实施例仅旨在便于对本实用新型的理解，而对其不起任何限定作用。

现参照图 7-1，图 7-1 示出了本实用新型的晒场谷物装载机的结构示意图。本实用新型的晒场谷物装载机，包括车架和发动机 17，车架下方设置有车轮 5，车架的上方安装有倾斜设置的输送装置 1，输送装置 1 的前端设前传动辊 15、后端设后传动辊 18，后传动辊 18 的高度大于前传动辊 15 的高度，车架的上方设有用以支撑输送装置 1 的支撑柱 19，输送装置 1 的前传动辊 15 和后传动辊 18 之间装有输送带 16，输送带上设有刮板。车架的前端设有螺旋轴 14，螺旋轴 14 上居中设置有输送装置 1 的前传动辊 15，螺旋轴 14 上位于前传动辊 15 的左右两侧设有左螺旋旋叶片和右螺旋旋叶片，螺旋轴 14 的一端设大链轮 13，发动机 17 通过传动装置带动大链轮 13 转动，输送装置 1 的后传动辊 18 位置处设出料口 2。所述输送装置设有谷物槽 1。车架的上方设有花纹板 4，花纹板 4 设在 2 的正下方，花纹板 4 用以承载装谷物的袋子，所述装谷物的袋子连接在出料口 2 上。

发动机 17 通过传动装置带动大链轮 13 转动，所述传动装置包括大带轮Ⅰ6、小带轮 7、大带轮Ⅱ11、小链轮 10，发动机 17 带动大带轮Ⅰ6，大带轮Ⅰ6 通过高速轴 8 带动小带轮 7，小带轮 7 通过传动带 9 带动大带轮Ⅱ11，大带轮Ⅱ11 通过低速轴带动小链轮 10，小链轮 10 通过链条 12 带动大链轮 13。

优选地，所述发动机 17 为柴油机或汽油机。

在操作本实用新型的晒场谷物装载机时，首先将发动机 17 发动，发动后的发动机 17 经过带传动将动力传到一级大带轮Ⅰ6，一级大带轮Ⅰ6 在将动力经过高速轴 8 将动力传到二级传动的小带轮 7，在经过传动带 9 传动将动力传到大带轮Ⅱ11，大带轮Ⅱ11 经过低速轴将动力传递到小链轮 10，小链轮 10 再通过链条 12 将动力传递到大链轮 13，大连轮 13 安装在螺旋轴 14 上，所以螺旋轴 14 在大连轮 13 的转动下旋转，在螺旋轴 14 的中间部分安装了一个带动输送带工作的前传动辊 15。螺旋轴 14 带刮板的输送带和后传动辊 18 三者形成一个带传动。

操作者双手扶着下支架的手柄 3，再将机器向前推进，在机器前方的谷物在螺旋叶片的作用下将向带刮板的输送带正前方横向移动并堆积成一定的高度，堆积成一定高度的谷物在刮板的作用下谷物将在谷物槽 1 中沿谷物槽向上移动，最后谷物将从出料口 2 出来，此时在出料口接一个装谷物的袋子，袋子由花纹板 4 托起。

本实用新型的晒场谷物装载机具有结构简单、高效（装袋效率约 6 吨/小时）、体积小、制造成本低、操作和维护方便。基本上填补了将晒干的谷物进行装袋这方面功能机器的空白，特别是中小型该类功能机器的空白。

以上所述，仅为本实用新型的优选实施例，本实用新型保护的范围并不局限于此，任何熟悉该技术的人在本实用新型所揭露的范围内可理解想到的变换或替换，都应涵盖在本实用新型的包含范围之内。因此，本实用新型的保护范围应该以权力要求书的保护范围为准。

说明书附图

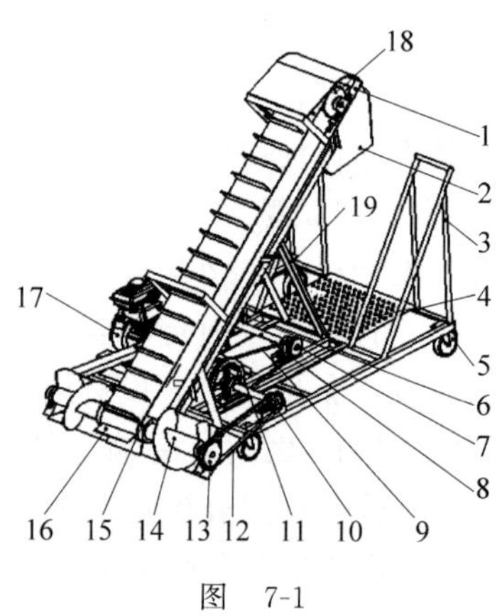

图 7-1

2. 实用新型专利的撰写实例——一种盘式多功能机械制图教学尺

说明书摘要

本实用新型涉及一种磁式多功能机械制图教学尺，包括主尺柄、副尺柄和滑块组件，所述主尺柄的长度方向的主体上设有长条形的滑槽，所述主尺柄的一端设有装配圆孔；所述副尺柄的一端也设有装配圆孔；所述主尺柄与副尺柄端部的装配圆孔中穿设第一丝杆，所述第一丝杆露出于所述主尺柄外侧的部分依次装配有垫片、拉铆螺母和橡胶垫，所述第一丝杆露出于所述副尺柄外侧的部分依次装配垫片、单层滚花螺母和手拧滚花螺母；所述滑块组件设置在主尺柄上的滑槽中。本实用新型的磁式多功能机械制图教学尺，具有绘制圆、绘制直线、绘制角度线等功能。

权利要求书

1. 一种新型磁式多功能机械制图教学尺，包括主尺柄、副尺柄和滑块组件，其特征在于，所述主尺柄的长度方向的主体上设有长条形的滑槽，所述主尺柄的一端设有装配圆孔；所述副尺柄的一端也设有装配圆孔；所述主尺柄与副尺柄端部的装配圆孔中穿设第一丝杆，所述第一丝杆露出于所述主尺柄外侧的部分依次装配有垫片、拉铆螺母和橡胶垫，所述第一丝杆露出于所述副尺柄外侧的部分依次装配垫片、单层滚花螺母和手拧滚花螺母；所述滑块组件设置在主尺柄上的滑槽中。

2. 根据权利要求 1 所述的磁式多功能机械制图教学尺，其特征在于，所述滑块组件包括第二丝杆、滑块底座、滑块上盖，所述滑块底座与滑块上盖配合安装在主尺柄的滑槽中，所述滑块上盖设置在滑槽的上方，滑块底座设置在滑槽的下方，滑块底座与滑块上盖均设置有对应的装配圆孔，所述第二丝杆穿设于滑块底座与滑块上盖的装配圆孔，第二丝杆露出于所述滑块上盖的部分依次装配单层滚花螺母、手拧滚花螺母，第二丝杆露出于所述滑块底座的部分装配拉铆螺母。

3. 根据权利要求 1 或 2 所述的磁式多功能机械制图教学尺，其特征在于，所述滑块组件上设置有用于卡接粉笔的卡槽。

4. 根据权利要求 1 所述的磁式多功能机械制图教学尺，其特征在于，所述主尺柄、副尺柄相互配合的端部均设置有若干容纳槽，所述主尺柄的端部设置有 6 个沿 360°圆周均匀布置的容纳槽，所述副尺柄 1 的端部设置有 9 个沿 360°圆周均匀布置的容纳槽，容纳槽中均设置有磁铁。

5. 根据权利要求 4 所述的磁式多功能机械制图教学尺，其特征在于，所述容纳槽的尺寸为 $\varphi 3.5\times 2.5$mm。

说明书
一种磁式多功能机械制图教学尺

技术领域

本实用新型涉及一种新型磁式多功能机械制图教学尺，具体是一种具有绘制圆、绘制直线、绘制角度线等功能的机械制图教学尺。

背景技术

目前，机械制图教学尺主要有木制 60°的三角板、木制 45°的三角板、半圆量角器以及木制圆规，机制制图课程教学中主要使用上述教学尺，机制制图教学尺种类繁多，体积相对较大，机制制图任课教师携带极不方便；同时，由于不同教学尺功能相对单一，在机制制图教学过程中机制制图任课教师需要频繁更换绘图工具在黑板上绘制图形，不仅浪费宝贵的教学时间，而且使用也很不方便。

发明内容

本实用新型的目的是为了克服现有技术存在的上述不足，提供一种具有绘制圆、绘制直线、绘制角度线等功能的机械制图教学尺。

本实用新型是通过以下技术方案实现的，一种新型磁式多功能机械制图教学尺，包括主尺柄、副尺柄和滑块组件，其特征在于，所述主尺柄的长度方向的主体上设有长条形的滑槽，所述主尺柄的一端设有装配圆孔；所述副尺柄的一端也设有装配圆孔；所述主尺柄与副尺柄端部的装配圆孔中穿设第一丝杆，所述第一丝杆露出于所述主尺柄外侧的部分依次装配有垫片、拉铆螺母和橡胶垫，所述第一丝杆露出于所述副尺柄外侧的部分依次装配垫片、单层滚花螺母和手拧滚花螺母；所述滑块组件设置在主尺柄上的滑槽中。

进一步地，本实用新型的磁式多功能机械制图教学尺中，所述滑块组件包括第二丝杆、滑块底座、滑块上盖，所述滑块底座与滑块上盖配合安装在主尺柄的滑槽中，所述滑块上盖设置在滑槽的上方，滑块底座设置在滑槽的下方，滑块底座与滑块上盖均设置有对应的装配圆孔，所述第二丝杆穿设于滑块底座与滑块上盖的装配圆孔，第二丝杆露出于所述滑块上盖的部分依次装配单层滚花螺母、手拧滚花螺母，丝杆露出于所述滑块底座的部分装配拉铆螺母。

进一步地，所述滑块底座与滑块上盖组成的滑块组件上设置有用于卡接粉笔的卡槽。

进一步地，本实用新型的磁式多功能机械制图教学尺中，所述主尺柄、副尺柄相互配合的端部均设置有若干容纳槽，所述主尺柄的端部设置有 6 个沿 360°圆周均匀布置的容纳槽，所述副尺柄 1 的端部设置有 9 个沿 360°圆周均匀布置的容纳槽，容纳槽中均设置有磁铁。所述容纳槽的尺寸为 $\varphi3.5\times2.5$mm。

教学尺通过主尺柄、副尺柄、小磁铁、滑块的相对运动来实现绘制直线、一定范围内任意半径圆和 15°倍数的角度线的功能。

本实用新型的优点是：小磁铁定位主、副尺柄之间的旋转角实现绘制 15°倍数的任意角的功能；通过滑块、主尺柄的相对运动可以绘制半径在 30～260mm 内的任意圆；主副尺柄的开合可以绘制长度在 600mm 内的任意直线。

附图说明

图 7-2 为本实用新型的磁式多功能机械制图教学尺的装配示意图。

图 7-3 为本实用新型的磁式多功能机械制图教学尺的结构示意图。

具体实施方式

下面结合附图对本实用新型加以详细说明，应指出的是，所描述的具体实施例仅旨在便于对本实用新型的理解，而对其不起任何限定作用。

现参照图 7-2、图 7-3，本实用新型的磁式多功能机械制图教学尺包括包括主尺柄 9、副尺柄 1 和滑块组件，所述主尺柄 9 的长度方向的主体上设有长条形的滑槽，所述主尺柄 4 的一端设有装配圆孔；所述副尺柄 1 的一端也设有装配圆孔；所述主尺柄 4 与副尺柄 12 端部的装配圆孔中穿设一丝杆 5，所述丝杆 5 露出于所述主尺柄 9 外侧的部分依次装配有垫片 6、拉铆螺母 7、橡胶垫 8，所述丝杆 5 露出于所述副尺柄 1 外侧的部分依次装配垫片 4、单层滚花螺母 3、手拧滚花螺母 2；所述主尺柄 9 上的滑槽中设置滑块组件。

进一步地，本实用新型的磁式多功能机械制图教学尺中，所述滑块组件包括拉铆螺母 11、丝杆 12、滑块底座 13、滑块上盖 14、单层滚花螺母 15、手拧滚花螺母 16，所述滑块底座 13 与滑块上盖 14 配合安装在主尺柄 9 的滑槽中，所述滑块上盖 14 设置在滑槽的上方，滑块底座 13 设置在滑槽的下方，滑块底座 13 与滑块上盖 14 均设置有对应的装配圆孔，所述丝杆 12 穿设于滑块底座 13 与滑块上盖 14 的装配圆孔，丝杆 12 露出于所述滑块上盖 14 的部分依次装配单层滚花螺母 15、手拧滚花螺母 16，丝杆 12 露出于所述滑块底座 13 的部分装配拉铆螺母 11。所述滑块底座 13 与滑块上盖 14 组成的滑块组件上设置有用于卡接粉笔的卡槽。

进一步地，本实用新型的磁式多功能机械制图教学尺中，所述主尺柄 9、副尺柄 1 相互配合的端部均设置有若干容纳槽，所述主尺柄 9 的端部设置有 6 个沿 360°圆周均匀布置的容纳槽，容纳槽中设置小磁铁 10，所述副尺柄 1 的端部设置有 9 个沿 360°圆周均匀布置的容纳槽，容纳槽中设置小磁铁 17。所述容纳槽的尺寸为 $\varphi 3.5\times 2.5$mm。

在装配本实用新型的磁式多功能机械制图教学尺时，先闭合主尺柄 9 与副尺柄 1，然后将丝杆 5 插入主尺柄 9 与副尺柄 1 左侧的圆孔中，在副尺柄 1 上方把垫片 4、单层滚花螺母 3、手拧滚花螺母 2 依次装配在丝杆 5 上面拧紧，再在主尺柄 9 下方把垫片 6、拉铆螺母 7、橡胶垫 8 依次装配在丝杆 5 上面拧紧。滑块上盖 14 安装在主尺柄 9 上方的滑槽中，滑块底座 13 与滑块上盖 14 配合安装在主尺柄 9 下方的滑槽中。然后将丝杆 12 安装在拉铆螺母 11 上面，插入滑块底座 13 与滑块上盖 14 的左侧孔中，再将单层滚花螺母 15、手拧滚花螺母 16 依次装配在丝杆 12 上面拧紧。

磁式多功能机械制图教学尺绘制圆时，主尺柄 9 与副尺柄 1 闭合，将滑块底座 13 与滑块上盖 14 一起移动至圆的半径的刻度位置，将粉笔放在滑块底座 13 与滑块上盖 14 的一个卡槽里面，手指按住手拧滚花螺母 2，转动主尺柄 9 一圈，从而完成指定半径的圆的绘制，通过改变在滑块底座 13 与滑块上盖 14 在主尺柄 9 滑槽中的位置可以绘制出不同半径大小的圆；把副尺柄 1 转到与主尺柄 9 平行时，边可以绘制出一定长度的线段；在主尺柄 9 和副尺柄 1 之间开设一定角度的 $\varphi3.5\times2.5$mm 的槽，分别安装有 $\varphi3.5\times2.5$mm 的圆柱小磁铁 10 共 6 个与小磁铁 17 共 9 个，主尺柄 9 副尺柄 1 之间的槽偏移角度为 15°，通过转动副尺柄 1，就可以得到主尺柄 9 与副尺柄 1 之间的角度为 15°倍数的角度，这样就可以绘制出 15°倍数的角度，从而可以绘制相应的角度线。

以上所述，仅为本实用新型的优选实施例，本实用新型保护的范围并不局限于此，任何熟悉该技术的人在本实用新型所揭露的范围内可理解想到的变换或替换，都应涵盖在本实用新型的包含范围之内，因此，本实用新型的保护范围应该以权利要求书的保护范围为准。

说明书附图

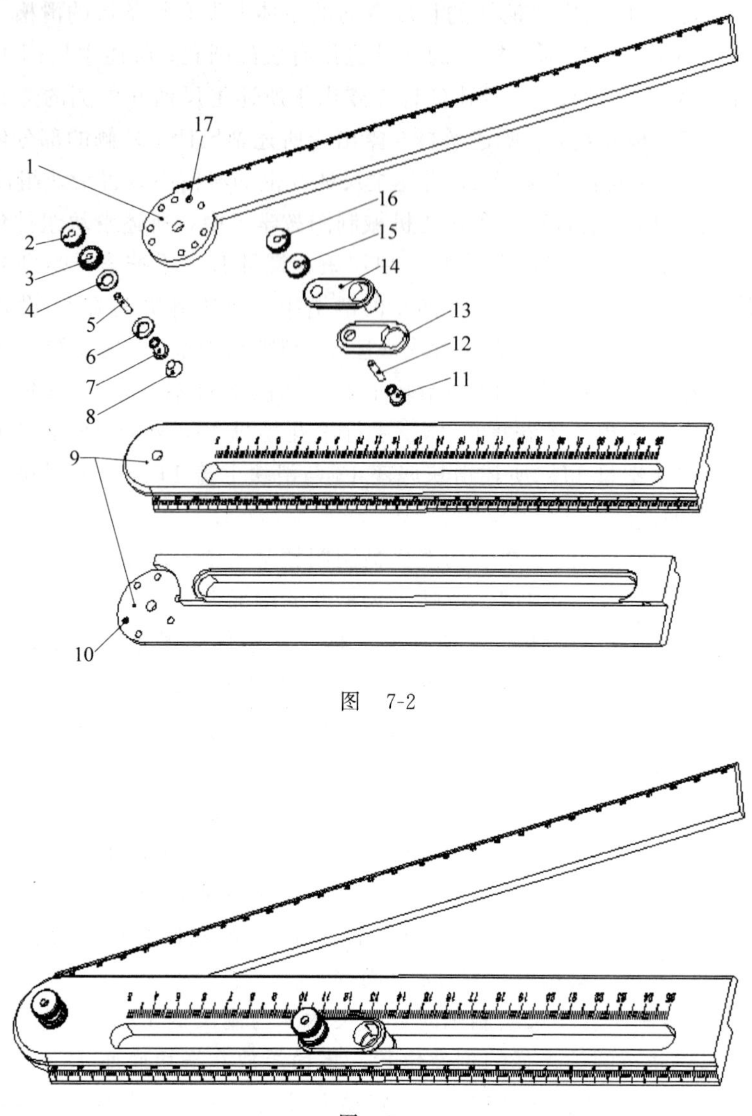

图 7-2

图 7-3

3. 实用新型专利的撰写实例——一种手推式多功能播种机

说明书摘要

本实用新型涉及一种手推式多功能播种机，机架的前端设主轴，主轴的左右两端各设一抓地轮，机架上设有盛料箱、排种箱，盛料箱设置在排种箱的上方，排种箱中设置排种器，排种器裸露在排种箱外侧的一端设置小链轮，小链轮通过链条与设置在主轴上的大链轮相连；牵引杆设置在机架的前方，其左右两端与主轴连接；排种箱的下方设落料管，落料管的下端部设置开沟器和覆土器。本实用新型的手推式多功能播种机，工作效率高、工作可靠性好、适合小块田地作业，有利于用户抢农时，提高花生产量，一次可完成作物的播种、施肥等多道工序。

权利请求书

1. 一种手推式多功能播种机，包括机架和牵引杆，其特征在于，所述机架的前端设主轴，主轴的左右两端各设一抓地轮，所述机架上设有盛料箱、排种箱，所述盛料箱设置在排种箱的上方，所述排种箱中设置排种器，所述排种器裸露在排种箱外侧的一端设置小链轮，所述小链轮通过链条与设置在所述主轴上的大链轮相连；所述牵引杆设置在机架的前方，其左右两端与所述主轴连接；所述排种箱的下方设落料管，所述落料管的下端部设置开沟器和覆土器。

2. 根据权利要求 1 所述的手推式多功能播种机，其特征在于，所述机架的把手之间的横梁下方通过支架连接有 V 形镇压轮。

3. 根据权利要求 1 所述的手推式多功能播种机，其特征在于，所述开沟器焊接于所述落料管下端部的管壁前侧，所述开沟器通过螺母与覆土器连接。

4. 根据权利要求 1 所述的手推式多功能播种机，其特征在于，所述覆土器为刮板式覆土器，且所述刮板式覆土器中设置有扭簧。

5. 根据权利要求 1 所述的手推式多功能播种机，其特征在于，所述机架由钢管焊接而成。

6. 根据权利要求 1 所述的手推式多功能播种机，其特征在于，所述盛料箱的内表面使用软胶材料制成，其中间设有隔板，将盛料箱分隔为盛肥箱和盛种箱两部分。

7. 根据权利要求 1 所述的手推式多功能播种机，其特征在于，所述排种箱使用硬塑料制成，落种夹角 127°。

8. 根据权利要求 1 所述的手推式多功能播种机，其特征在于，所述排种器包括顶盘 a、窝眼轮 a、窝眼轮 b、窝眼轮 c、主轴、卡轮和顶盘 b，其中，所述主轴穿设配合于卡轮的主轴孔中，所述卡轮上装配从左至右依次设置窝眼轮 a、窝眼轮 b、窝眼轮 c，所述顶盘 a 和顶盘 b 设置在卡轮两端，对卡轮轴向定位。

9. 根据权利要求 8 所述的手推式多功能播种机，其特征在于，所述窝眼轮 a、窝眼轮 b、窝眼轮 c 的端部表面上分别开设有 5 个窝眼槽孔，相邻两个窝眼轮上的窝眼槽孔相互配合组成种槽和肥槽。

10. 根据权利要求8或9所述的手推式多功能播种机，其特征在于，所述排种箱在窝眼轮a、窝眼轮b、窝眼轮c的窝眼槽孔之间装有一排毛刷。

说明书
一种手推式多功能播种机

技术领域

本实用新型涉及一种新型的手推式多功能播种机，具体是一种工作效率高、工作可靠性好、适合小块田地作业的手推式多功能播种机。

背景技术

播种是花生生产的重要环节，机械播种可以合理密植，保证全苗，与人工作业比较可提高工效20倍以上，并保证一致的播种行距、株距和深度。在我国辽宁、山东、河南等花生主产区，地块大且平整，适合大型拖拉机及花生联合播种机作业，机械化播种取得了较好的经济效益。而我国南方一些丘陵地区地块小、坡度大，不适合大型拖拉机及花生联合播种机作业，花生生产机械化发展滞后，种植仍以人力手工播种为主，导致劳动强度大、生产成本高、经济效益低，常常出现增产而不增收的现象。针对我国小户型、小地块农作物播种的需要，因地制宜研发一种工作效率高、工作可靠性好、适合小块田地作业的小型多功能播种机，有利于用户抢农时，提高花生产量，一次可完成作物的播种、施肥等多道工序。

发明内容

本实用新型的目的是为了克服现有技术存在的上述不足，提供一种工作效率高、工作可靠性好、适合小块田地作业的手推式多功能播种机。

本实用新型是通过以下技术方案实现的：一种手推式多功能播种机，包括机架和牵引杆，其特征在于，所述机架的前端设主轴，主轴的左右两端各设一抓地轮，所述机架上设有盛料箱、排种箱，所述盛料箱设置在排种箱的上方，所述排种箱中设置排种器，所述排种器裸露在排种箱外侧的一端设置小链轮，所述小链轮通过链条与设置在所述主轴上的大链轮相连；所述牵引杆设置在机架的前方，其左右两端与所述主轴连接；所述排种箱的下方设落料管，所述落料管的下端部设置开沟器和覆土器。

进一步地，所述机架的扶手之间的横梁下方通过支架连接有V形镇压轮。

进一步地，所述开沟器焊接于所述落料管下端部的管壁前侧。

进一步地，所述开沟器通过螺母与覆土器连接。因开沟器只能将少量泥土覆盖到种子与肥料上，满足不了种子的覆土厚度的要求，所以需要借助覆土器来进行泥土覆盖。

进一步地，所述覆土器为刮板式覆土器，且所述刮板式覆土器中设置有扭簧。刮板式覆土器，是专门覆盖种子与肥料的部件。为了确保种子不被覆土器刚性压坏，加入了扭簧，使得覆土器柔性更好，土地适应性更强，种子肥料覆土合格率得到提高。

进一步地，所述机架由钢管焊接而成。

进一步地，所述盛料箱的内表面使用软胶材料制成，其中间设有隔板，将盛料箱分隔为盛肥箱和盛种箱两部分。盛料箱的内表面选用软胶材料，可防止种子擦伤。

进一步地，所述排种箱使用硬塑料制成，落种夹角 127°。

进一步地，所述排种器包括顶盘 a、窝眼轮 a、窝眼轮 b、窝眼轮 c、主轴、卡轮和顶盘 b，其中，所述主轴穿设配合于卡轮的主轴孔中，所述卡轮上装配从左至右依次设置窝眼轮 a、窝眼轮 b、窝眼轮 c，所述顶盘 a 和顶盘 b 设置在卡轮两端，对卡轮轴向定位。

进一步地，所述窝眼轮 a、窝眼轮 b、窝眼轮 c 的端部表面上分别开设有 5 个窝眼槽孔，相邻两个窝眼轮上的窝眼槽孔相互配合组成种槽和肥槽。

进一步地，所述排种箱在窝眼轮 a、窝眼轮 b、窝眼轮 c 的窝眼槽孔之间装有一排毛刷。

本实用新型的手推式多功能播种机，其动力由人力或者畜力提供，首先在盛料箱装上适量的种子和肥料，操作者手扶住机架的两个把手推动整机前进或者畜力通过牵引杆拉动整机前进，抓地轮随之发生转动，经大链轮、链条、小链轮组成的链传动，把动力传递到排种器，排种器完成取种，同时开沟器开沟，种子肥料经落料管落入沟中，随着播种机的前进，覆土器将土合理的覆盖到种子和肥料中，接着由镇压轮压实，完成播种。

本实用新型的优点是：针对我国小户型、小地块农作物播种的需要，因地制宜研发一种工作效率高、工作可靠性好、适合小块田地作业的小型畜力花生播种机，有利于用户抢农时，提高花生产量，一次可完成作物的播种、施肥等多道工序。

附图说明

图 7-4 为本实用新型的手推式多功能播种机的结构示意图。

图 7-5 为本实用新型的排种器的整体结构示意图。

图 7-6 为本实用新型的排种器的装配结构示意图。

图 7-7 为本实用新型的排种器进种示意图。

图 7-8 为本实用新型的排种器出种示意图。

具体实施方式

下面结合附图对本实用新型加以详细说明，应指出的是，所描述的具体实施例仅旨在便于对本实用新型的理解，而对其不起任何限定作用。

现参照图 7-4、图 7-5，图 7-4 示出了本实用新型的手推式多功能播种机的结构示意图，图 7-5 示出了本实用新型的手推式多功能播种机排种器的结构示意图。本实用新型的手推式多功能播种机，包括机架 14 和牵引杆 7，所述机架 14 的前端设主轴 9，主轴 9 的左右两端各设一抓地轮 5，所述机架 14 上设有盛料箱 12、排种箱 13，所述盛料箱 12 设置在排种箱 13 的上方，所述排种箱 13 中设置排种器 11，所述排种器 11 裸露在排种箱 13 外侧的一端设置小链轮 10，所述小链轮 10 通过链条 8 与设置在所述主轴 9 上的大链轮 6 相连；所述牵引杆 7 设置在机架 14 的前方，其左右两端与所述主轴 9 连接；所述排种箱 13 的下方设落料管 4，所述落料管 4 的下端部设置开沟器 3 和覆土器 2。机架 14 的扶手之间的横梁下方通过支架连接有 V 形镇压轮 1。

进一步地，所述开沟器 3 附着焊接于所述落料管 4 的下端部管壁前侧。其上部平台通过螺母与排种器组件紧固。因开沟器 3 只能将少量泥土覆盖到种子与肥料上，满足不了种子的覆土厚度的要求，所以需要借助覆土器 2 来进行泥土覆盖，覆土器 2 采用刮板式覆土器，它是专门覆盖种子与肥料的部件。为了确保种子不被覆土器刚性压坏，加入了扭簧，使得覆土器柔性更好，土地适应性更强，种子肥料覆土合格率得到提高。

进一步地，机架 14 是承载着播种机的排种器、落料管及镇压轮等大部分重量，由钢管焊接而成。盛料箱 12 的内表面选用软胶材料，可防止种子擦伤，盛料箱 12 由盛肥箱和盛种箱两部分构成。排种箱 13 材料选用硬塑料，落种夹角 127°，确保边角无毛刺。

所述排种箱 13 中设置排种器 11，本实用新型的排种器采用窝眼式结构形式，窝眼式结构简单、易于制造、滑动调节播种量，且工作可靠。如图 7-5、图 7-6 所示，排种器 11 包括顶盘 a1101、窝眼轮 a1102、窝眼轮 b1104、窝眼轮 c1105、主轴 1103、卡轮 1107 和顶盘 b1106，其中，所述主轴 1103 穿设配合于卡轮 1107 的主轴孔中，所述卡轮 1107 上装配从左至右依次设置窝眼轮 a1102、窝眼轮 b1104、窝眼轮 c1105，所述顶盘 a1101 和顶盘 b1106 设置在卡轮 1107 两端，对卡轮 1107 轴向定位。排种器 11 中三个窝眼轮窝眼轮 a1102、窝眼轮 b1104、窝眼轮 c1105 的端部表面上均设置有相互配合的槽孔，分别组成种槽和肥槽，其特点是可通过滑动调整来满足不同品种作物的播种，是一种适合机械播种的新型排种器。窝眼轮 a1102、窝眼轮 b1104、窝眼轮 c1105 分别开设有 5 个窝眼槽孔，每个窝眼槽孔需保证种子在毛刷作用下迅速排出，才能减少株距偏差。

排种箱 13 在窝眼轮 a1102、窝眼轮 b1104、窝眼轮 c1105 的窝眼槽孔之间装有一排毛刷。为实现落料开沟同时进行，开沟器 3 附着焊接于管壁前侧，上部平台通过螺母与排种器组件紧固。因开沟器 3 只能将少量泥土覆盖到种子与肥料上，满足不了种子的覆土厚度的要求，所以需要借助覆土器 2 来进行泥土覆盖，覆土器 2 采用刮板式覆土器，它是专门覆盖种子与肥料的部件。为了确保种子不被覆土器刚性压坏，加入了扭簧，使得覆土器柔性更好，土地适应性更强，种子肥料覆土合格率得到提高。播种机采用新型 V 字镇压轮 1，该镇压轮结构简单，镇压面较宽，上部扭簧缓冲设计，减弱镇压轮对种子的冲击，能适应多种地形，仿形可靠，V 形镇压设计，使种子受压均匀，不易受到损伤。入土抓地轮 5 处于垂直状态时只有三钢条插入土中，当三钢条交替临界状态时，为了有效降低打滑率，采用双圈十二柱均匀分布，抓地性能出色，天气土地适应性能强。操作者如果长时间使用手推式播种机，则其劳动强度大且容易疲劳，针对此，采用引入牵引杆 7，挂靠在整机前端，可通过绳索牵引住牛、骡子等牲畜，进行动力补充，牵引杆加工工艺简单，拆装容易，很好的实现牲畜与播种机的互联，将极大降低农民朋友的劳动强度。

排种器 11 进种示意图如图 7-7 所示，当主轴 1103 转动时，种子（肥料）落入三个窝眼轮的窝眼槽孔，毛刷不动，排种器 11 中的卡轮 1107 与窝眼轮 a1102、窝眼轮 b1104、窝眼轮 c1105 转动，毛刷将多余的种子或肥料刷出，达到定量排种排肥的效果。

排种器 11 出种示意图如图 7-8 所示，排种器中窝眼轮 a1102、窝眼轮 b1104、窝眼轮 c1105 之间的盛区间隙互相滑动调节改变，从而控制如图所示的盛种区 1108 和盛肥区 1109 的大小来实现定种定量，可以针对不同作物种子进行播种施肥。槽孔设计的重要依据是种子的形状尺寸，由于农作物种子外形很多是不规则的，具有随意性。品种及籽粒大小的较大差异直接影响排种器的播种精度和质量。考虑到槽孔直径和深度、窝眼轮表面工艺等因素对播种性能的直接影响，设计成槽孔双粒充种，槽孔直径比种粒两倍最大长度尺寸大，槽孔深度大于种子最大厚度 0.6～0.8mm，如此才能保证种子双粒充填。由于作物种子表皮易破，若损坏表皮，很可能导致田地空苗或减产现象出现。为了解决此问题，设计窝眼槽孔时，槽孔边缘应当进行 R2～R3mm 倒角。

本实用新型一种手推式多功能播种机动力由人力或者畜力提供，首先在盛料箱 12 装上适量的种子和肥料，操作者手扶住机架 14 的两个把手推动整机前进或者畜力通过牵引杆 7 拉动整机前进，抓地轮 5 随之发生转动，经大链轮 6、链条 8、小链轮 10 组成的链传动，把动力传递到排种器 11，排种器 11 完成取种，同时开沟器 3 开沟，种子肥料经落料管 4 落入沟中，随着播种机的前进，覆土器 2 将土合理的覆盖到种子和肥料中，接着由镇压轮 1 压实，完成播种。

以上所述，仅为本实用新型的优选实施例，本实用新型保护的范围并不局限于此，任何熟悉该技术的人在本实用新型所揭露的范围内可理解想到的变换或替换，都应涵盖在本实用新型的包含范围之内，因此，本实用新型的保护范围应该以权力要求书的保护范围为准。

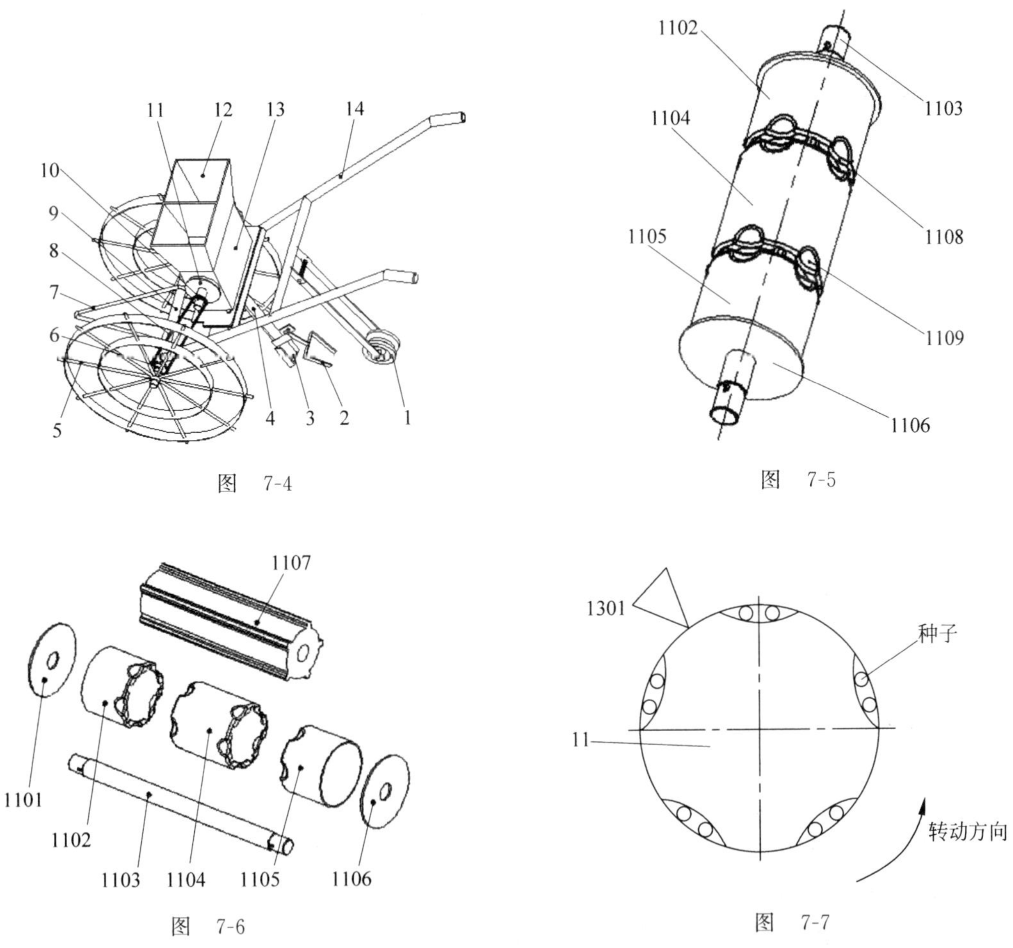

图　7-4

图　7-5

图　7-6

图　7-7

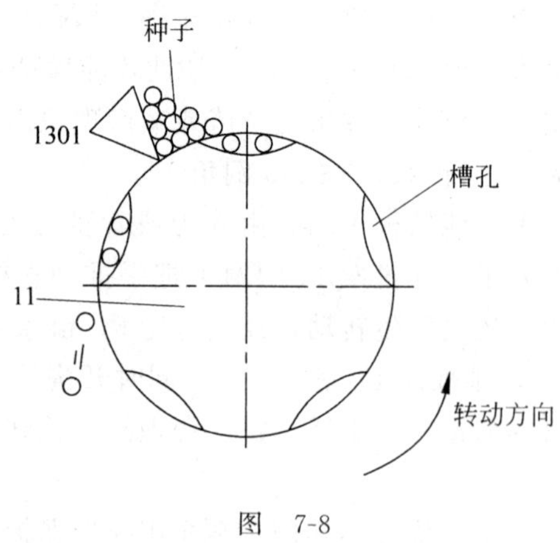

图 7-8

4. 发明专利撰写实例——一种晒场谷物装袋机

说明书摘要

本发明提供了一种晒场谷物装袋机，包括车架和发动机，车架下方设置有传动装置、清扫装置和差速行进装置。车架的上方安装有倾斜设置的输送装置，其前端设螺旋输送轴、后端设后滚轮，螺旋输送轴的左右两侧设有左、右螺旋叶片，后滚轮的高度大于螺旋输送轴的高度，二者之间装有输送带，后滚轮位置处设谷物槽和出料口，装谷物的袋子连接在出料口上。车架的上方设有用以承载装谷物的袋子的花纹板，花纹板设在出料口的正下方。本发明的晒场谷物装袋机，具有结构简单，装袋效率高，自动化程度高、加工成本低，推广潜力大，使用和维护方便等特点。

权利请求书

1. 一种晒场谷物装袋机，包括车架和发动机，其特征在于，车架上设置有清扫装置、传动装置、差速行进装置和谷物输送装置，其中，

——所述谷物输送装置倾斜设置在所述车架的上方，所述谷物输送装置的前端设螺旋输送轴、前圆弧板，所述螺旋输送轴的左右两端通过轴承设置在车架前端的支架上，所述前圆弧板也设置在车架的前端并位于所述螺旋输送轴的后部，用以为所述螺旋输送轴聚拢谷物；所述螺旋输送轴的左右两侧设有左螺旋叶片、右螺旋叶片，所述谷物输送装置的后端设后滚轮，所述后滚轮的高度大于螺旋输送轴的高度，所述螺旋输送轴和后滚轮之间装有输送带，输送带上设有密排等间距的刮板所述螺旋输送轴上的左螺旋叶片、右螺旋叶片将所述前圆弧板聚拢的谷物螺旋输送至位于中间的所述输送带上，在所述刮板的配合作用下，谷物被输送至后滚轮位置处；所述谷物输送装置还设有谷物槽，所述输送带位于谷物槽内，谷物槽后侧的后滚轮位置处设出料口，装谷物的袋子连接在所述出料口上，出料口上方设有上罩盖板；车架的上表面设有花纹板，花纹板设在出料口的正下方，花纹板用以承载装谷物的袋子；

——车架的后侧设有扶手架；

——车架的底部安装有两个前轮驱动轮、两个后轮导向轮，两所述前轮驱动轮之间设置所述差速行进装置；

——所述发动机的动力经所述传动装置传输至所述清扫装置、差速行进装置和谷物输送装置。

2. 根据权利要求 1 所述的晒场谷物装袋机，其特征在于，车架的下方设有传动装置，发动机的动力经传动带传递到传动轴 a，传动轴 a 经齿轮传动装置将动力传递到传动轴 b，传动轴 b 再经另一齿轮传动装置将动力传递到传动轴 c，传动轴 c 的动力有三个方向去处，第一方向就是传动轴 c 经链传动装置，将动力传递给螺旋输送传动轴；第二方向就是传动轴 c 经过锥齿轮传动装置，将部分动力传递给传动轴 e，然后传动轴 e 再经万向节装置 b 传递给传动轴 f，再经过齿轮传动装置 c 将动力传递给扫把链驱动主轴；第三方向就是传动轴 c 经过万向节装置 a 传递，将动力传递给传动轴 d，然后传动轴 d 经齿轮传动将动力分别传递给差速器的齿圈，最后根据差速原理将动力分别传递给两个半轴，两半轴经万向节分别将动力传递给两个前轮驱动轮。

3. 根据权利要求 1 或 2 所述的晒场谷物装袋机，其特征在于，车架的下方设有所述差速行进装置，当所述传动装置通过万向节装置、传动轴、齿轮传动装置把动力传递给差速器的齿圈，根据差速原理将动力分别传递给差速轴套里面的左半轴、右半轴，最后两半轴分别经左侧万向节装置、右侧万向节装置，将动力传递给左侧前轮驱动轮、右侧前轮驱动轮。

4. 根据权利要求 1 至 3 任一项所述的晒场谷物装袋机，其特征在于，两个前轮驱动轮设有升降调节装置。

5. 根据权利要求 1 至 4 任一项所述的晒场谷物装袋机，其特征在于，车架的下方设有清扫装置，所述清扫装置包括驱动装置、主动链轮、从动链轮、传动链条、链轮张紧装置以及多个清扫扫把，所述多个清扫扫把安装在传动链条上，传动链条安装在从动链轮与主动链轮之间，链轮张紧装置保证传动链条的张紧度，发动机的动力经传动装置传递至所述驱动装置，驱动装置驱动主动链轮转动，带动传动链条转动。

6. 根据权利要求 1 至 5 任一项所述的晒场谷物装袋机，其特征在于，所述晒场谷物装袋机设有控制机器开停的离合器装置。

7. 根据权利要求 1 至 6 任一项所述的晒场谷物装袋机，其特征在于，所述发动机为柴油机或汽油机。

说明书
一种晒场谷物装袋机

技术领域

本发明涉及一种农业谷物装袋机，尤其是一种在晒场上晒干的谷物装袋的机器，该晒场谷物装袋机具有结构简单，装袋效率高，加工成本低，使用和维护方便等特点。

背景技术

目前我国农业上晒干的谷物装袋基本上是全靠人工来完成，现有设备中还没有专门用于晒干的谷物装袋设备。在炎热的夏天，晒干的谷物人工装袋不仅劳动强度大而且效率也很低。特别是对于我国中小型农田承包户，丰收时大量晒干的谷物急需装袋，其效率的提高和劳动强度的降低是急需解决的问题。此外，现有技术中已有的谷物装袋机一般也仅具有简单的装袋功能，不具有清扫功能，谷物装袋机装袋后一般会残余相当一部分谷物，残余的谷物需要人工清扫聚拢，之后要么通过人工装袋，要么利用谷物装袋机重新装袋，这严重影响了装袋效率；现有技术中已有的谷物装袋机还存在的主要缺点是，其行进装置一般不具有差速功能，导致谷物装袋机在转向时容易侧翻，以上缺点导致现有技术的谷物装袋机装袋效率低，行进性能差，影响了谷物装袋机的推广应用。

发明内容

本发明目的在于克服现有技术的缺点和不足，提供一种新型的晒场谷物装袋机，以实现我国农民在丰收的季节，轻松高效的将晒干的谷物装袋，同时克服现有技术的谷物装袋机装袋效率低、不具有清扫功能、行进性能差等多种缺点和不足。

为实现上述目标，本发明所采用的技术方案是：一种晒场谷物装袋机，包括车架和发动机，其特征在于，车架上设置有清扫装置、传动装置、差速行进装置和谷物输送装置，其中，

——所述谷物输送装置倾斜设置在所述车架的上方，所述谷物输送装置的前端设螺旋输送轴、前圆弧板，所述螺旋输送轴的左右两端通过轴承设置在车架前端的支架上，所述前圆弧板也设置在车架的前端并位于所述螺旋输送轴的后部，用以为所述螺旋输送轴聚拢谷物；所述螺旋输送轴的左右两侧设有左螺旋叶片、右螺旋叶片，所述谷物输送装置的后端设后滚轮，所述后滚轮的高度大于螺旋输送轴的高度，所述螺旋输送轴和后滚轮之间装有输送带，输送带上设有密排等间距的刮板所述螺旋输送轴上的左螺旋叶片、右螺旋叶片将所述前圆弧板聚拢的谷物螺旋输送至位于中间的所述输送带上，在所述刮板的配合作用下，谷物被输送至后滚轮位置处，所述谷物输送装置还设有谷物槽，所述输送带位于谷物槽内，谷物槽后侧的后滚轮位置处设出料口，装谷物的袋子连接在所述出料口上，出料口上方设有上罩盖板；车架的上表面设有花纹板，花纹板设在出料口的正下方，花纹板用以承载装谷物的袋子；

——车架的后侧设有扶手架；

——车架的底部安装有两个前轮驱动轮、两个后轮导向轮，两所述前轮驱动轮之间设置所述差速行进装置；

——所述发动机的动力经所述传动装置传输至所述清扫装置、差速行进装置和谷物输送装置。更进一步地，车架的下方设有所述传动装置，发动机的动力经传动带传递到传动轴 a，传动轴 a 经齿轮传动装置将动力传递到传动轴 b，传动轴 b 再经另一齿轮传动装置将动力传递到传动轴 c，传动轴 c 的动力有三个方向去处，第一方向就是传动轴 c 经链传动装置，将动力传递给螺旋输送传动轴；第二方向就是传动轴 c 经过锥齿轮传动装置，将部分动力传递给传动轴 e，然后传动轴 e 再经万向节装置 b 传递给传动轴 f，再经过齿轮

传动装置 c 将动力传递给扫把链驱动主轴；第三方向就是传动轴 c 经过万向节装置 a 传递，将动力传递给传动轴 d，然后传动轴 d 经齿轮传动将动力分别传递给差速器的齿圈，最后根据差速原理将动力分别传递给两个半轴，两半轴经万向节分别将动力传递给两个前轮。

更进一步地，车架的下方设有差速行进装置，当所述传动装置通过万向节装置、传动轴、齿轮传动装置把动力传递给差速器的齿圈，根据差速原理将动力分别传递给差速轴套里面的左半轴、右半轴，最后两半轴分别经左侧万向节装置、右侧万向节装置，将动力传递给左侧前轮驱动轮、右侧前轮驱动轮。

更进一步地，两个前轮驱动轮设有升降调节装置。

更进一步地，车架的下方设有清扫装置，所述清扫装置包括驱动装置、主动链轮、从动链轮、传动链条、链轮张紧装置以及多个清扫扫把，所述多个清扫扫把安装在传动链条上，传动链条安装在从动链轮与主动链轮之间，链轮张紧装置保证传动链条的张紧度，发动机的动力经传动装置传递至所述驱动装置，驱动装置驱动主动链轮转动，带动传动链条转动。清扫扫把也将运动，清扫扫把清扫机器装袋时残余的谷物，从而实现机器的清扫功能。

更进一步地，所述晒场谷物装袋机设有离合器装置可以实现机器开停。

优选地，所述发动机为柴油机或汽油机。

同现有技术相比，本发明的晒场谷物装袋机具有以下优点：实现了在行进时进行谷物的收集和装载，结构简单，装袋效率高，自动化程度高，加工成本低，使用和维护简单，不受作业地点制约，广泛的适用于谷物、饲料的晾晒装载，是谷粮装载的专用设备；本发明的谷物装袋机，实现了边装袋边清扫，同时行进时还可以实现差速行进的功能。

附图说明

图 7-9 为本发明的晒场谷物装袋机的结构示意图；

图 7-10 示出了本发明的晒场谷物装袋机的传动装置结构示意图；

图 7-11 示出了本发明的晒场谷物装袋机差速行进装置的结构示意图；

图 7-12 为本发明的晒场谷物装袋机中使用的差速器的结构示意图；

图 7-13 为本发明的晒场谷物装袋机的清扫装置的结构示意图。

具体实施方式

下面结合附图对本发明加以详细说明，应指出的是，所描述的具体实施例仅旨在便于对本发明的理解，而对其不起任何限定作用。

本发明的晒场谷物装袋机，包括车架 8 和发动机 20，车架 8 下方设置有清扫装置 10、传动装置 11。车架 8 的上方安装有倾斜设置的谷物输送装置 5，谷物输送装置 5 的前端设螺旋输送轴 13、前圆弧板 16，螺旋输送轴 13 的左右两侧设有左螺旋叶片 14、右螺旋叶片 17，谷物输送装置 5 的后端设后滚轮 2，后滚轮 2 的高度大于螺旋输送轴 13 的高度，输送装置 5 的螺旋输送轴 13 和后滚轮 2 之间装有输送带 18，输送带 18 上设有密排等间距的刮板 15。输送装置 5 的后滚轮 2 位置处设出料口 4。所述输送装置 5 设有谷物槽 3，所述装谷物的袋子连接在出料口 4 上，谷物槽 3 后侧的出料口 4 上方设有上罩盖板 1。车架的上方设有花纹板 7，花纹板 7 设在出料口 4 的正下方，花纹板用以承载装谷物的袋子，所述装谷物的袋子连接在出料口 4 上。车架 8 的后侧设有扶手架 6。车架 8 的底部安装有两个前轮驱动轮 12、两个后轮 9。发动机 20 安装在车架 8 右侧，发动机 20 内侧设有离合器装置 19。

优选地，所述发动机 20 为柴油机或汽油机。

本发明的晒场谷物装袋机的工作原理如下：启动发动机 20，操作者双手扶着扶手架 6 导引谷物装袋机的前进方向，晒场谷物装袋机将自动向前推进，在晒场谷物装袋机前方的谷物在螺旋叶片的作用下将向带刮板 15 的输送带 18 正前方横向移动并堆积成一定的高度，堆积成一定高度的谷物在刮板 15 的作用下谷物将在谷物槽 3 中沿谷物槽向上移动，最后谷物将从出料口 4 出来，此时在出料口 4 接一个装谷物的袋子，袋子由花纹板 7 托起，如果谷物装袋完毕，可以通过离合器装置 19 的手柄操控晒场谷物装袋机停止前进。

现参照图 7-10，图 7-10 示出了本发明的晒场谷物装袋机的传动装置结构示意图。传送装置的原理如下，发动机 20 的动力经传动带 1102 传递到传动轴 a1103，传动轴 a1103 经齿轮传动装置 1104 将动力传递到传动轴 b1105，传动轴 b1105 再经齿轮传动装置 1106 将动力传递到传动轴 c1109，传动轴 c1109 的动力有三个方向去处，第一方向就是传动轴 c1109 经链传动装置 1110，将动力传递给螺旋输送传动轴 1111；第二方向就是传动轴 c1109 经过锥齿轮传动装置 1112，将部分动力传递给传动轴 e1113，然后传动轴 e1113 再经万向节装置 b1114 传递给传动轴 f1115，再经过齿轮传动装置 c 将动力传递给扫把链驱动主轴 1117；第三方向就是传动轴 c1109 经过万向节装置 a1107 传递，将动力传递给传动轴 d1108，然后传动轴 d1108 经齿轮传动将动力分别传递给差速器的齿圈 1204，最后根据差速原理将动力分别传递给两个半轴 1203、1206，最后两半轴经万向节将动力传递给两个前轮驱动轮。

现参照图 7-11，图 7-11 示出了本发明的晒场谷物装袋机差速行进装置的结构示意图。当传动装置通过万向节装置 1107，传动轴 1108、齿轮传动装置 1210 把动力传递给差速器的齿圈 1204，根据差速原理将动力分别传递给差速轴套 1205 里面的左半轴 1203、右半轴 1206，最后两半轴分别经左侧万向节装置 1202、右侧万向节装置 1207，将动力传递给左侧前轮驱动轮 1201、右侧前轮驱动轮 1208。两个前轮驱动轮设有升降调节装置 1209。

现参照图 7-12，图 7-12 示出了本发明的晒场谷物装袋机差速器的结构示意图。发动机 20 的动力经过主减速器将动力传递到差速器的齿圈 1204，齿圈 1204 在将动力传递给差速轴套 203，在差速轴套 203 的中间插有一根销轴 206，销轴 206 只能围绕差速轴套的轴线旋转，在销轴 206 上空套一对齿数相同的行星锥齿轮 207，行星锥齿轮 207 不但可以和销轴 206 一起围绕差速轴套的轴线旋转，而且还可以围绕销轴 206 的轴线旋转，然后一对行星锥齿轮 207 分别和左半轴齿轮 205 和右半轴齿轮 208 啮合将动力传递给左半轴 1203 和右半轴 1206，最后半轴在将动力传递给两个前轮驱动轮，即左驱动轮和右驱动轮。

当两个前轮驱动轮的附着力相同时（两轮的附着力由两个后轮控制），半轴 1203 和半轴 1206 所受的阻力相同时，此时行星锥齿轮只围绕差速轴套 203 的轴向做公转，但不会围绕销轴 206 的轴线做自转。此时左半轴 1203 和右半轴 1206 将产生相对静止状态，因此两个前轮的转速相同。晒场谷物装袋机处于前进的状态。

当两个前轮驱动轮的附着力不同的情况下，左半轴齿轮 205 和右半轴齿轮 208 施加给行星锥齿轮 207 的阻力不同，行星锥齿轮 207 将围绕销轴 206 的轴线产生自转，此时左半轴齿轮 205 和右半轴锥齿轮 208 将产生相对运动，最后导致两个前轮的速度就会不一样，实现晒场谷物装袋机的转弯。

现参照图 7-13，图 7-13 示出了本发明的晒场谷物装袋机清扫装置的结构示意图。清扫扫把 103 安装在传动链条 104 上，传动链条 104 安装在从动链轮 101 与主动链轮 106 之间。链轮张紧装置 102 保证传动链条 104 的张紧，从而避免在链条的松边垂度过大时产生啮合不良和链条的震动现象，同时也增加链条和链轮的啮合包角。发动机的动力经过传动装置传递至清扫装置的驱动装置 105，驱动装置 105 驱动主动链轮 106 转动，带动传动链条 104 转动，清扫扫把也将运动，清扫扫把清扫机器装袋时残余的谷物，从而实现机器的清扫功能。

本发明的晒场谷物装袋机具有结构简单，高效（装袋效率约 8 吨/小时，行进速度约 0.8m/s），体积小（1.4m×1.1m×1.5m），自动化程度高，制造成本低，推广潜力大、操作和维护方便。基本上填补了将晒干的谷物进行装袋这方面功能机器的空白，特别是中小型该类功能机器的空白。

以上所述，仅为本发明的优选实施例，本发明保护的范围并不局限于此，任何熟悉该技术的人在本发明所揭露的范围内可理解想到的变换或替换，都应涵盖在本发明的包含范围之内，因此，本发明的保护范围应该以权力要求书的保护范围为准。

说明书附图

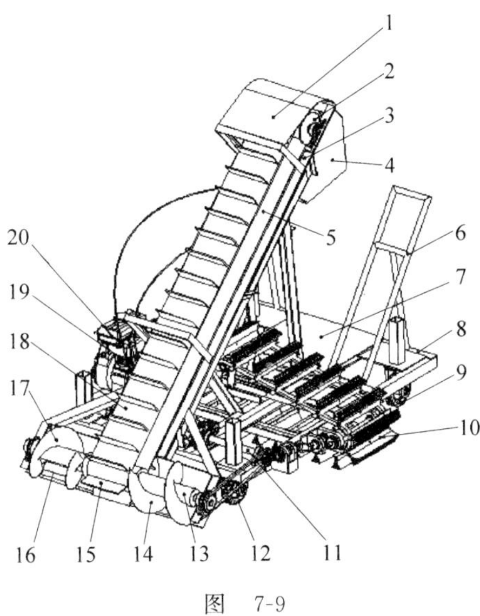

图　7-9

20
1102
1103
1104
1105
1106
1108
1107
1117
1116
1114
1115
1112
1113
1109
1110
1111

图 7-10

1210
1108
1107
1209
1202
1203
1201
1204
1205
1206
1207
1208

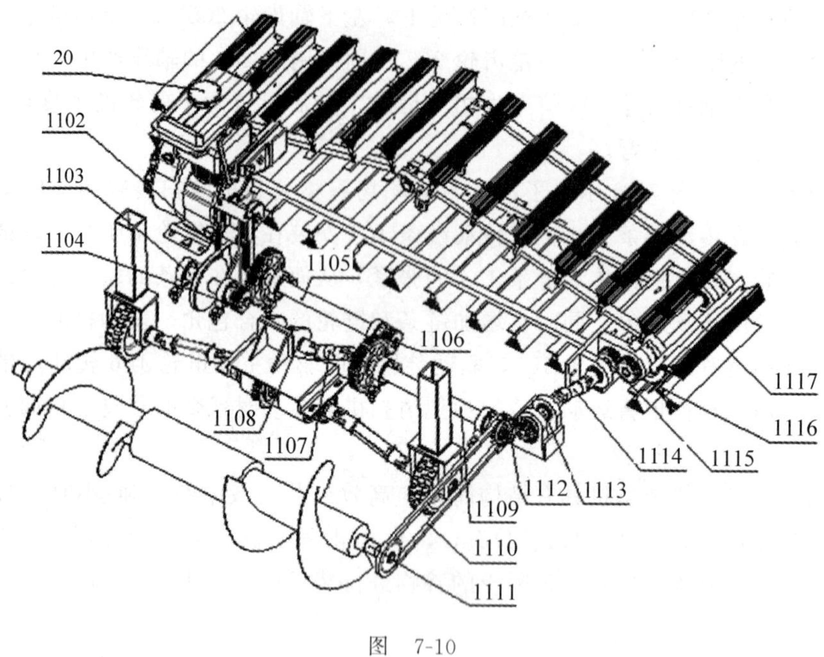

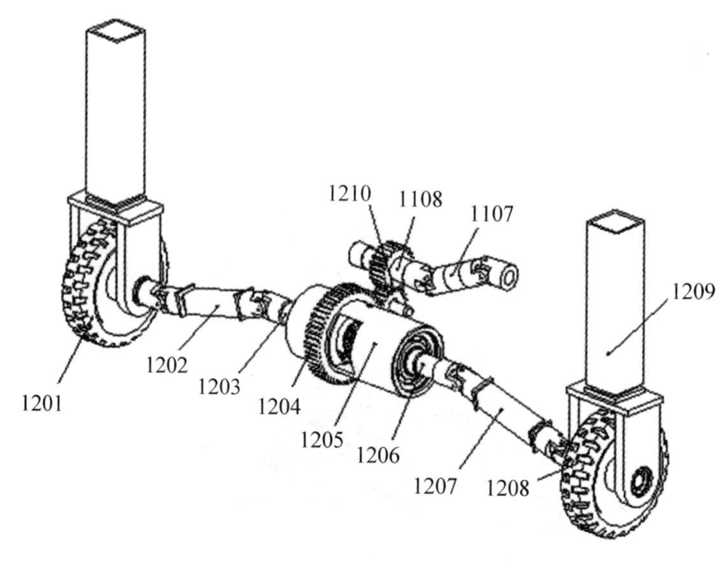

图 7-11

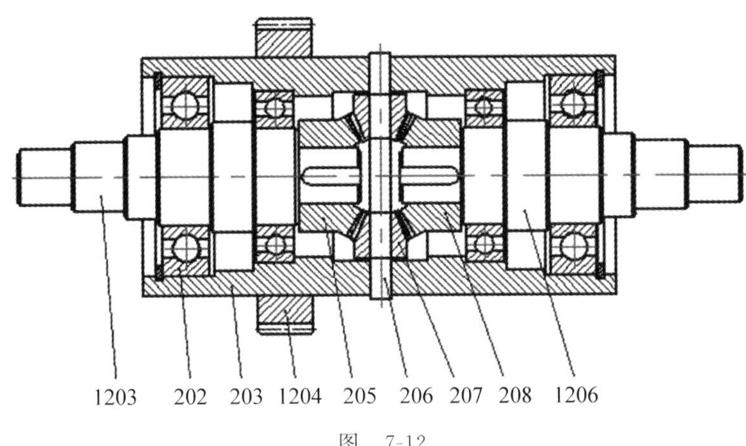

图　7-12

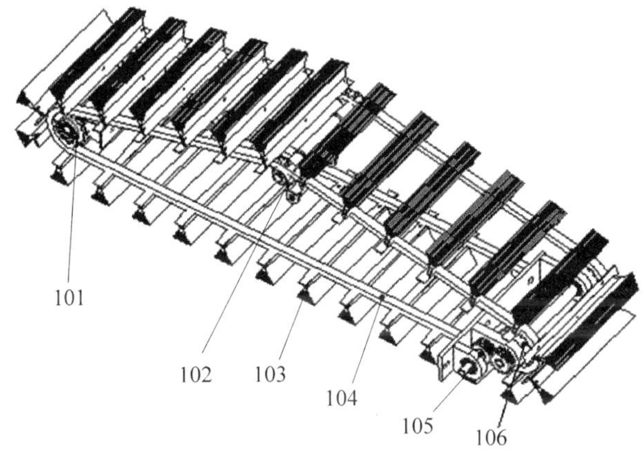

图　7-13

参 考 文 献

[1] 林健．卓越工程师培养——工程教育系统性改革研究．北京：清华大学出版社，2013.

[2] 林崇德．教育与发展——创新人才的心理学整合研究．北京：北京师范大学出版社，2004.

[3] 林升耀．工业设计．南昌：江西科学技术出版社，2005.

[4] 夏昌祥，鲁克成．点燃创新之火：创造力开发读本．北京：科学出版社，2009.

[5] 赵希文，杨海．大学生项目学习的理论与实践．杭州：浙江大学出版社，2013.

[6] 苏春．数字化设计与制造．第 2 版．北京：机械工业出版社，2009.

[7] 高志，黄纯颖．机械创新设计．北京：高等教育出版社，2010.

[8] 陈明，张国大，郭玲．形态分析法在设计中的应用．辽宁工学院学报，2003，23（2）：39～40.

[9] 杨建华．产品技术创新．长沙：中南大学出版社，2006.

[10] 甘自恒．创造学原理和方法——广义创造学．（第四版）．北京：科学出版社，2010.

[11] 顾佩华，沈民奋，陆小华译．重新认识工程教育：国际 CDIO 培养模式与方法．北京：高等教育出版社，2009.

[12] 闻邦椿．机械设计手册第 1 卷（第五版）．北京：机械工业出版社，2010.

[13] 闻邦椿．机械设计手册第 2 卷（第五版）．北京：机械工业出版社，2010.

[14] 闻邦椿．机械设计手册第 3 卷（第五版）．北京：机械工业出版社，2010.

[15] 吴成义，张丽英等．粉体成形力学原理．北京：冶金工业出版社，2003.

[16] 郭显威，李善太．粉末冶金齿轮阴模的变模数设计法．粉末冶金工业，2002，12（2）：28～30.

[17] 李辉隆，黄俊辉．粉末冶金齿轮制品精度探讨．粉末冶金技术，2005，23（3）：190～194.

[18] 季林红，阎绍泽．机械设计综合实践．北京：清华大学出版社，2011.

[19] 江镇华．怎样撰写专利申请文件．北京：知识产权出版社，2002.